2021 年中国人民警察大学学术著作专项经费资助
本书为 2021 年度河北省社会科学发展研究课题《新时代全面从严治党背景下党委书记角色心理研究》最终成果（编号：20210201295）

领导干部角色心理研究
——以基层党委书记为例

郝胜杰 著

天津大学出版社
TIANJIN UNIVERSITY PRESS

图书在版编目(CIP)数据

领导干部角色心理研究：以基层党委书记为例 / 郝胜杰著. -- 天津：天津大学出版社, 2022.6

中国人民警察大学学术著作专项经费资助 2021年度河北省社会科学发展研究课题成果

ISBN 978-7-5618-7184-3

Ⅰ. ①领… Ⅱ. ①郝… Ⅲ. ①领导心理学—研究 Ⅳ. ①C933

中国版本图书馆CIP数据核字(2022)第082100号

出版发行 天津大学出版社
地　　址 天津市卫津路92号天津大学内(邮编:300072)
电　　话 发行部:022-27403647
网　　址 www.tjupress.com.cn
印　　刷 北京虎彩文化传播有限公司
经　　销 全国各地新华书店
开　　本 710毫米×1010毫米 1/16
印　　张 16
字　　数 249千
版　　次 2022年6月第1版
印　　次 2022年6月第1次
定　　价 68.00元

序

对党的领导干部的研究，特别是对基层党委书记的研究，是常新的研究课题。

郝胜杰同志的著作——《领导干部角色心理研究——以基层党委书记为例》，以独特的角色心理理论视角，紧密结合新时代对党的领导干部的应然要求，全面而深入地探讨了基层党委书记的角色特质、角色认知与定位、角色意识、角色行为、角色期望与评价、角色冲突和角色心理健康等基本问题，并给出了自己的新颖答案。

国内对党的领导干部的研究最为流行的研究视角，是从政治文化传承、我国的社会制度、党的宗旨与传承、国际和国内发展形势等方面阐述对党的领导干部的系统性要求。这种研究视角是完全必要的，但并不充分。说其完全必要，是因为其从应然的视角以明确的方式揭示了党的领导干部的角色承担者应该做到什么；如果党的领导干部没有做到这些甚至背道而驰，那必然会对其所在的单位、部门乃至党和国家的良政良治产生不利甚至破坏性影响。说其并不充分，是因为这样的研究所揭示的是作为党的领导干部“你要做到如此这般”——对党的领导干部的外在要求，并未涉及作为党的领导干部“我要做到如此这般”——党的领导干部的内在自觉，还有广阔的研究领域和空间未被触及。

从角色心理理论的视角来研究基层党委书记，不仅有利于揭示如何通过塑造基层党委书记的良性社会政治角色来促进其所在单位、部门乃至社会良性心理和良性行为的产生和发展目标的实现，而且有利于揭示基层党委书记如何自觉地认识到自己独特的社会角色与地位，乃至形成高度的角色认同，进而自觉充分且有限度地利用自身的角色权利去能动地发现、认识和化解自身角色可能面临的冲突，并找到维护自身心理健康的正确路径。从角色心理理论的视角，以基层党委书记为例来研究党的领导干部，开拓出这一领域新的研究空间并初步系统地揭示出一系列基本问题的答案，正是郝胜杰同志这本书的独特贡献所在。

《领导干部角色心理研究——以基层党委书记为例》一书共有以下七章内容。

第一章介绍领导干部角色心理研究基础。在系统介绍了角色心理理论的一系列概念、角色理论的主要内容、角色的功能和角色心理模式的基础上，刻画出领导干部的角色特质——政治特质、思想特质、能力特质、品质特质和知识特质，并规划出本书的研究目标及思路。

第二章研究领导干部的角色认知与定位。角色认知与定位是角色自觉和角色实现的开端和必要的过程。本章首先从角色认知概念和作用出发揭示领导干部角色认知的内容特点；其次从领导干部角色定位的要求出发，揭示基层党委书记角色定位的本质以及如何提高角色认知水平。

第三章研究领导干部的角色意识。角色意识是角色自觉和角色实现的内隐核心。本章从角色意识的概念、特征和作用出发，结合基层党委书记的职责，揭示基层党委书记角色意识的构成——党代表意识、班长意识、普通一员意识、钢琴手意识以及专家意识，并以此为基础探讨领导干部角色意识的培养途径。

第四章研究领导干部的角色行为。角色行为是角色自觉和角色实现的外显核心。本章从角色行为概念和影响因素出发，说明了党的领导干部角色行为的意义，并揭示党的领导干部角色行为的优化途径。

第五章研究领导干部角色行为的外部环境。角色期望与评价是角色行为的外部环境，是角色自觉和角色实现的外在的可靠引导。本章首先从角色期望的概念和特点出发，揭示党的领导干部角色期望的作用和基层党委书记角色特质所要求具备的角色期望的内涵；其次从角色评价的概念、原则和作用出发，探讨领导干部的角色评价问题；最后提出了推进党内民主、加强制度建设、完善领导干部期望表达渠道和加强对党的领导干部的角色监督等有关领导干部角色行为环境建设的具体举措。

第六章和第七章分别研究领导干部角色冲突和角色心理健康。及时发现角色心理失调和心理冲突并进行有效调适，维护心理健康，是角色自觉和角色实现的心理保障。第六章从领导干部面临的心理冲突出发，分析了其负面影响及产生的原因，揭示了党的领导干部面对角色冲突要处理好的几种关系和调适方法。第七章则从心理健康的作用和角色心理特质的要求出发，探讨了党的领导干部如何保持心理健康的问题。

最后，我希望并相信，伴随有关党的领导干部的研究视域的拓展，会有更深入、更广泛、更契合党的领导干部境遇的研究成果涌现出来。

作者硕士研究生导师

李铁强

2021 年 10 月 23 日于河北廊坊

前　言

“领导”这一角色伴随着人类的产生而产生，人类文明的形成在某种程度上与社会组织化程度高度相关。远古时期“圣王”“首领”们将个体有效地组织起来战天斗地，才走出了人类开天辟地建立社会文明的第一步。随着对客观世界认识实践的深入，人类逐渐摆脱自然界的束缚，建立起越来越发达的人类文明。因此，人群所在，必有领导，而领导及其作用的发挥是有其环境、舞台与背景的。任何个体都承担了社会所赋予的角色并在社会环境提供的舞台中扮演自身的角色、实现自身的社会化。从这个角度来看，角色理论可以为领导实践提供一种独特的视角，可以使领导角色的承担者更好地理解自身角色特质的需求，更好地满足角色环境的预期。因为当从领导角色心理的角度来研究领导及其角色行为时，就更强调领导的特质需求及其行为的专业性及环境背景的局限性。

任何研究最终都要落实到具体的环境和背景中去，当下中国社会环境中有代表性的领导角色莫过于中国共产党在各行各业的基层单位的党委书记们。中国共产党百年发展史充分证明：中国共产党是中国特色社会主义事业的坚强领导核心，坚持党的领导是实现中华民族伟大复兴的根本保证。习近平总书记明确指出，“中国共产党的领导是中国特色社会主义最本质的特征”[①]，“党政军民学，东西南北中，党是领导一切的[②]”。中国共产党的领导，不仅体现在科学理论和正确路线方针政策上，

① 中共中央宣传部编《习近平新时代中国特色社会主义思想学习问答》，学习出版社、人民出版社，2021，第425页。

② 中共中央宣传部编《习近平新时代中国特色社会主义思想学习问答》，学习出版社、人民出版社，2021，第430页。

还体现在执政能力和领导水平上，更体现在其严密的组织体系和强大的组织能力上。这其中的一个“关键少数”角色就是各级党委书记。具体表现在：党委书记是本级党委工作的主持者，是党领导一切的党委制中的“班长”。各级党委书记的角色实践符合党中央、普通党员和广大人民群众对其的角色期望，对于领导中国人民进行中国特色社会主义现代化建设伟大事业的执政党在新时代复杂的国内外形势下保持坚定的政治方向、保持同人民群众的血肉联系、保持自身的先进性和纯洁性具有极其重要的作用。因此，本书领导干部角色心理研究的对象落在了中国共产党基层党委书记这一角色群体上，力图将党的建设理论与角色心理理论有效结合，探索党的领导干部角色心理研究的新领域。

随着社会化生产水平的不断提高，社会心理学中的角色理论已经越来越广泛地被广大民众所认识和接受，而且越发凸显出它在解释人的社会行为方面的科学性。但是，角色理论作为社会学、心理学、人类学三门学科交叉而形成的对社会现象具有良好解释能力的理论，其重要性还未被社会大众所普遍认识，甚至一提起角色扮演还会引起相当多读者的误解，认为如果所承担的角色需要去扮演的话，那不是很虚假吗？角色承担者如果能把符合相关社会组织和他人预期的角色一直扮演下去，其角色意识本身就会内化为一种习惯。而这也得到了心理学中新兴研究领域——“具身认知”[①]的佐证。其实我们没有必要过分地纠结对个别名词词义理解的分歧，关键在于用角色理论来解读党的领导干部这个复杂角色，能否给我们提供一个独特的视角，从而是否有助于开拓领导干部的视野，提高领导干部的领导能力和水平，促进领导干部在新时代中国共产党领导全国各族人民实现中华民族伟大复兴的千秋伟业中尽绵薄之力。这才是本书研究目的之所在。

一般认为，“社会角色是指与人们的某种地位、身份相一致的一整套权利、义

① 具身认知（embodied cognition），是心理学中的一个新兴研究领域，主要指生理体验与心理状态之间存在着强烈的联系，生理体验能够激活心理感觉，反之亦然；认为，认知这种意识，是包括大脑在内的身体认知，身体的活动方式、感觉和运动体验决定了人类如何认识和看待世界。简言之，就是人类的认知是身体及其活动方式塑造出来的。

务的规范与行为模式，是对具有特定社会身份的个体的行为期望，构成社会群体或组织的基础”①。而领导干部角色则在各种社会组织或群体中发挥着举足轻重的作用，是影响该角色所属组织发展的关键因素。俗话说，“当官不为民做主，不如回家卖红薯”，组织中的人们总是期望领导干部能够明确自身职责，正确地进行角色认知以恰如其分地搞好角色定位，履行好自身角色职责，处理好各种矛盾和冲突，带领组织不断进步，并维护组织的集体利益，使组织中的每一个群体都能实现自身的良性发展。

以基层党委书记为载体研究领导角色心理是一个全新的理论领域，它与基层党委书记的工作性质、工作环境、组织因素、人格特质有紧密的联系，对基层党委书记的角色意识、角色认知、角色行为具有重大影响。本书力图在习近平新时代中国特色社会主义思想的指引下，在借鉴马克思主义中国化经典理论成果的基础上，结合中国传统文化中优秀的领导理论，以社会心理学中的角色理论为视角，以基层党委书记角色心理为切入点，在广泛搜集相关研究成果和大量材料的前提下，首先提出角色心理的运行模式。在此基础上，分析研究领导干部角色心理的内容，进而探索领导干部正确的角色意识的形成途径，以期为其角色心理的培育提供有价值的视角，为提高其角色实践水平提供理论参考，并力争提高其角色认知水平，增强其角色行为能力。

国外对角色扮演和角色心理的研究起步较早。美国和一些欧洲国家都有这方面的研究机构，如美国的马萨诸塞州心理研究院、法国的巴黎大学，都对角色扮演和角色心理有专门的研究。不过，国外的学者多集中对儿童和大学高年级学生社会化过程中的角色扮演和角色心理进行研究。我们借鉴社会心理学中的角色理论和领导心理学、管理心理学的相关内容来探讨领导干部角色心理活动，在哲学社会科学领域用心理学的经典理论来研究中国共产党的组织体系中的“关键少数”中的重要角色——基层党委书记的角色心理问题，这是贯彻落实习近平总书记 2016 年 5 月 17

① 郑杭生主编《社会学概论》，中国人民大学出版社，1999，第 140 页。

日主持召开的哲学社会科学座谈会的讲话精神，不断深化研究习近平总书记关于党的建设重要论述的重要措施。

本书的最初框架和思路来自 2011 年笔者的硕士毕业论文。那时候笔者对领导角色心理的系统研究还不够深入，能够开展下去得益于导师李铁强教授和军事科学院军制部原部长雷渊深老将军、公安部边防局政治部原副主任张其武大校的鼓励、支持和指导，得益于军队政治工作学硕士点首席导师刘德全教授的鼓励和支持，受益于当时中国人民武装警察学院政治工作系原主任刘立宏、中国人民警察大学公安政治学院副院长杜胜利教授的专业指导，从而将对公安边防部队中支队级党委书记角色意识的研究扩展到了对以基层党委书记为研究对象的领导干部角色心理的研究，至此一部书稿初具雏形。本书在出版前得到了中国人民警察大学公安政治学院党委书记付金鹏、公安政治学院院长赵凤柱、马克思主义学院副院长程洪宝、公安政治学院教授龚志宏、马克思主义学院副教授何丽艳的大力支持和帮助，他们从自身专业的角度进行了多次书稿审读，提出了非常专业的修改意见。本书的出版，也得到了中国人民警察大学吴立志副校长，科研处卢林刚处长、于宝刚副处长及吕鹏、姜建华的大力支持，更获得了天津大学出版社陈柄岐编辑的大力支持及专业指导，在此一并致谢。因水平所限，难免有认识不足之处，还请各位读者朋友多批评指正。

目　录

第一章　领导干部角色心理研究基础

领导干部角色心理研究，是一项借鉴和运用社会心理学角色理论来探讨领导干部角色心理活动及行为规律的尝试。新时代要提高中国共产党的执政能力，确保党领导一切，就要把党委书记这个群体的能力素质建设放在首位。在党员领导干部能力建设过程中，党委书记这个角色居于重要地位。新时代，在坚持学习贯彻习近平总书记关于党的建设重要论述，不断深化全面从严治党的同时，我们也可以考虑利用国内外社会心理学、领导心理学及管理心理学的相关理论来探索领导干部角色心理问题，以期为党的领导干部更好地理解自身的职责、使命提供一种新的视角。

因此，本书借鉴社会心理学中的角色理论来分析当前中国最普遍的“领导角色”——基层党委书记的角色实践，以期通过适当的角色期望、角色评价乃至角色监督的实施，提高角色承担者对角色的认知水平，进而增强其角色意识，提升其角色行为水平，减少角色功能失调的发生，最终有助于提高我们党的领导干部的领导能力。

第一节　角色心理理论

“角色”一词源于戏剧，原指演员在舞台上依据剧本情节而扮演的某一特定的人物，如京剧中的生、旦、净、末、丑等戏剧角色。1934 年，社会心理学家乔治·米德（G. H. Mead）首次运用角色的概念来探讨个体在社会舞台上的身份地位及其行为表现。从此，社会学界的主要流派开始系统地使用这个概念并将其作为研究社会结构的起点，角色理论开始被广泛应用于社会学与心理学的研究中。角色理论的另一位重要代表人物是人类学家拉尔夫·林顿（R. Linton），他将角色定义为：在任何特定场合中作为文化构成的一部分提供给行为者的一组规范。第二次世界大战之后，许多社会学家，如T. 帕森斯（T. Parsons）、R. K. 默顿（R. K. Merton）、R. 达伦多夫（R. Dahrendorf）、E. 戈夫曼（E. Golfman）等，均为角色理论的发展作出了贡献。经过不断地充实完善，“角色”逐渐演变成为社会学及社会心理学的基本概念之一，“角色认知”“角色意识”“角色期望”“角色评价”“角色监督”“角色扮演”等一系列相关概念形成。角色理论也汲取了社会学、心理学、政治学、管理学等学科的营养，最终发展成为社会心理学系统中有系列框架、能科学地反映和说明社会个体行为模式的经典理论之一。

一、角色的内涵

1. 角色的定义

角色，也称社会角色，是指由社会中的人们的特定地位、身份所决定的相应的规范系列和行为模式，是“人们对具有特定地位的人的行为的一种期望。它是社会群体的基础，随着社会实践的发展而不断更新内容”[①]。角色理论认为，任何一个社会都是由许多具有不同身份和地位的人组成的，当一个人占有某一社会地位并行使与其身份相匹配的权利与履行义务时，他就在扮演一个角色。现实社会中的每一个个体都是其所扮演的各种角色的总和，每个个体都是通过扮演各种角色来了解社会规范并参与社会化过程的。而领导角色则在某一组织或群体中发挥着举足轻重的权威作用，是影响该组织发展的关键因素。人们总是期望领导能够明确自己的权责，实践好自身领导角色，带领组织谋取更好的发展，以维护人们的整体利益。

国内外学者为“角色”一词所下的定义不下数十种，常见的角色的概念如下。

① 宋超英、曹孟勤主编《社会学原理》，警官教育出版社，1991，第84页。

《辞海》中角色的概念有两种：一种是从社会学的角度，将其定义为社会地位的行动和动态表现；另一种是从社会心理学角度，将其定义为根据个体社会交往活动中一系列具有一定模式的学习而得来的行动。二者虽有不同，但并不矛盾，皆用角色概念来指明社会中的人际关系。任何一个人在社会中都占有一定的社会地位，从而扮演相应的角色。既然角色是人在社会化过程中呈现在世人面前的一种具象，那么针对每个角色在高度组织化的社会中的每一次互动，社会环境都为其提供了一个“剧本”，用以指导个体所承担角色的实践，而这个“剧本”我们可以将其理解为是对社会中的群体或具体特定角色承担者的期待。有了社会组织或他人对社会成员行为的预期，社会成员才能按照“剧本”来有针对性地实践自身角色。

乔治·米德最早系统地运用角色来分析社会行为，其使用“角色”一词旨在说明：在人们的交往中存在着可以预见的互动行为模式，这种模式可以使人们逐渐明确个体与社会的关系。他研究了儿童角色意识的形成，即儿童社会化过程中从想象扮演某个角色的阶段发展到熟练地承担某个角色的阶段。他认为角色是在与社会中的他人互动的过程中形成的，角色扮演并没有一个设定好的剧本，外界环境只能为角色扮演划定大致的范围。

角色理论的另一个重要代表人物拉尔夫·林顿则梳理了角色与社会地位的关系，认为当社会地位所代表的权利与义务产生社会效果时，即为角色扮演。林顿将社会结构置于个人行为之上，视其为一个行为规范体系，个人在社会中要接受和遵循这些规范。因而，林顿认为角色是由社会文化塑造的，角色扮演是根据角色承担者所处社会文化环境所规定的“剧本”进行的。

心理学家安德烈耶娃（Галина Михайлова Андреева）从分析角色要素入手来理解社会角色的含义：社会角色是社会存在对个体行为的期待系统，个体本身在与其他个体的互动中占有一定的地位；角色是占有一定社会地位的个体对自身的特殊期待系统。也就是说，角色是个体与他人相互作用的一种行为方式；角色是占有一定社会地位的个体的外显行为。

E. 戈夫曼的拟剧论则认为社会是一个大舞台，每个人都在其中扮演着具有高度原创色彩的角色，角色和角色扮演的概念有助于使社会互动关系中的个体进入有意识地扮演角色的状态。

心理学界的格式塔心理学派，曾使用角色的概念来强调人类的一切心理过程都是通过整合模式的发现与创造形成的。

我国学者奚从清和俞国良认为社会角色包含了角色扮演者、社会关系体系、社会地位、社会期望和行为模式 5 种因素。他们把社会角色定义为个体在社会关系体系中占有特定的社会地位，并符合社会要求的一套个人行为模式。他们认为个体在承担角色义务时要领悟角色和实践角色。领悟角色是指个体针对角色本身形成主观意识中的角色模式，并依据这一模式对作为角色承担者的自己的思想水平、思维方式等主观能动地加以影响。实践角色是指个体在参与社会互动的过程中实际地扮演角色，它在领悟角色的指导与制约下，践行为社会组织或他人所期望的角色要求。

社会学家郑杭生认为，社会角色是指与人们所占有的社会地位、所具有的社会身份相一致的一整套权利、义务的规范与行为模式，它是人们对所处社会环境中具有特定身份的他人的行为期望，构成了社会群体或组织的基础。

学者乐国安则认为社会角色是一定社会身份所要求的一般行为方式及其内在的态度和价值观基础。

2. 角色的含义

具体而言，角色包括以下几个方面的含义。

（1）角色是社会地位和身份的外在表现。在社会组织体系中占有一定社会地位的个体必然承担与其地位和身份相对应的角色，社会角色是社会地位和身份的外在表现，而社会地位则是角色实践的内在依据。

（2）角色是社会期望的行为模式。任何一种社会角色都必然担负着社会群体或他人所期待的角色行为模式，这种行为模式由一系列的权利和义务构成。

（3）角色是个体社会属性和社会关系的反映。任何角色都不可以离开社会群体或他人而孤立存在，如父与子、领导与下属等，通常这些相对应而存在的社会角色被称为角色伴侣。一个人所承担的社会角色越多，其所拥有的社会关系就越复杂。

（4）角色是构成社会群体和社会组织的细胞。社会群体和社会组织是因社会关系而联结成的共同体，而社会角色是构成这些共同体的细胞。

3. 角色的特征

（1）职能性。角色乃是社会对身处其中的个体的职能的划分，它指明了个体在社会活动中的地位、在社会关系中的位置及在人际交往中的身份。所有角色都不是个体自定的，而是社会环境客观赋予的。

（2）规定性。在很大程度上，人们的行为只能由其所处的社会环境、地位和身份来决定，这就是社会标准。社会标准的认定范围规定了人们在社会中的行为边界。

（3）多重性。在社会系统中，个体承担的角色绝不止某个单一角色，每个个体都是多重角色的复合体。

（4）对应性。社会角色通过社会位置或身份来具体表现。所谓社会位置是指在组织结构或社会关系中所处的某一位置。角色不是孤立存在的，每一个角色都有其对应的角色位置。

4. 角色与地位、身份的关系

1）角色和地位

一个人占有的是地位，而扮演的是角色。个体在社会体系中必然都占有一定的地位并承担相应的角色，没有无角色表现的地位，也没有无地位支撑的角色。地位侧重反映行为者在社会系统中的位置，角色则侧重反映个体在社会系统中的实践过程。地位是先于角色出现的，因为与新出现的身份相对应的角色是通过拥有这些身份的个体的行为在社会实践中逐渐地被加以定义而形成的。地位是人们在社会群体或阶层中占据的位置，角色是个体的社会地位的表征，是根据个体所处的社会地位对其行为进行指导的社会期望与规范模式。人们总是通过承担具体的社会角色来确认自身在社会体系中所处的地位。地位和角色是社会结构的基石，它们形成了特定的个体之间的关系模式。地位是社会承认的个体所享有的一定的权利和承担的一定的责任与义务，具有多重性。一个人在家庭、工作单位、社交场合等不同的社会情境中占据不同的社会地位。

2）角色与身份

角色和身份是社会群体和组织中典型的组成因素，是分析社会结构时用得到的概念。要分析社会结构，我们首先要尽可能多地明确该社会结构中所包括的角色，接下来要确定拥有某种社会身份的个体被社会组织和他人期待着应怎样建立人际关系以实现社会互动。由此所表现出来的这一组织化了的社会身份和关系网络便是该角色的社会结构。戴维・波普诺（David Popenoe）认为某一特定身份可能有与之相匹配的一些相关的社会角色，而对于某一新出现的社会身份来说，与之相匹配的角色就需要设计出来，因此角色也需要根据社会需求而重新定义。例如，退休的人也可以放弃清闲的养老生活，开始新的职业生涯，他们不愿就此退出社会舞台，而希望仍能在其中充当活跃的角色。信息时代社会变迁速度加快，我们每个人都要学会扮演与自身身份相匹配的角色。

二、角色理论的主要概念

1. 角色丛

角色丛亦称角色集，是指处在某一特定社会地位上的人们相互之间所形成的各种角色关系的总和。这表明了角色的复杂性，任何一种社会地位或身份都会使个体卷入多种角色关系中。以一名基层党委书记为例，当他的中心角色是党委书记时，必然会建立起与单位群众、普通党员、本级党委成员、党委副书记、上级领导、其他部门领导之间的多种关系。于是，他获得了由领导、同志、搭档、下属、同事等众多角色组成的一个角色丛。回到家里，面对妻子他是丈夫，面对孩子他是父亲，面对母亲他是儿子，家庭中的角色关系又是多种角色的联结，这又构成其所具有的另一个角色丛。因此，角色丛体现了人们广泛的社会交往和复杂的社会关系，角色承担者要善于在不同角色丛中适时进行角色转换，否则会导致角色失调。

2. 角色认知

角色认知是指角色承担者通过了解社会组织和他人，认识自己所形成的对自身所承担角色的总看法和根本观点，即角色承担者通过与社会组织和他人的互动，明确彼此在社会关系中的位置，认识自己所承担的社会角色。角色认知是角色承担者根据对角色期望的理解所形成的观念中的角色模式；是其对角色期望的认识、领悟和解释；受角色承担者的思想水平、思维方法等主观因素的影响；是角色行为的基础。角色认知包括对角色特质、角色期望、角色评价、角色规范等相关角色问题的认知。角色认知越清晰、越全面，角色行为就越符合社会组织和他人的角色期望。因此，个体角色认知过程也是其角色学习的过程。

3. 角色意识

角色意识是角色承担者在参与社会互动的过程中形成的，不仅影响着角色承担者与社会他人互动时的形象，还是其对所承担的社会角色的一种高度自觉。这不仅指角色承担者认识到自己扮演的是什么角色，还指其对怎样创造性地扮演好自身角色的预知，更是对所承担角色的特质的一种感觉和情感。人与人之所以能够进行互动，就是因为人们能够辨认和理解他人所使用的交往符号的意义并通过角色规范预知对方的反应。个体在与社会他人的互动中产生的是一种暂时的自我形象，这种自我形象不断发展，最后形成个体的相对稳定的自我意识，这种自我意识左右着个体的角色扮演。随着角色认知的不断加深，角色意识会不断得到强化，进而深度影响角色行为。

4. 角色行为

角色行为也称角色扮演，是指个体根据社会组织和他人对自身所承担角色的期望和定位，调节自身行为以践行某一社会角色的要求的过程。角色行为是个体在社会互动过程中实际地扮演角色的过程，受到角色认知的指导与制约，更受到社会环境、个人素质及能力水平的影响。一般而言，角色行为实践的成功程度取决于个体对所处社会地位和所负载的角色期望的内在解释、传递与选择，取决于角色行为受角色期望影响的程度和角色行为的能力与水平，也取决于角色行为实践的社会环境和具体状况等。角色行为的实践过程不仅体现了社会中人们之间互动的过程，还是个体社会化的过程。

5. 角色期望

角色期望是指与角色相关的社会组织和他人赋予角色的一系列有关权利、义务和行为的期待，代表社会组织和他人赋予角色的一种理想定位和期望，也称理想角色。如普通党员、群众对党委书记角色就有着如政治坚定、眼光长远、统筹协调能力强、机敏善断、胸怀博大、团结同志、尊重下属、崇尚实干等角色期望。角色理论认为，个体的角色意识正确与否与其对社会组织和他人对自身所承担角色的社会期望的认知正确与否乃至认同程度高低紧密相关。

6. 角色评价

角色评价是指社会组织和他人根据角色规范和社会情境的现实需求对个体所承担的社会角色进行的褒贬。角色评价对影响和制约个体的角色行为具有重要意义，会使人们的角色行为更加理智和规范。不管是对角色的肯定性评价还是否定性评价，理论上都应做到客观公正、及时明确。现实中的角色评价常受到评价人主观意识及个人利益得失的影响，但社会对角色的总体评价在大的方向上都是较为客观公正的。角色评价，一方面能够体现社会对个体过去角色行为实践的肯定或否定；另一方面，将影响和指导角色承担者以后的角色行为。社会群体或他人要以对各种角色理解和负责的态度做好评价工作。进行角色评价时，对不同角色取得的成绩要及时褒扬，对角色的错误思想动向、存在的差距和不足应采用适当的方法予以批评纠正。对于党委书记这一手握相应权力和资源的“关键少数”角色，角色评价往往更加强调角色监督。

7. 角色冲突

角色冲突是指由于不同的社会地位、身份及社会组织或他人对角色期望的差异而对角色规范产生要求的差距，所引起的角色承担者在角色实践过程中的心理和行为冲突。个体角色冲突是社会内在冲突的一种外在表现形式，是具体的、微观形态的社会冲突。角色冲突更多地表现为角色承担者在自身角色认知、角色意识及不同角色丛间的行为表现中的固化、失调、不适和冲突等。

三、角色理论的主要内容

角色理论是 20 世纪 30 年代以来，立足于社会学、心理学与人类学发展起来的一门跨学科综合行为研究理论。这一理论通过构建“角色”这一中心概念，把影响社会个体行为选择的社会文化背景、身份隶属关系与个体自我认知水平等社会因素有机联结成了一个系统，从而能够从社会动力系统的角度来研究个体行为与心理的状况和发展水平。角色理论的视角超越了传统的心理学、社会学或人类学等单一学科立场的局限，能够较好地解释社会中的个体行为选择。

角色理论的主要内容包括以下 4 个方面。

1. 任何个体在社会中都要承担相应的角色

角色理论认为，生活在特定社会环境中的任何个体都要承担一定的角色，这与戏剧舞台上的演员相似。角色是个体社会身份的外显，负载了其在所处社会关系中的地位、身份、权利和义务。社会对每个角色都有相应的角色期望，并为其设定了理想的行为范式，而每个角色承担者同样具有相应的权利和义务。个人在社会生活中具有多个社会身份，与之对应就会承担多种不同的社会角色，不同的角色会有不同的行为表现。用戏剧舞台来比拟社会现实生活的话，人们所处的社会环境就像“社会大舞台”，由社会要求、角色规范和角色期望构成“剧本”。而“导演”就是具体社会环境中的管理者或威权角色，如领导、教师、家长、教练等。“观众”则是由生活于其中的与角色承担者存在相互影响的真实的或想象的社会他人构成的。实际生活中的客观环境与社会规范、公序良俗等，像戏剧中的剧本一样，对角色承担者具有一定的制约作用，这就是角色期望和角色规范。不过，与戏剧舞台和剧本相比，社会环境对角色的限定不会过于教条和死板，因而实际社会生活中的个体在扮演角色时具有更大的创造余地和自我发挥空间。

2. 个体的角色行为受所处社会环境的制约

在实际社会生活中，个体的角色行为也如同演员在戏剧舞台上的表演一样，一方面个体可以在对角色的理解把握及自身能力、经验的基础上独特地扮演一个角色，另一方面也要受到社会环境、行为规范、组织权威以及社会他人对自身角色期望的制约。角色理论认为，个人行为表现的总的倾向，在许多方面都取决于社会对于特定角色的社会位置的限定。在同一种社会位置上，个体表现的差异通常都不超出社会限定的框架[①]。

3. 社会的运转依赖各种角色的实践

社会角色是构成社会群体或组织运行的细胞，个体经过角色期望、角色认知与角色行为3个阶段的角色实践过程进入社会，并且通过自身的角色行为参与社会互动过程。个体在各自社会位置上履行自身所承担角色的职责的过程，也正是整体社会结构发挥其功能并正常运转的过程。可见，社会的有序运转是通过身处其中的各种角色承担者的角色实践而得以维持的。

4. 角色意识影响角色认知和角色行为

个体的角色意识和角色行为能力是其在参与各种社会活动与他人互动的过程中逐渐形成的。角色意识贯穿于角色认知与角色行为的全过程。正确的角色意识不但能提高角色承担者的角色认知能力和水平，更能提高其角色行为能力，增强角色实践的效果。而错误的角色意识，不但会形成误导，使角色认知偏离角色期望，更可能使个体作出错误的角色行为，形成角色冲突，导致角色行为失调甚至角色实践

① 金盛华:《角色理论与家庭儿童发展研究》,《心理发展与教育》，1994年第1期。

失败。

角色理论主要探讨个体与社会他人和组织之间的关系问题，研究目的是通过规范并改变社会个体的角色行为来促进社会组织的发展与壮大，以不断改善社会环境，维持社会正常运转。领导干部属于各微观社会组织中的“关键少数”角色，针对这一角色的角色心理研究具有更重要的价值。在我国，普遍意义上的领导干部就是中国共产党在基层的党委书记。以基层党委书记为载体研究领导干部的角色心理，这一理论视角对于研究党委书记角色行为水平与党员领导干部的能力建设具有独特意义。

四、角色的类型

角色的类型从不同方面可以有如下的划分。

1. 先赋角色与自致角色

这是根据社会个体获得角色的方式来划分的。先赋角色指建立在血缘、遗传等先天因素（如种族、性别、年龄等）基础上的社会角色。如在奴隶社会和封建社会，角色有可能世袭而来，属于先赋角色。自致角色也叫成就角色，指主要靠个体行为表现与自身努力而获得的角色。人类社会进入社会化大生产以来，许多原来属于先赋角色的角色都变成了自致角色。领导干部这一角色属于自致角色。

2. 理想角色、认知角色和实践角色

这是根据角色存在状态的不同来划分的。理想角色也称期望角色，是指社会群体或他人对某一特定社会角色所期望或规定的理想模式和公认的行为模式，或者说是一种关于“应该如何”的社会观点。理想角色可以是明文规定的，如《中国共产党章程》对共产党员的规定就体现了党和人民对中国共产党党员理想角色的特质要求；也可以是不成文而约定俗成的，体现在社会环境、公序良俗和文化传统等对身处其中的个体所提出的各种要求和期待之中。

认知角色是指个体理解的其所承担的角色的角色特质及行为模式。认识、理解乃至认可、认同是形成认知角色的基础，但是由于个体所处的社会环境、认识水平、价值观念和成长历程等各不相同，不同的角色承担者对同一角色的角色特质、行为模式的理解是不完全相同的。

实践角色是指个体根据自身对所承担角色的特质及规范的理解在扮演角色的过程中的行为表现。角色认知是角色实践的前提和基础，但是由于个体的自身素质和环境条件不尽相同，即使对角色有大体相同的认知，落实到个体行为表现时也未必相同。领导干部角色具有多样化的特点，导致其角色实践也同样具有多样化、复杂的特点。

3. 自觉角色与不自觉角色

这是根据社会个体承担角色时的心理状态来划分的。自觉角色承担者能明确意识到自身所进行的角色扮演的行为及后果，因而会尽力用行动去影响周围相关的社会他人，如讲演者、老师等便是自觉角色。不自觉角色承担者并未意识到自身角色行为的存在，而只是按照习惯方式下意识地去进行角色实践。领导干部属于自觉角色。

4. 规定型角色与开放型角色

这是根据角色行为的规范化程度来划分的。规定型角色指权利、义务有较明确的规定，不得随心所欲地自由进行角色实践的角色，如共产党员、军人、警察、法官、公务员等。开放型角色指角色行为没有明确、严格的规范限制，角色承担者有较多自由进行角色实践的余地和创造空间的角色，如父母、夫妻、朋友等。在我国，党的领导干部属于典型的规定型角色。

5. 功利型角色与奉献型角色

功利型角色指以追求经济效益和实际利益为目标的角色，如商人、企业家、个体工商户等，此类角色在社会上主要发挥实现效率目标的功能。奉献型角色指不以获得经济效益为目的，而以维持社会有序运行、维护社会制度与秩序、弘扬正确社会价值观念等为目的的角色，如共产党员、教师、医生、警察、公务员、法官、军人等，此类角色在社会上主要发挥着维持社会有序运行、维护社会公平的功能。在我国，以党委书记为代表的领导干部群体属于典型的奉献型角色。

6. 正式角色和非正式角色

这是根据角色实践是否符合特定的社会预期来划分的。社会针对其成员所扮演的各种角色皆制定了一系列成文或不成文的规范，遵守或践行这些规范的角色就是正式角色。非正式角色是指偏离了某些特定的既有社会期望的角色。社会中必然有一些成员，其行为“游离”甚至“否定”了他们所承担角色的角色期望与规范，严重者甚至会危及和破坏社会的运行秩序和稳定，这类角色就是理想社会中本来不应存在的非正式角色，如各种违法犯罪分子。

此外，还有一些社会个体的行为与社会群体或他人对其的角色期望和规范存在差异，而发展出一种新的角色，这类角色因为暂时没有新的角色规范而在一段时间内不为社会所承认，不被社会所接受，因而也成为一种非正式角色。这种非正式角色会“随着社会的发展而发生变化或分化，其中对社会发展起积极作用的将可能发展成为社会的正式角色，而对社会发展起消极作用的将逐渐被历史所淘汰”[①]。

7. 支配角色和受支配角色

这是根据角色间的权力地位关系来划分的。支配角色和受支配角色是社会学家达伦多夫（Ralf G. Dahrendorf）关于冲突理论的两个基本概念[②]。他认为,“只要人们聚在一起组成一个群体，并于其中产生互动，则必然有一部分人拥有对另一部分人的支配力。具有支配他人权力的角色就是支配角色，而受他人支配的角色即受支配角色。在现实社会中，这两种角色具有以下特征：①作为支配角色的个体总是极力维持现状以保证其既得的权力，而作为受支配角色的个体必然设法改善受人约束和限制的现状而不断获得支配自身发展的权力；②这两种角色必然要建立符合自身利益的群体，各有

① 薛蓉:《创造教育的认识误区及其匡正》,《教育》2001 年第 7 期。

② 于海:《西方社会思想史》，复旦大学出版社，1993，第 157 页。

自己的方针、计划和目标。总之，这两种角色始终处于动态变化发展的关系之中”[①]。党的领导干部虽然在特定范围内拥有对他人和资源的支配权力，但因为中国共产党为人民服务的宗旨，其不属于达伦多夫冲突理论中“支配角色”的范畴。

8. 其他分类

根据个体的参与程度，角色还可以被划分为若干类型。如社会心理学家萨宾（Theodore R. Sarbin）根据角色对社会互动的参与程度划分角色。他将参与程度从低到高划分为 7 种：①零度参与，对应的角色如街上的行人等；②漫不经心地参与，对应的角色如商场中的顾客与店家等；③传统仪式性地参与，对应的角色如婚丧嫁娶仪式的参加者等；④生物性地参与，对应的角色如对子女进行抚养的父母等；⑤神经质型的深度参与，对应的角色如吸毒者、赌徒等；⑥情迷意乱地参与，对应的角色如热恋中的男女等；⑦精神与外物合一的参与，这是最高级别的参与[②]。在一个人所承担的各种角色中，其参与程度是不同的，领导干部角色承担者也不例外。随着角色实践的深入，领导干部角色承担者对诸多角色的把握会越来越游刃有余，在角色丛中会根据不断修正的角色认知和不断强化的角色意识来决定对某种角色的参与程度，对领导干部这一角色来说，参与的理想状态当然是最高级别的参与。

五、角色的功能

角色作为社会群体或他人的社会期望与角色承担者个体行为互动联结的产物，无论对社会整体的有序运转还是对身处其中的个体的有效社会化都十分重要，其功能概括起来主要有以下 3 个。

---

① 乔纳森・特纳：《社会学理论的结构》，邱泽奇等译华夏出版社，2001，第 179 页。

② 全国十三所高等院校《社会心理学》编写组编《社会心理学》，南开大学出版社，1990，第 197 页。

1. 互动功能

互动功能是角色最基本也是最重要的功能，角色与互动是两个关系非常密切的概念。一方面，角色通过社会互动表现自己，而社会互动又是角色之间的互动；另一方面，角色实践也无法脱离社会互动而独立进行，互动是由角色的本质派生出来的基本功能。在现实生活中，人们正是根据角色的社会期望来准确地把握自身行为的，使之不偏离社会的规范要求和公序良俗的基本准则，并预知社会群体或他人对自身行为表现的反应。只有这样，人们才能正确地使用概念等符号，并理解社会他人所使用符号的意义，从而与社会中的相关组织及他人顺利地进行互动。

2. 规范功能

角色的规范功能也是角色的重要功能之一。角色的规范功能说明了角色对社会中的个体及其行为具有引导、制约、控制、评价甚至监督的作用，这一功能是通过一定角色的社会期望、社会评价、社会监督对承担者的角色行为的指导、规范作用来实现的，因此角色的规范功能同样源于角色的本质。

3. 自我表现功能

自我表现功能是角色的本质派生出来的又一重要功能，也是不同的个体在相同角色的社会期望下，承担同一角色但却能表现出各自不同特点的原因所在。角色承担者成长环境、角色认知、角色意识及能力水平的差异使角色实践具有了角色承担者个人的色彩。但角色的自我表现功能不能脱离社会环境、角色期望及角色规范的基本范畴，否则，将由角色评价或监督对其进行修正。如果不能修正，则会演变成角色冲突，甚至角色失调。

角色的互动、规范和自我表现功能虽然体现的是角色的不同功能和侧面，但却是相互联系的。角色必须通过有效参与社会互动来表现自己，而个体在与社会他人进行互动时，为了使他人能够理解自身角色行为的真正含义，就必须充分认知、理解进而认同社会规范定义的角色特质，遵循角色所包含的基本规范，并按照此规范的要求来决定自身行为选择。当然，在角色实践的过程中，每一个角色承担者都有自我表现的空间，但这种自我表现不能脱离实际、天马行空。角色功能的这种整体性是角色运作的前提，也是一种社会角色顺利融入社会并参与社会运转的保证。

六、角色心理模式

在角色实践过程中，最重要的两个步骤是角色认知与角色行为，但核心因素却是角色意识。角色行为因受社会环境、个人素质与水平等因素的影响，很难完全达到角色认知的水平层次，而角色认知因受角色承担者的思想水平、思维方法、认知能力、解释水平及领悟程度等主观因素的影响，也难以完全达到角色期望的水平层次。在角色意识、角色认知、角色行为的互动关系中，角色意识贯穿于角色认知和角色行为的全过程，对二者都有影响。正确的角色意识对提高角色认知水平，优化角色行为效果，缩小角色认知、角色行为与角色期望之间的差距起着至关重要的作用。随着角色承担者角色意识的不断强化，其角色认知会越来越接近于正确，角色行为也会越来越符合相关社会群体或他人对其的角色期望。

结合角色期望、角色评价这两个外部因素，经过进一步的研究发现，社会角色发挥作用的过程主要是以角色意识为核心的 5 个重要因素互动的过程，5 个因素相互影响、相互促进，构成了 5 组主要关系。这 5 组关系形成合力实现综合效应的过程就是角色在社会关系中运行的过程。对以角色意识为中心，分析其间各种角色关系运行规律的概括，就构成了本书所谓的角色心理模式。认清角色心理模式有助于我们把握社会角色发挥作用的规律，更好地掌握角色心理理论，明了角色实践过程，不断优化角色扮演，取得更好的角色行为效果。角色心理模式如图 1.1 所示。

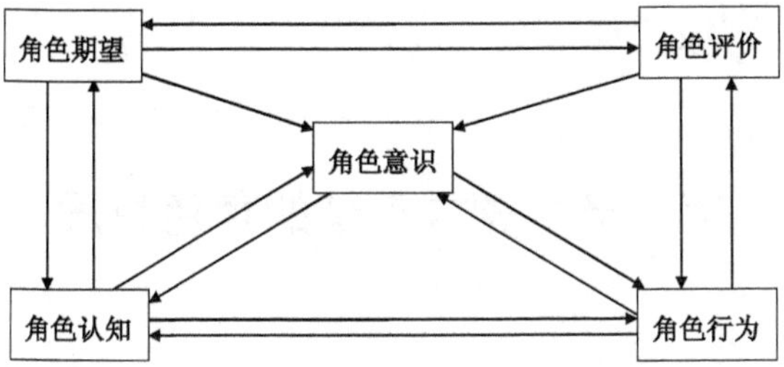

图 1.1　角色心理模式

角色心理模式中所包含的主要关系有以下几种。

1. 角色意识、角色认知、角色行为的互动关系

在此关系中，角色认知水平的提高可以增强角色承担者的角色意识，进而提高其角色行为水平。而角色意识又贯穿于角色认知、角色行为过程中，促使角色行为水平越来越接近于角色认知水平。

2. 角色行为、角色认知、角色期望的互动关系

在此关系中，角色期望的有效表达可以有效引导并提高角色认知水平，角色认知水平的提高可以改善角色行为效果。而角色行为的优化则会推动角色认知越来越符合角色期望的标准。

3. 角色认知、角色行为、角色评价的互动关系

在此关系中，角色认知水平的提高可以优化角色行为，并促使角色行为得到正面的角色评价。而正面积极的角色评价则会通过角色行为的优化促进角色认知水平的提高。

4. 角色期望、角色评价与角色意识的关系

角色期望、角色评价作为影响角色意识的外部因素，对角色意识的改善起到促进作用。畅通乃至拓宽角色期望的表达渠道可以引导角色承担者形成正确的角色意识并强化其角色意识；角色评价作用的有效发挥可以规范角色意识。

5. 角色期望、角色评价的关系

角色期望表达渠道的拓宽可以减小角色评价的阻力；而角色评价作用的发挥则

可以拓宽角色期望的表达渠道。

第二节　领导干部的角色特质

明确领导干部的角色特质，对理解领导干部的角色心理有重要意义。具体到基层党委书记角色上，其角色特质既有与普通意义上的领导共通的一面，也有其特殊的一面。毛泽东同志曾指出：党的委员会像军队的一个班，书记好比是“班长”。习近平总书记也曾指出，县委书记要带头执行民主集中制，按照程序进行决策，做到总揽不包揽、分工不分家、放手不撒手。要注意听取班子成员意见，带头增进和维护县委班子团结①。这都是党的领导人对党委书记这一领导角色特质的期望表达。而研究党委书记的角色特质，也是明确党和人民对党的领导干部角色期望的途径，有助于加强领导干部的角色认知，提高其角色实践的效果。

一、领导干部角色特质的内涵

1. 政治特质

党的十九大报告明确提出党的政治建设这个重大命题，强调党的政治建设是党的根本性建设。在党员领导干部所需的各种能力中，政治能力永远是第一位的。具体到基层党委书记这个角色上，其政治特质不仅关系到党委书记角色承担者个人，而且关系到其所在的整个党委班子领导效力的发挥，关系到党在新时代社会主义现代化全面建设各项工作中领导一切的作用的发挥。所以，政治特质对于基层党委书记这个角色，是首要特质。党委书记要增强政治意识，善于从政治上看问题，不断提高自身的政治判断力、领悟力和执行力。对此，党的历代领导人早已做过深刻而

① 习近平：《做焦裕禄式的县委书记：心中有党、心中有民、心中有责、心中有戒》，《人民日报》2015 年 1 月 13 日。

全面的论述。

毛泽东同志认为："共产党的干部政策，应是以能否坚决地执行党的路线，服从党的纪律，和群众有密切的联系，有独立的工作能力，积极肯干，不谋私利为标准。"[①] 邓小平同志强调了领导干部的 3 条标准："一是坚决拥护党的政治路线和思想路线；二是大公无私，严守纪律，坚持党性，根绝派性；三是有强烈的革命事业心和政治责任心，有胜任工作的业务能力。"[②] 习近平总书记指出："我们党作为马克思主义政党，讲政治是突出的特点和优势，共产党不讲政治还叫共产党吗？"[③]

在政治特质上，对党委书记的要求如下：具有崇高的政治使命感、坚定的政治方向性、深切的忧患意识。

崇高的政治使命感要求一名基层党委书记要始终明确自身角色所担负的政治使命，始终把做一名让党放心、让群众满意的基层党委班子的带头人作为自己的首要奋斗目标，并将其融入角色意识中，始终保持对自身角色实践的指导。在具体的实际工作中，应始终保持政治上的坚定性和纯洁性，不断增强"四个意识"，坚定"四个自信"，做到"两个维护"，善于识别和抵制社会现实中各种错误倾向和不良思潮的影响，模范地带头贯彻执行党的路线、方针、政策和上级党委的指示命令。自觉做到舍己为公，勇于奉献，敢于吃亏，保持高度的主人翁意识，热爱工作，具有在党的事业中建功立业的信心和决心，并能持之以恒，在个人利益与党和人民的利益发生矛盾时，能够按照党和人民的利益高于一切的原则，做到个人利益无条件地服从党和人民的利益。

坚定的政治方向性要求一名基层党委书记要坚决做到"两个维护"，在复杂的国内外斗争形势中具有把握政治方向的能力，做到无论国内外形势如何变幻，都能始终保持清醒的政治头脑，具有坚定的政治立场、敏锐的政治眼光，坚定不移地在

① 《毛泽东选集》第二卷，人民出版社，1991，第 527 页。

② 邓小平：《邓小平文选》第三卷，人民出版社，1993，第 194 页。

③ 中共中央宣传部编《习近平新时代中国特色社会主义思想学习问答》，学习出版社、人民出版社，2021，第 196 页。

思想上、政治上、行动上同党中央保持高度一致，自觉贯彻执行党的路线、方针、政策，自觉坚持党对一切的绝对领导，做到党中央提倡的坚决响应、党中央决定的坚决照办、党中央禁止的坚决杜绝。在大是大非的原则问题上要有坚定性，能够把关定向，保持正确的政治方向，做党委一班人的“主心骨”。

深切的忧患意识要求一名基层党委书记要坚决防止和纠正一切偏离“两个维护”的错误言行，及时发现和纠正各种“低级红”和“高级黑”现象，警惕形形色色的“伪忠诚”“两面人”。具体表现在以下方面：一是要重视当下社会环境及国内外形势对广大党员群众思想的影响，注重搞好新时期的思想政治教育，筑牢意识形态领域的钢铁长城，夯实广大党员群众的思想基础；二是要重视社会环境对党内纪律作风的影响，加强所属组织和党员的纪律建设；三是要重视社会环境对单位内部关系的影响，坚持群众路线，密切党群、干群关系；四是要重视社会环境对物质文化方面的影响，把深入细致的思想政治工作与解决实际困难结合起来。

2. 思想特质

思想特质是基层党委书记的思想认识和党性观念在其角色实践中的具体表现。有端正的思想作风，是一名基层党委书记密切党同人民群众的血肉联系、维护大局稳定的客观要求，是加强党委班子建设的迫切需要。习近平总书记指出：“我们党自成立起就高度重视在思想上建党，其中十分重要的一条就是坚持用马克思主义哲学教育和武装全党。”[①] 党的领导干部思想理论建设的基本内容和主要任务是大力弘扬理论联系实际的学风，增强把马克思主义基本原理同中国社会具体实际相结合的能力，提高自身理论思维和战略思维水平。

对一名基层党委书记的思想特质要求如下：坚持实事求是的标准，坚持理论联系实际，坚持走群众路线。

实事求是要求基层党委书记在各项工作中坚持马克思主义方法论的指导，坚持

① 习近平：《推动全党学习和掌握历史唯物主义 更好认识规律更加能动地推进工作》，《人民日报》2013年12月5日。

运用马克思主义的立场、观点和方法，对新时代基本国情、党在现阶段的主要任务、广大人民群众的诉求及当前面临的形势和任务有深刻分析和准确把握。坚持解放思想、实事求是、与时俱进，不断探索适合本级党委科学发展的路子，创造性地贯彻落实党中央的指示和要求，脚踏实地地把本级党委工作做好。

理论联系实际要求基层党委书记不断加强自身及所属党委班子和广大党员的思想理论建设，不断结合工作实际需求探索推进党的理论创新，把马克思主义、毛泽东思想、中国特色社会主义理论体系和习近平新时代中国特色社会主义思想作为落实各项工作的根本指导，始终用党的先进理论武装自己，保持自身的先进性。

走群众路线要求基层党委书记要牢记中国共产党人为人民服务的宗旨和使命，在常态化的党的群众路线教育实践活动中不断推进党领导中国特色社会主义现代化建设的伟大事业，团结和带领本级党委成员、普通党员和群众，排除各种干扰，战胜各种艰难险阻，不断将党带领全国人民实现中华民族伟大复兴的事业推向前进。

3. 能力特质

我们党的领导人历来重视党的领导干部的能力建设。习近平总书记更是多次强调加强对广大干部能力的培养，认为“干部干部，干是当头的，既要想干愿干积极干，又要能干会干善于干”[①]，要求重点培养领导干部“统筹兼顾的能力，开拓创新的能力，知人善任的能力，应对风险的能力，维护稳定的能力和同媒体打交道的能力”[②]。

从领导干部角色特质的角度来看，我们认为一名基层党委书记除了具备以上6项基本能力外，还需培养自身以下能力特质：分析决断能力、指挥管理能力、组织协调能力、开拓创新能力、应对突发事件的能力和自我心理调适能力。

分析决断能力要求基层党委书记能够在坚持党委集体决策原则的基础上，广泛收集信息，充分发扬党内民主，力争作出科学决策。在本级党委的实际工作中，要

① 中共中央文献研究室编《习近平关于全面从严治党论述摘编》，中央文献出版社，2016，第141页。

② 陈宝生：《新形势下做好领导工作的强大思想武器》，《光明日报》2014年9月1日。

能够善于发现问题苗头，及时确定发展目标，充分发扬民主集中制，在充分讨论的基础上敢于决断负责，善于组织落实党委决策部署，并能及时获取反馈以有效应对。

指挥管理能力要求基层党委书记既能在组织指挥下属开展工作时做到坚持集体领导、分工负责的原则，做到统一指挥、整体筹划、抓住关键、灵活机动，又要在日常管理中做到明确目标、坚持大局，以党章党规为依据，以人员管理为重点，以强化纪律为核心，做到依法、有序管理。

组织协调能力要求基层党委书记在工作中能够精于谋划、长于协调，具备较强的统筹协调能力，善于整合各种力量和资源，求同存异，以调动各方面积极性，完成和实现党委工作目标。具体又包括善于观察问题的能力、谋划运筹的能力、高度整合的能力和善于发挥集体智慧的协调能力。

开拓创新能力要求基层党委书记在工作中能够克服墨守成规的路径依赖，不去机械模仿和照搬他人已有的成功模式，立足本单位实际，把握新时代机遇，创造性、预测性地开展工作，具有战略思维能力、信息获取能力、运筹帷幄能力和获取知识的能力。这里的创新具体包括观念的创新、思维的创新和方法的创新。

应对突发事件的能力要求基层党委书记对各种可能发生的突发事件要具备超前预测的能力，在突发事件来临时能够坚持正确的政治立场，具备抗冲击的能力、快速反应的能力及兴利除弊的能力。在处置过程中，能够把握好坚决执行上级精神指示与灵活果断处置的关系，把握好思想政治工作与行政管理工作的关系，把握好处置突发事件与开展正常工作的关系，把握好工作分工上主抓与协同的关系。

自我心理调适能力要求基层党委书记能够通过学习和实践掌握心理压力调适和情绪管理的方法和技巧，在复杂的角色实践环境下、在超常的复合压力面前，能够保持自身角色心理健康，拥有自身角色实践所需要的良好意志品质。这些意志品质包括：稳定的情绪，精确的感知力，清晰的思维力，灵敏的应变力，勇敢、果断、谨慎的性格和坚强的意志品质。

4. 品质特质

领导干部的品质特质，是领导干部角色特质的重要组成部分，与其角色扮演效果有着直接的联系。领导干部的品质特质有：坚定的理想信念、果断的决策素养、平易近人的工作作风、豁达大度的心胸气度和冷静稳重的练达风范等。

坚定的理想信念是指一名基层党委书记要树立马克思主义理想信念，用科学的理论武装自身，给人以踏实可靠感，这样才能有效增强自身角色影响力。有扎实的马克思主义思想理论根基，有坚定的政治立场和清醒的政治头脑，有牢固的精神支柱，对共产主义远大理想和中国特色社会主义共同理想坚信不疑，对党的事业忠贞不渝，对社会主义现代化建设事业充满信心。

果断的决策素养是指基层党委书记要着力增强自身决策水平，具备把握和运用政策解决实际问题的能力。注重研究党的路线方针政策，不断增强做到“两个维护”的思想自觉和政治自觉，把握新情况、新问题，善于学习，勇于实践，乐于思考，多谋善断。遇到棘手的问题、碰上紧急情况能应付自如，使下属有心悦诚服之感。

平易近人的工作作风是指基层党委书记能够做到严于律己、宽以待人，坚持群众路线，始终坚持全心全意为人民服务的根本宗旨。牢固树立群众意识，不断提高一心为民的自觉性和主动性，坚决杜绝背离党的宗旨和侵犯群众利益的思想的滋生。处理好和人民群众利益的关系，立足本职，扎扎实实为群众解难题、办实事。

豁达大度的心胸气度是指基层党委书记能够做到放下官威，力戒狂妄自大、刚愎自用、目中无人。做到大事讲原则、小事讲风格，不计较个人恩怨，心胸坦荡，光明磊落，善于听取各种不同意见，勇于自我批评，能够和意见不同的同志合作共事。

冷静稳重的练达风范是指基层党委书记能够处事冷静，给人以稳重可靠感。为人处事老成持重，处理问题头脑清醒，深思熟虑。能够在顺境中保持头脑清醒、决不懈怠，在逆境中保持冷静、脚踏实地，不一曝十寒，不毛手毛脚，不粗暴浮躁。

5. 知识特质

毛泽东同志曾说过，书记要当好“班长”，就应该很好地学习和研究。这是对基层党委书记知识特质的要求。基层党委书记在本级党委中居于重要地位，起着统领“一班人”的作用。其角色行为实践的科学性直接影响到“一班人”作用的发挥，关系到整个基层党委的领导效能。所谓“一个好的党委书记，必然是学富五车的泰斗”，这话虽然有些夸张，但是很好地说明了对基层党委书记知识特质的要求。党委书记的知识特质要求党委书记在理论水平上是“高手”，在专业领域里是“专家”，在日常生活中是“通才”。

“高手”特质要求基层党委书记要具备较高的马克思主义及其中国化理论成果水平，能够把握习近平新时代中国特色社会主义思想的理论精髓，掌握党的路线方针政策，熟悉马克思主义的世界观和方法论，从根本上提高自身观察、分析、解决问题的能力。

“专家”特质要求基层党委书记在专业领域要克服“外行领导内行”的问题，力争使自己成为所在单位业务工作的行家里手。要始终明白，仅仅依靠角色赋予的权力去指导自己不懂的工作，对“明白人”发号施令，必然会降低自身领导角色的权威性和非权力影响力。除此之外，还要精通党的建设、领导和管理科学等方面的专业知识，以确保拥有工作的主动权。

“通才”特质要求基层党委书记在精通马克思主义理论和专业知识的基础上，广泛涉猎管理学、领导学、社会学、历史学、语言学、逻辑学、心理学、法学等学科及其他一切有助于提升自身角色实践水平的知识，不断提升自身思维高度，培养自己系统思考问题的能力。

二、领导干部角色特质的基本要求

从上述领导角色理论中可以看出，领导在领导活动中所扮演的角色既是多元的，也是随时代发展的要求而不断演进的。作为基层党委中“关键少数”角色的基层党委书记，这一角色的承担者应充分认识领导角色的复杂性及角色本身所负载的特质要求。只有这样，才能扮演好自己的角色，发挥其在领导和管理工作中应有的作用。基于对基层党委书记领导角色的认识，我们认为这一重要角色的承担者至少要做到以下几点。

1. 打牢根基，迈正步子

作为代表党领导一切的“关键少数”角色，基层党委书记首要的角色作用就是发挥党代表角色作用，确保所在党委班子保持坚定正确的政治方向，始终坚持党的路线、方针、政策。要始终明确党的领导是政治领导，就是要在工作中把握好方向，迈正步子，带领广大干部群众沿着正确的道路前进。基层党委书记在发挥党代表角色作用时，要注意从根上抓起，坚持对马克思主义中国化理论成果尤其是习近平新时代中国特色社会主义思想的学习，坚持对党员群众的形势政策教育，始终坚持党的实事求是的思想路线。在实际工作中，做到头脑清醒，方向明确，中心突出，步子扎实，做到一切工作与党的路线方针政策合拍。

保持坚定正确的政治方向，最重要的是要关注那些关系党和国家前途命运的大事，关注那些关系社会主义现代化国家建设伟大事业的大事，关注那些对党的事业长远发展起长期作用的统管全局的大事，在一些基本问题上把根基扎稳扎正。要始终做到把根“扎深”：一是扎深坚持习近平新时代中国特色社会主义思想理论指导的根子；二是扎深实事求是思想路线的根子；三是扎深全心全意为人民服务的根子；四是扎深群众路线的根子；五是扎深艰苦奋斗的根子。

2. 整合力量，凝聚班子

基层党委书记作为本级党委的第一责任人，在党委领导班子和全局工作中处于核心地位，起着关键作用，负有全面责任，是增强党委班子凝聚力、培养创造力、提高战斗力的“关键少数”角色。所以，基层党委书记在角色扮演过程中，一定要坚持以党的事业为基础，以党章党规做保障，以党性为原则，在党内大力倡导团结之风，把班子成员、普通党员群众等方方面面的智慧和力量凝聚起来，形成干事创业的强大合力。为此，党委书记应该做到以下3点。

1）善于团结，能够包容

对领导干部来说，善于团结是一种责任、一种胸怀、一种艺术，更是一种要求。要有敢于负责的胆识和气魄，有兼听则明的胸怀和见识，善于与持不同意见者合作共事，求同存异，最大限度地完成党赋予的任务。

2）坚持原则，不当“和事佬”

基层党委书记在党内要敢于、善于开展同志间的批评与自我批评，主动做到“红红脸，出出汗”，切实维护党内的良好风气，坚持规范党组织生活，而不是纵容、护短、“和稀泥”。只有这样，才能及时纠正党委内部的错误倾向，化解矛盾冲突，消除不利于党的事业发展的不和谐音符，维护党委内部健康的工作氛围。

3）放权不放任、放手不甩手

在把握本级党委发展大局的同时，凝聚好党委班子的力量，量才为用，合理搭配，充分挖掘班子成员的潜力，调动他们的积极性，发挥他们的优势，齐抓共管，提高党委集体领导效能。

3. 指挥全局，应急应变

基层党委书记在确保自身坚定的政治立场和前进方向的同时，还须具有良好的大局意识，时刻用全局观念来判断分析问题，高屋建瓴地引导本级党委决策，当好党委一班人的“主心骨”。具体应该做到以下几点。

（1）基层党委书记要有意识地培养自己通观全局的能力，时刻使自己做到对党的事业的发展前景、面临的形势和任务、工作的全面部署有一盘棋在胸中，做到宏观在胸、微观在手，善于从大处着眼、小处着手。

（2）要善于在纷繁复杂的事务性工作中把握住工作的主线，集中调动起主要精力和资源去解决事关全局的根本性问题或关键问题，解决涉及群众切身利益的热点问题，对各项工作要做到重点突出、主次分明，防止出现“一刀切”行为。

（3）要善于把握全局工作的中心内容、关键环节，善于抓住重点工作的突破口以带动整体工作的推进。同时也要做到统筹全局而不大包大揽，把握好收与放的关系，善于做提纲挈领的工作，能够克服“收得太紧”和“放得太松”两个极端。

（4）要做到掌控全局、驾驭全局。能够合理调配和使用人力资源，做到“运筹帷幄之中，决胜千里之外”，而非事无巨细、事必躬亲，能够善于组织和调动下属去完成任务、处理和解决好问题。正常情况下，发挥好自身党委书记角色决策、监督、引导的职能；面对突发事件时，能够镇定自若，坐镇指挥，及时拿出应对办法，并采取有效措施化解矛盾，防止事态的扩大和恶化。

4. 民主集中，科学决策

领导工作的一项重要内容就是进行决策，尤其是基层党委书记这个党委中的“关键少数”角色。在决策过程中，由于决策者个人的能力、学识、智力、性格、掌握信息等情况的限制，会出现决策者在决策过程中难以作出准确的分析判断，从而影响正确决策，最终导致决策失误的现象。

所以基层党委书记在党委决策过程中必须贯彻民主集中制的原则，严格遵守党章规定的民主集中制基本原则，坚决维护党委议事制度，坚持集体领导、民主集中、个别酝酿、会议决定。集体领导是民主集中制在党的领导制度上的具体体现，是贯彻民主集中制的关键环节。集体领导是实行分工负责的基础和前提，领导班子分工负责是实现集体领导的有效途径和保证。

坚持党委议事制度的要义在于，作出决策前应汇集各种渠道的信息并通过党委集体讨论论证最终得出科学合理的结论，从而为整个决策过程的正确性打下坚实的基础。在现实党委决策实践中，尽管最终作出决断的主体是基层党委书记，但是，在整个决策过程中，有很多其他决策主体参与、支持和辅助决策。其中，深入基层调研、征求群众意见和寻求专业建议对促进决策的科学化具有十分重要的意义。基层党委书记在主持党委决策时，一是要注意广开言路，善于听取各方面的意见，以确保信息渠道的畅通；二是要争取专业人士和智库的智力支持，以利用好外界智力资源；三是通过集体决断来“拍板决定”，以发挥好集体智慧。

5. 集思广益，统一意志

基层党委书记在实施领导的过程中，既要有主见、有主意，为各项工作的开展定好“主旋律”，又要能集思广益，从善如流，善于倾听群众意见，发挥集体智慧。为此，基层党委书记不仅要严格遵守民主集中制，严格落实党委议事制度，还要尽力在单位内部营造既有民主又有集中，既有纪律又有自由，既有党委统一意志又使个人心情舒畅的决策环境。只有在组织中和班子内形成一种民主和谐、相互尊重、自由表达意见的良好氛围，各种不同意见才能得到充分表达；也只有在不同意见的讨论碰撞过程中，才有利于集思广益、博采众长、达成共识、统一意志。正因为这一点，基层党委书记要善于使自己在领导工作中做到“和而不同”。“和”就是坚持党的事业、本单位的发展和人民群众的共同利益的一致性，保持工作方向和工作目标的和谐统一。“不同”则是尊重每个人工作方法和思路的差异，不强求整齐划一。党委书记的“和而不同”不仅是对不同意见的尊重和包容，更是对不同意见的综合、整合，有利于在党委内部形成统一意志。

6. 沟通观念，协调利益

基层党委书记作为本级党委的“关键少数”角色，其价值取向直接影响着本单位群体成员的行为方式、对问题的看法及行事作风。因此，基层党委书记在角色实践过程中不仅要严格要求自己，做好表率，更要及时把自己的思想、主张和对问题的看法与班子成员进行沟通，并通过班子成员向所属部门和群众传导，以形成群体共识。同时，基层党委书记作为本级党委各种资源和利益分配的主要决定者，其角色行为直接决定着本单位各项事业发展中的公平与效率。因此，必须注重对各部门间利益的协调。应认识到，共同的价值取向和公平的利益分配是一个组织或群体的黏合剂，是形成群体凝聚力的关键。

7. 寻求支持，协调外部

基层党委书记作为本级党委的“关键少数”角色，需要把许多精力放在寻求外部支持力量和协调外部关系上。在现代社会中，任何一个社会组织的发展或一项事业的成功，仅仅依靠单一主体的力量是远远不够的，都需要依靠其他组织的支持与合作，都需要其他部门的配合。基层党委书记除了应搞好本职工作之外，还要为本单位的建设发展营造良好的外部环境，这就需要处理好与其他职能部门的关系，互通有无，为本单位各项工作的开展营造一个良好的外部环境。在实际工作中，党委书记应该能代表本级党委，通过公关战略、沟通艺术和谈判技巧，广泛接触外部社会，与其他组织或职能部门建立联系，发展关系，不断开拓干事创业的环境。

第三节　领导干部角色心理研究的目标及思路

角色理论是社会心理学中的重要理论，融合了社会学、心理学和人类行为学的观点，对阐述社会个体在社会化过程中如何处理个人成长与社会需要之间的关系有独到的见解，被广泛应用于对社会各行各业的研究中。它把社会看作一个天然的大舞台，把社会成员当成舞台上的角色，认为任何一个社会都是由许多具有不同身份和地位的人组成的，当一个人行使与其社会地位相适应的权利与履行相应义务时，他就在扮演一个角色。社会中的每个人都是其所扮演的各种角色的总和，每个人就是通过扮演各种角色来了解社会上各种行为习惯和行为规范的[①]。因此，领导干部角色心理研究必然涉及角色理论的方方面面。在确立了研究目标的前提下，只有深入细致地剖析一名基层党委书记的角色，明确领导干部角色心理研究的具体目标，理清研究的思路，才能更清晰地把握角色理论的精髓，拓展领导干部角色能力建设的渠道。

---

① 贺新、席巧娟:《从角色理论谈高校内部组织管理中权力关系》,《北京理工大学学报（社会科学版）》2004年第6卷第3期。

一、领导干部角色心理研究的目标

本书是在深入系统地研究角色理论及领导心理学的基础上，以基层党委书记为对象开展领导干部角色心理研究，在理论和实践上都具有积极意义。

1. 强化领导干部角色意识

角色是环境的产物，是社会地位的动态表现。在纷繁复杂的社会关系中，尤其是对领导干部这样的复杂角色来讲，要把握好角色身份存在相当大的难度。角色承担者稍有不慎，就会出现角色模糊、角色错位、角色冲突、角色失调甚至角色实践失败的问题。因此，这些问题应通过强化领导干部的角色意识来解决，使领导干部角色承担者明确领导干部的社会地位和社会角色具有一体两面性。社会地位是指领导干部在社会组织架构中的位置，是个人的能力水平、社会关系、受教育程度、性格机遇等综合作用的结果；而社会角色是指个人在社会关系中与社会群体及他人互动的行为模式，是个体社会化的过程。在培养、树立并强化领导干部角色意识的过程中，须把握好以下两个方面的内容。一是角色与角色之间的配合。领导干部要提升自身角色胜任力，必须与他人和社会建立和谐有序的社会互动关系，才能为组织和社会的发展作出更大的贡献，才能更好地为人民群众服务。二是行动是扮演好社会角色的重要条件。领导干部所处的环境不一样，能力素质也存在差异，但要扮演好自身角色，都必须有强烈的角色意识，在对领导干部这一角色高度认同的前提下去践行角色行为，在为人民服务的广阔天地中证明自己是合格的党的领导干部。

2. 提高角色认知能力

角色认知，是个人通过了解他人对自己的预期和评价而验证自己能否扮演好某一角色，从而也学习其他人的经验和方法的方式。领导干部在提高角色认知能力的过程中必须懂得，提高角色认知能力是提高角色扮演水平的必要前提。光对角色特质和规范有充分认识还不行，还要将认识上升为内心的认可，进而形成对自身角色的高度认同。领导干部不但要通过各种方式掌握社会群体或他人向自己传达的各种形式（比如语言、表情、行为）的信息；同时，还要通过自身的期望、意愿和以往的经验来认识判断他人言行的符号意义，通过其他诸多角色的信息反馈、角色行为的比较消化吸收，在以后的行动中积极学习他人的优点长处，逐步提高自己扮演领导干部角色的能力。具体到基层党委书记，其还要通过不断地学习提高，掌握党的历史和知识，明确党委制和民主集中制的由来，了解党委书记的角色特质，形成对党委书记角色的高度认同，只有这样才能从根本上提高角色认知能力。由此可见，领导干部的角色认知，最基本的是把自己和社会他人放在社会结构关系这个大系统中去考察，充分认识自己与组织、角色的关系，明确自己与他人、社会的关系。只有这样，才能在对其他角色和社会对自身角色的信息反馈的比较中，在与社会他人的思想交流中，在对自身角色特质的认识的不断深化中，丰富和完善角色行为模式，为社会发展作出更大的贡献。

3. 树立角色差距意识

所谓角色差距，是指人们在承担社会角色过程中的现实表现与社会群体或他人对这一角色的理解以及对这一角色的期望之间存在的差异。当前，我们有必要通过领导干部角色心理研究强化领导干部的角色差距意识，使党的领导干部形成不断完善自我的差距感，增强努力弥补角色差距的紧迫感以避免精神懈怠。这不仅是不断缩小角色差距的前提条件，也是领导干部自身角色实践的动力之一。现实生活中由于受主客观因素的制约，每一个社会角色都不可能完全达到社会要求的理想角色标准；在其他角色看来，任何特定角色的实践也并非尽善尽美。这种情形在现实生活中普遍存在，属于社会发展过程中的正常现象，也是对社会现实的必然反映。但是，这并不能成为每一个角色承担者消极应对、无所作为的借口。如果我们不去强调领导干部的角色差距意识，则无法唤起领导干部角色承担者的奋斗进取精神。所以，对领导干部角色心理的研究也是为了强化党的领导干部的角色差距意识，使其不断进取，在新的历史起点上获取更大进步。具体到基层党委书记，其要增强角色差距意识，重要的是要加强与基层的联系、与下属的联系，密切与广大党员群众的联系，拓展与社会各界的联系，从中获取最新的信息，了解和掌握社会对自身党委书记角色的现实要求；与他人进行交流和沟通，了解自己在扮演党委书记这个角色时存在哪些问题，以便不断地缩小角色差距。要不断加强基层党组织建设，把工作重心放在基层，把精力投向基层，扑下身子，埋头苦干，一步一个脚印，扎扎实实地做强基层、打牢基础。只有这样，才能对自身的发展起到积极的促进作用。

4. 增强角色学习观念

角色学习是个体社会化和增强社会对个人角色认可度的重要途径。所谓角色学习，是指领导干部角色承担者在角色实践的过程中，要学习各方面有关领导干部理想角色标准的行为准则、知识技能、工作方法等，不断增强自身所承担的领导干部角色的社会责任感，提高领导角色行为能力。强化领导干部的角色学习观念，必须落脚到培养和增强其角色行为能力上。要使党的领导干部在爱岗敬业、效能提升、专业进修、岗位创新等方面取得大的突破。要树立科学的知行合一观念，既要不断加强对习近平新时代中国特色社会主义思想的学习，又要注意把科学的理论和知识运用到提高自身角色实践中去。每一名领导干部角色承担者都应懂得，要想实现领导干部角色的不断完善和升华，就需要在实践中不断地学习提高。学习使人聪慧，使人理智，使人奋进，更能使人明白与现实的差距，从而有的放矢地努力。培养基层党委书记学习观念，不仅能增强其角色行为能力，更能提高其领导各项工作的能力，使其为党、为国家、为人民作出更大的贡献。

5. 做好角色评价工作

角色评价，是社会群体及他人根据角色规范和现实环境需求对个体所承担的社会角色的行为表现给予褒贬、臧否的过程。鼓励、表扬、赞颂等，是对角色行为的肯定性评价；批评、训斥、抨击等，是对角色行为的否定性评价。角色评价对于影响和制约领导干部的角色行为具有重要意义，会使手中握有权力的领导干部的角色行为更加理智、规范和审慎。强化角色评价功能，首先应树立正确的客观性评价观念，不管是对角色的肯定性评价还是否定性评价，都要力争做到客观公正、及时明确。因为角色评价一方面体现了社会群体或他人对角色承担者过去角色实践的肯定或否定，另一方面将影响角色承担者以后的角色行为取向。具体到基层党委书记角色，组织和相关他人要以对基层党委书记角色承担者理解和负责的态度去做好评价工作。对他们取得的成绩要及时予以肯定或褒扬，对其错误思想动向、存在的不足要采用适当的方法予以批评纠正，既要防患于未然，又要起到警钟长鸣的作用，确保角色评价发挥促进基层党委书记更好地履行职责的积极作用。

6. 完善角色期望体系

完善角色期望体系，是指要进一步强化组织及相关社会他人对领导干部角色期望的表达功能，方便其通过各种渠道对领导干部的角色行为提出期望和要求。当个体承担基层党委书记这一角色时，党组织和相关他人必然会对其寄予一定的期望。按照党组织、群众和相关他人对角色的期望和要求行事，这是基层党委书记必须明确的问题。当然，最为紧迫的是，要拓宽对基层党委书记角色期望的表达渠道，使党组织、普通党员及广大群众确立牢固的角色期望观念，多管齐下，恰当地向基层党委书记角色承担者表达适当的角色期望。角色期望是基层党委书记有效进行角色实践的动力，可以促进基层党委书记角色承担者以一种使命感去积极进取，谋事创业。但值得注意的是，提出角色期望应实事求是，应符合基层党委书记角色实践的实际，应避免不切实际地乱提要求，更要避免吹毛求疵。

7. 发挥角色整合效能

所谓角色整合效能，是指在提高领导干部角色认知水平的基础上，充分发挥社会群体或他人的角色期望和角色评价的功能，促使角色承担者不断改进自身的角色行为，进一步缩小角色差距，妥善处理在角色实践的过程中出现的角色模糊、角色冲突甚至角色失调等问题，使党的领导干部的角色行为逐渐接近上级组织、本级党委、普通党员、广大群众的期望和要求。角色整合具有重要意义，它是基层党委书记个人遵从和维护角色特质及角色规范的重要手段，是其协调自身与党组织及广大党员群众关系的重要途径。

那么，如何最大限度地发挥基层党委书记的角色整合效能呢？第一，要不断培养基层党委书记适应社会群体或他人对其进行的角色期望和角色评价的能力，适应让权力在监督下运行的常态。第二，要学会化解角色矛盾或角色冲突。基层党委书记处于一个复杂的角色丛中，其角色扮演过程，必然要与社会群体或他人产生社会互动。在互动的过程中，产生角色矛盾或冲突是不可避免的。基层党委书记正确看待这些矛盾或冲突，是有效化解角色冲突的关键性环节。基层党委书记在所负责的各项工作中，要做到以积极的态度去对待班子成员，多沟通交流以进行良好互动，遇事主动承担风险和责任，勇于为化解矛盾和承担风险付出努力，这些是基层党委书记角色扮演成功的关键。第三，在实践中，要不断地加强自身角色认知水平，牢固树立正确的角色意识，正确对待角色期待和角色监督，避免角色混淆，为承担好党和人民赋予党委书记的角色义务而尽心尽力，不断开展角色学习，发挥自身积极性和创造力，以提高自身角色实践水平。

二、领导干部角色心理研究的思路

本书以习近平总书记关于党的建设的重要论述为指导，借助社会心理学中的角色理论，借鉴古今中外有关领导力研究的成果，是响应党十九大以来中央全面从严治党号召的理论探索。目前，学术界对领导角色心理这一问题的研究仍处于起步阶段，有待进一步深入。但是从已公开发表的关于角色心理的其他方面的研究成果可以看出，随着社会的发展，人们越来越认识到角色理论的科学性，越来越认识到角色心理在社会实践中的重要性，越来越认识到角色心理诸因素之间存在紧密的互动关系。因此，以角色心理这个全新的视角为切入点来研究领导干部的角色心理，对基层党委书记这个党委内部的“关键少数”角色进行研究，有助于扩大和增加对党的领导干部领导力研究的宽度与深度，有助于探索提高其角色认知水平、增强其角色意识、优化其角色扮演的途径，进而切实为提高其领导力提供参考，同时也能够丰富新时代党的建设理论。

第二章　领导干部的角色认知与定位

领导干部角色承担者要有效提高自身的角色实践水平，首先要正确进行角色定位，而正确进行角色定位的前提是对自身所承担的这个“关键少数”角色具有全面深入的角色认知。角色认知和角色定位之间是一种相互依赖的关系，只有理性地认识自身所承担的角色，形成正确的角色认知才能科学定位自身的社会形象以指导自身的社会实践。在新时代全面从严治党的大背景下，影响基层党委书记正确进行角色定位的因素有很多，既有外部环境因素，也有基层党委书记自身的认知因素，但基层党委书记正确进行角色定位的关键在于其有对自身党委书记角色特质和角色规范正确而全面的角色认知。本书主要从基层党委书记自身的认知因素方面进行分析，以探索如何更好地提高基层党委书记的角色认知水平。

基层党委书记只有明晰自身的角色定位，包括明确的认知定位、恰当的情感定位、正确的价值观定位，才能拥有有效履行自身角色职责的激情和动力来源，并通过不断地自我完善，逐渐适应新时代背景下党和人民对基层党委书记的角色规范和角色期望，有效开展自身角色实践。

第一节　领导干部的角色认知

角色认知是角色定位的前提，要正确进行角色定位，必须具有全面而到位的角色认知。角色认知的充分程度，决定着角色定位的正确程度。角色认知是正确实施角色行为的重要前提和基础。个体在周围的社会环境中，对各式各样的角色行为耳濡目染，对所接触的社会角色有了一个初步的了解，这包括对角色规范、行为方式以及他人角色行为的认识；在角色实践的过程中，还将逐步感受到社会对某一角色的期望和评价，并潜移默化地受其影响。

基层党委书记的角色承担者要履行好党和人民赋予自己的角色，首先要有针对性、有计划地加强自身对党的领导干部角色的认知，将社会规范、角色规范内化为自己的行为习惯，把社会的、他人的经验变成自己的角色本领，不断认识和理解自身角色在社会环境中的地位及其与组织和他人之间的关系，学会以受人拥护和爱戴的本单位领导形象出现在群众面前，不断提高角色适应性。

一、角色认知的定义

在社会环境这个大舞台中，个体通过对相关他人社会行为表现的解读，能够互相读懂对方的意图，预估对方在特定情境下的反应，并彼此调适自身行为。米德（George Mead）称这种基本的能力为感受并理解他人角色的能力，即角色领会能力。这是“一种视他人态度和部署而行动的能力”[①]。林德·史密斯（Linde Smith）和斯特劳斯（Anselm Strauss）认为，角色领会是角色承担者对角色实践环境中相关他人立场和观点进行的一种想象性假设。角色承担者通过解读相关社会他人所外显的符号信息和行为姿态来了解社会或他人对自身的角色期待，并将这种期待内化为自己的行为，在此基础上进行社会交往和互动。

当个体能懂得特定社会环境中相关社会他人所表现出来的常规姿态的含义，进而通过常规姿态所表现出来的符号意义来领会和理解相关社会他人，并想象性地预演自身可选择的行为方案时，那么米德就相信这一有机体具有了“心智”。乔纳森·特纳（Jonathan Turner）认为：“心智是进行思维的能力——包括象征性地使用符号标识、权衡、评价、预测、设想蓝图以及组织行动过程。借助于心智的能

① 乔纳森·H. 特纳：《社会学理论的结构》，邱泽奇、张茂元等译，华夏出版社，2006，第334页。

力，行为者能够在各种情境中进行界定、分类和让自身与周围的事物相互调适、评估、权衡，并采取最合适的行为路线。”① 角色承担者进入角色环境后，通过心智上的努力和角色学习，对自身角色意识不断地进行修正与调适，将社会互动情境当中的角色规范、价值习俗等规则和要求内化于心，达到与互动对象之间的认知平衡，并将其外化为自身的行为习惯、行动方式与角色表现，以此来加速对角色环境的融入。

这种心智上的努力，我们可以将其视为角色承担者在社会互动情境中的一种角色学习，通过不断地修正与调适自我意识来达到与互动对象之间的认知平衡。认知平衡是指认知主体与认知对象之间形成的相对一致的理解。例如当认知主体在特定社会情境中表现良好时，能够得到相关社会群体或他人的认可，进而促使认知主体在角色行为上与相关社会群体或他人的预期保持一致等。人们处于一个新的角色环境中时，总是努力使自己尽快达到与社会群体或他人的角色期望的认知平衡以适应环境。认知平衡是一个人采取行动的基础，也是衡量其社会适应水平的指标。

角色认知是指角色承担者通过了解他人、认识自己所形成的对自身所承担角色的总看法和根本观点，即角色承担者通过与社会组织和他人的互动，明确彼此在社会关系中的位置，认识自己所承担的社会角色。角色认知是角色承担者根据对角色期望的理解所形成的观念中的角色模式；是其对角色期望的认识、领悟和解释；受角色承担者的认知水平、思维方法和理想信念等的主观能动的影响；是角色行为的基础。角色认知包括对角色丛、角色特质、角色规范、角色期望、角色评价、角色冲突等相关角色问题的认知。角色认知越清晰、越全面，角色行为就越能符合社会群体或他人的角色期望。因此，角色认知的过程也就是角色学习的过程。

基层党委书记的角色认知是指基层党委书记角色承担者对其角色本身所包含的角色特质及承载的角色理想、党和人民群众对这一角色的角色期望及社会赋予的角色规范的认识。基层党委书记的角色认知越清晰、越全面，其角色实践就越符合社

① 乔纳森·H. 特纳：《社会学理论的结构》，邱泽奇、张茂元等译，华夏出版社，2006，第 328 页。

会期望。

二、角色认知的作用

1. 正确定位角色

角色定位是社会中的个体对自身所承担的角色的认识、理解与实践，是对自身角色行为的不断调整、规范、优化的动态过程。角色定位本质上是一个动态而非静止的过程，是一个对角色的发展取向和目标进行指导的过程，是角色承担者在社会互动交往过程中不断地理解、体验、感悟和创新的过程。这一过程不但要考虑社会对角色承担者的角色期望，还必须考虑其角色特质及其发展需求，更重要的是受到了角色承担者不断深入的角色认知的影响。

2. 增强角色意识

意识支配行为，角色承担者是否具有正确的角色意识，影响到其能否出色地承担角色，而正确的角色意识的形成是建立在对角色的有效认知的基础上的。只有正确认知角色，才能形成正确而有效的角色意识，这是承担好角色的前提条件。角色认知是角色承担者对与一定社会地位和身份相关的权利和义务的认识和了解。角色认知水平与角色实践效果成正相关，角色认知水平越高，角色承担者表现出的角色行为就越符合角色期望及规范。而角色承担者的社会化过程是其角色认知的重要途径之一，个体通过感知、记忆、想象等认知活动，将外部世界所传递的信息和观念内化为自身行为，以有效地参与社会互动。

3. 优化角色行为

角色实践的成功与否，在更大的程度上，取决于角色承担者对角色的认识、理解的正确与否、深入与否，这里的认识、理解即角色领悟的结果。因为每个人的思想基础、道德水平、价值观念以及成长环境不同，所以对同一角色的认知常常是有差别的，有时甚至完全不同。在角色实践过程中，如果角色承担者对角色的自我认知发生偏差或者产生错误，往往会导致角色实践失败。一些基层领导干部的腐败行为就是他们角色的承担者对领导干部的角色认知的严重偏差所导致的直接后果。

4. 促进角色适应

基层领导干部的角色适应是指基层领导干部角色承担者从负责到胜任相关工作的过程，其角色适应的先决条件是有正确的角色认知。领导干部角色适应的重要手段是持续地开展理论学习和岗位实践，而根本途径是在角色实践中的自我摸索和总结。基层领导干部的角色承担者完成角色适应，达到发展成熟与能力提高的目标的标志是：第一，工作上由间接运用其他角色榜样的经验到直接运用具有自身独特风格的工作方法去处理问题，由最初的疲于应付到后来的熟练应对；第二，政绩上由默默无闻到初露锋芒，以自身特有资源对角色实践环境施加影响后产生了一定的效果，这是基层领导干部角色的外化效果；第三，在主客体关系上，实现由适应环境到自我创造成长环境的转变，也就是说由被动适应到主动创造的转变。

三、领导干部角色认知的内容

领导干部角色培养的首要任务，就是帮助角色承担者正确而全面地认知角色，知晓自身所承担的领导干部角色的特质、规范与宗旨使命，明确自身领导干部角色所承担的任务与职责、拥有的权利与义务及党和相关社会他人的角色期望，并使其将这些期望和要求内化于心、外化于行，形成其自身稳定的人格特质和行为模式。领导干部的角色认知应包括以下内容。

1. 认识角色规范

每一种社会角色都有一套与之相适应的社会标准，这些社会标准被称为角色规范，它规范着个体在承担某一社会角色时的行为，反映着社会对个体职能的划分。领导干部的角色规范是领导干部角色行为的规矩和方式，是为了约束领导干部角色承担者的言行举止，调节其与相关社会组织和他人的各种关系而设定的，包括法律规范、道德规范、程序规范、制度规范、纪律规范等。

2. 了解角色期望

领导干部的角色期望是指相关社会组织和他人对领导干部角色行为表现的要求和预期设想，是社会及他人对领导干部的认识、情感和态度的总和。从宏观上讲，它表现为一定的社会心理倾向，即社会公众对领导干部角色行为的评价、情感和行为反应方式；从微观上讲，是在相关特定的组织群体中，大多数成员对领导干部的评价、情感和行为反应方式。角色期望对领导干部具有一定的制约作用，会产生正向或负向的心理倾向。

3. 明确角色特质

领导干部的角色特质主要表现在以下几个方面。第一，领导干部要善于运用组织赋予的权力来干事创业。基层党委书记善于运用权力，就是要使所在单位党员和群众的社会实践活动按照党的指挥统筹协调发展，为实现党的当前和长远奋斗目标而贡献本部门的力量。第二，领导干部是所在单位具有较高威信的领导者。领导干部的威信是依靠组织的任命及自身的人格、能力等因素而形成的，领导干部要有获得他人的尊重、信任和让他人自觉服从的非权力影响力。第三，领导干部是决策方案的决断者和决策实施的推动者。第四，领导干部是本单位各种工作的组织者。善于运用权力、有较高的威信、能够出色地组织活动、具有勇于决策的决断能力，这些方面综合起来就构成了一个优秀领导干部角色的立体形象，这也是领导干部角色承担者的角色理想。

4. 促进角色学习

领导干部的角色学习是指领导干部角色承担者在角色内涵方面的学习，具体包括领悟角色的行为规范，提高对角色特质的要求的认知水平，能够认识到所承担的领导干部角色具有的社会角色权利和义务，明确与领导干部角色相适应的角色规范和行为模式几个方面。

5. 掌握角色技能

领导干部在角色实践的过程中，应注意观察相关社会他人在进行同类角色实践时所展现的技能，从中了解角色规范和理想表现，也可以模仿优秀社会他人的角色活动，以加强角色体验，进而促进角色技能的掌握。

四、正确认知领导干部角色的特点

由于角色特质不同，角色所具有的心理属性也不同。一般来说，领导干部角色的心理属性具有内在性，而其职责又具有组织和法律上的意义，显示出外在性。这“内”与“外”的角色特征本身就说明领导干部是一个“关键少数”角色。因此，一名基层党委书记要正确进行角色定位，首先要明确基层党委书记是一个什么样的角色，因而有必要剖析这个角色的特点。

1. 在角色期望上具有广泛性的特点

角色是社会的产物。角色的内涵并不是由承担角色的个体决定的，而是由社会中的相关组织和他人决定的。因此，公众总是会对社会中的每个角色给予相应的期望，这就是角色期望，它反映了社会发展和群体利益对这一角色的必然要求。基层党委书记的角色特质决定了其是党中央、上级党委、本级党委、下级党组织和广大党员、人民群众的利益、愿望和意志的代表。因而，基层党委书记这个角色广泛承载着相关社会组织和他人的角色期望。当他的中心角色是基层党委书记时，必然会建立起与上级领导、本级党委副书记及党委成员、下级部门人员、普通群众、外界社会他人的多种关系，于是，他获得了由下属、同志、搭档、领导等众多角色组成的一个角色丛。这一特点就决定了基层党委书记不仅应具有普通人的角色意识，更具有特殊公众的角色职责。

2. 在角色规范上具有比较抽象的特点

社会中某种角色的存在，必然在客观上要求角色承担者适应与其他社会角色不同的特定的角色规范。党的干部的角色规范虽然在党章中有明确的规定，但是具体到党委书记这个党内“关键少数”角色上，短短几条的规定还是过于宽泛，不够直观与具体，具有比较抽象的特点。一方面党委书记这个角色是随着中国共产党成立、发展、壮大，建立党委会统一领导体制而出现的，其角色规范在党的伟大实践中逐渐形成和明确，有一个不断摸索以至健全的过程，角色规范相对比较抽象宽泛。另一方面，基层党委书记的角色期望具有广泛性，相关社会群体或他人对此角色的期望和要求多种多样，且众口难调。从政治属性上来看，基层党委书记是党代表的角色；从领导模式看，基层党委书记是“班长”角色；从党内组织关系看，基层党委书记是普通一员的角色；从内外工作关系上看，基层党委书记是一个“钢琴手”角色；从管理业务上看，基层党委书记又是一个业务专家的角色。多元化的社会利益及多样化的期望、要求也使其角色规范带有抽象性和概括性。

3. 在角色地位上，具有层次高、责任重的特点

社会角色具有地位与身份的意义，个体承担的某种角色会成为其社会地位和身份的标志。在众多社会角色中，那种只有少数人才能承担的角色比一般大多数人都可充当的角色更能体现出角色本身社会地位的特殊性。基层党委书记这个领导角色不仅反映了角色承担者的特殊身份，也反映了他的社会地位和身份。这种特殊的社会地位也必然带来高度的责任和要求，如果忽略了这点，则会导致其角色认知的异化。党中央、广大党员群众及相关社会他人对基层党委书记角色提出了如政治坚定、高瞻远瞩、统筹协调、机敏善断、胸怀博大、团结同志、尊重下属、崇尚实干等角色期望，这些期望本身就表明了基层党委书记角色责任重、层次高的特点。基层党委书记的角色行为水平，关系到党的路线方针政策在基层的贯彻落实，关系到民主集中制在基层党委决策中的贯彻落实，关系到本单位内外上下的团结稳定。

4. 在角色行为上具有变异可能性的特点

角色行为是角色承担者对角色规范的实践，是个体在社会互动过程中实际地扮演角色的过程。它受角色认知的指导与制约，但更受社会环境、个人素质及能力水平的影响。一般而言，角色行为的效果取决于个体对自身所承担角色的社会期望的内在解释、传递与选择，取决于自身行为受社会期望调节的程度和角色行为的技巧与能力，取决于角色实践的社会环境和具体情景状况等。由于规范的抽象性，角色认知的复杂性，角色期望、角色监督等外部环境的限制，基层党委书记的角色行为具有较强的弹性和主观随意性，同时也受到角色承担者的角色意识的影响。因而，基层党委书记的角色行为有偏离角色规范的可能，从而产生角色行为的变异，甚至导致角色实践失败。也就是说，当基层党委书记自身的角色认知不充分、角色定位错误、角色意识淡薄，而外界角色期望表达渠道不畅、角色监督不力时，其角色行为就会出现“不及”或“过位”的状况，甚至角色承担者可能会利用自己的角色影响力即手中的权力去做不应该做的事，或者不履行角色职责，或者凭借其地位、身份去谋求私利及小集团利益，或者产生不正之风及腐败行为，或者独断专行、盲目追求政绩，给党、国家、社会和他人造成巨大损失，导致角色实践失败。

正确而全面地认知领导干部角色的特点，不仅能使我们看到承担这一角色的重大意义，而且能使我们认识到提升领导干部的角色认知水平是其正确进行角色定位、加强自身建设的基础环节，角色承担者能否正确进行角色定位、增强角色意识、优化角色行为，关键在于其对认知该角色特点是否有自觉性。

第二节 领导干部的角色定位

任何角色都是个体社会地位和身份的外部表现，而社会地位和身份是角色的内部依据。领导干部在角色实践过程中正确进行角色定位是其角色扮演成功的前提，正确进行角色定位有利于领导干部角色承担者清楚自身所处的社会地位，了解相关社会组织和他人对自身角色身份的预期，明确所承担的社会角色特质及规范，有利于增强其在角色实践过程中的行为针对性。

一、角色定位的内涵

角色定位是社会中的个体对自身所承担的角色的认识、理解与实践，是对自身角色行为的不断调整、规范、优化的动态过程。角色定位是角色承担者实现自身人生价值的前提条件。某一社会角色的定位过程，就是角色承担者不断明确其所扮演的社会角色的内涵，领悟社会群体或他人对其所寄予的角色期望的过程。

“定位”一词原为工业术语，是指：“在对工件进行加工或测量时，使之取得正确位置的过程。”[①] 从这一定义我们可以看出，定位本质上是一个动态而非静止的过程，是相互配置、协调统一而非简单配置的过程，不但要考虑需求、结构，还要考虑工件本身的特性。

与工件定位类似，领导干部的角色定位也是一个动态的过程，是领导干部角色承担者对自身的发展取向和实践目标进行确定的过程，是其在角色扮演以及参与各种社会互动活动时对角色不断理解、体验、感悟、创新的过程，是角色承担者通过不断努力对领导干部角色特质充分把握乃至将其内化于心、外化于行的过程，这个过程使其角色行为能够更加符合角色规范的要求，更加符合社会组织和他人的角色期望。这一过程不但要考虑社会组织和他人的角色期望，还必须考虑领导干部角色特质及本人的发展需求。领导干部的角色定位是角色承担者正确开展角色实践的前提，其只有通过角色学习，提高对领导干部角色的认知水平，全面而深刻地了解领导干部的角色特质，再加上对扮演好角色的主观意愿和努力，才能正确定位好角色。而角色定位也是一个与角色认知、角色意识、角色行为互相促进的过程。正确的角色定位是扮演好角色的前提。

① 石中英：《知识转型与教育改革》，教育科学出版社，2001，第57页。

二、领导干部角色定位的要求

领导干部要正确进行角色定位，首先要澄清对领导干部这个角色的错误认识。长期以来，总有一部分社会个体受不良社会风气的影响把领导干部看成一种用来谋生糊口的职业，这是一个严重的认知错误，必将导致角色定位的错误，进而导致角色失范。职业是社会中的个体由于分工不同而从事的作为主要生活来源的具有专门性和特殊性的工作。而角色是指由社会中的人们的特定地位、身份所决定的相应的规范系列和行为模式。基层党委书记首先是党和人民赋予的一个神圣角色，有其角色要求、规范和道德。党委书记这个以为人民服务为宗旨的中国共产党内的“关键少数”不是一种职业，而是一种由党章规定的和广大人民群众根本利益决定的奉献型角色，是我国领导体制中存在的一个重要领导干部角色，是党和人民赋予的一种身份，有其独特的责任、义务和使命。基层党委书记角色不是靠社会分工得来的，也不是终身不变的。承担基层党委书记角色不应该是为了养家糊口、谋取个人利益，更不应该以光宗耀祖为目的，或是沉迷于权力，而应当践行中国共产党为人民服务的根本宗旨，履行党赋予其在本级党委中的职责和使命。从事某种职业要遵守职业道德，职业道德是从事一定职业的人们在其特定的工作和劳动环境中的行为规范的总和。职业道德要求从事一定职业的人对工作的付出要与其从事一定职业的所得相适应。而承担基层党委书记角色则应该具有角色意识，角色意识是人们在社会互动中承担某种角色时所具备的价值观念、理想信念和高度的神圣感、使命感、责任感，是对角色使命的一种高度认同，为了有效践行角色规范，即使角色承担者个人利益受到损害甚至抛头颅、洒热血也在所不惜。

把基层党委书记角色定位成职业在理论和实践上都不利于角色承担者的角色实践，会降低基层党委书记角色承担者对自身角色意识和行为的要求。一方面，从社会行为角度看，从事一定职业意味着以此为生活的主要来源，所以“干活吃饭，养家糊口”历来是大多数人从事一定职业的主要动机，一旦需要其作出牺牲、奉献，个体就容易临阵脱逃。而基层党委书记在角色实践过程中如果仅仅为了谋生或改善生活水平，那么其在角色行为动机上就容易出现问题，在角色扮演的过程中就会出现“不求有功，但求无过”的心态。这不但无法体现出角色的崇高性，更与党委书记角色本身的奉献性要求相违背。另一方面，把基层党委书记角色定位为职业会削弱角色承担者的角色意识。角色意识是正确践行角色行为的前提，对于奉献型角色来说更是如此。正确的角色意识可以推动个体角色实践的成功，错误的角色意识则会使角色实践趋于失败。如果角色承担者的角色意识不强则会产生角色冲突甚至失调，最终导致角色实践失败。把党委书记角色作为一种职业，从根本上就是错误的，尤其是在市场经济大潮的影响下，如果党委书记只注意到了如何当好经济工作的带头人，眼中只有经济利益或部门利益，而无视自身角色规范和道德使命，必然会导致角色定位错误，最终导致角色实践失败。

要正确进行角色定位，就要明确基层党委书记作为一种典型的奉献型角色的角色内涵。①角色责任。每一个社会角色都承担着自身固有的社会责任，或者说，社会有序运行、发展进步目标的实现是通过其中形形色色的角色的分工协作实现的。基层党委书记的角色责任是维护党中央权威和集中统一领导，确保党的路线方针政策在基层的落实，保证党领导一切的落实，努力做到全心全意为人民服务。②角色能力。这是角色承担者遵守角色规范、不负角色期望的能力。一个人在多大程度上可以有效履行角色责任，不但取决于其认知意识及道德水准，还取决于其能力水平。习近平总书记曾强调，“好干部的标准，大的方面说，就是德才兼备”[①]。在现代社会，说一个不学无术、无知无识的人能履行好角色使命实在令人怀疑。因此，必备的学识和能力是领导干部角色内涵的应有之义，一个人没有能力履行角色使命，本身就是角色超载。③角色调解。其是指两个或多个角色的预期或要求发生冲突时，按照轻重得失的原则予以调节，实现角色的准确定位的过程。基层党委书记在我们党内属于“关键少数”角色，但其角色承担者本身就处在一个复杂的角色丛

① 习近平:《习近平谈治国理政》，外文出版社，2014，第112页。

中，必然会遇到各种角色冲突。正确处理角色冲突，以达到最佳的角色实践效果，是基层党委书记角色认知的必然要求。无论基层党委书记角色承担者身负多少其他角色，当不同角色需求发生冲突时，其必须以正确履行党委书记角色使命、实现角色实践效果最大化为原则，恰当、准确、适时、灵活地进行角色转换，充分认清基层党委书记角色代表的是党和人民的利益，全心全意为人民服务是党和人民对党委书记的基本要求，其他相冲突的角色期望和规范要求要服从于党委书记的角色期望和规范要求。

三、基层党委书记是一个什么样的角色

领导角色是随着人类社会领导活动的出现而产生的，而领导活动是人们改造客观世界的社会性组织化活动。人们有组织的社会活动必然会产生分工与合作，因而也就需要有担负起统率运筹、决策指挥、奖善罚恶等职责的领导。领导角色作用的发挥是以有效统管社会组织的其他成员为基础的，领导角色因其所处的地位及所具备的职能，具有权力性和责任性两大特征。

明确基层党委书记是一个什么样的角色，有助于其角色承担者正确进行角色定位，提高角色认知水平，增强角色意识，优化角色行为。从党章对党的干部的责任、权力、义务的界定及党委制的发展史可以看出，基层党委书记主要承担以下角色职责。

1. 从角色的内涵看，基层党委书记必须全心全意为人民服务

基层党委书记作为本级党委内部的“关键少数”角色，他们掌握着权力与影响力，具有较高的社会地位和威权身份，对本部门的发展起着带头作用。因而其一言一行都会影响本单位的发展与稳定，其角色承担者必须从这种特殊社会身份出发，谨言慎行、以身作则、洁身自好。相反，如果角色承担者不注意自身角色身份的要求，不拘小节、不受约束、自由散漫，放任自身不良风气蔓延甚至走向颐指气使、

为所欲为、横行霸道的极端，则不仅背离了党的宗旨，也脱离了基层党委书记这一特殊社会角色的要求。基层党委书记作为本级党委内的“关键少数”角色，特别是作为除了党和人民利益之外没有自己的特殊利益的党的领导干部，党和人民有权要求他们不仅要对党和人民负责，而且要不断严明党的政治纪律和政治规矩。此外，从角色与社会群体或他人的关系来看，基层党委书记角色的权力来源于党、国家和人民，其角色实践目标最后必然回归社会。因此，基层党委书记并非权力主体，其手中的权力不是其个人私有财产，而是党和人民的公共意志在其身上的体现，这就要求其要用好手中权力来贯彻中国共产党人全心全意为人民服务的宗旨。基层党委书记的角色实践必须充分反映其角色期望，以党和人民群众的利益和要求为自身角色追求，为党的事业殚精竭虑、不辞辛苦。相反，高高在上、指手画脚，甚至滥用手中权力以谋取私利、作威作福则完全背离了基层党委书记的角色特质，偏离了党的领导干部的角色规范，其结果只能是角色实践失败。基层党委书记作为党在本级党委中的代表，必须具备共产主义远大理想和中国特色社会主义共同理想，坚定的理想信念和高尚的道德情操是其加入中国共产党并承担基层党委书记这一角色的前提条件。因而在基层党委书记的角色实践中不存在讲条件、谈待遇的问题。如果把承担基层党委书记角色看作个人投资，千方百计削尖脑袋进来就是为了得到高官厚禄，这样的人一旦得到基层党委书记角色的权力和话语权，后果不堪设想。这不是党和人民所需要的基层党委书记角色承担者。

2. 从角色的属性看，基层党委书记的角色实践必须体现出中国共产党的先进性和纯洁性

不同的角色，其角色规范、要求是不一样的，只有符合角色规范、要求的角色行为才是成功的、为社会认可的角色行为。从人们获得角色的方式来看，社会角色可分为先赋角色和自致角色。先赋角色是指建立在血缘、遗传等先天因素或生理因素基础上的社会角色。自致角色则主要是指通过个人的活动和努力获得的社会角色。基层党委书记属于自致角色，这一角色的取得是角色承担者政治坚定、道德高尚、勤奋工作、无私奉献的结果，角色承担者手中掌握的权力既非遗传的，也非个人财产，任谁也不能凭出身或关系就拥有对这种权力的垄断权。在我国现行体制下，要承担基层党委书记的角色，就要凭借坚定的政治立场、高尚的道德品质、卓越的领导能力、扎实的工作业绩取得党和人民的信任和支持，这才是党认可、人民接受的承担基层党委书记角色的正当途径。

根据人们承担角色时的心理状态，角色可分为自觉角色和不自觉角色。自觉角色是指人们在承担某一角色时，明确意识到自己因承担角色而应行使一定的权利、承担一定的义务，因而认真履行角色职责，严格按照角色规范去进行角色实践。所谓不自觉角色则是指人们在承担某一角色时，缺乏关于承担该角色的自觉意识，只是按照习惯性行为模式去进行角色实践。基层党委书记首先是一种自觉角色。其角色意识要求其有强烈的使命感、责任感，牢固树立对党忠诚、为人民服务的宗旨意识，自觉为实现中华民族伟大复兴的中国梦而任劳任怨地忘我工作。基层党委书记又是一种不自觉角色。为共产主义奋斗终身、全心全意为人民服务作为其角色内涵中的应有之义，应深深植根于其思想灵魂深处，内化于心、外化于行，成为其习惯性动作和不自觉行为。

从角色行为的规范化程度上划分，社会角色可分为规定型角色和开放型角色。规定型角色就是角色规范对角色行为有严格限制和明确规定的角色，人们在承担这类角色时，其角色行为要受到较大限制；开放型角色则是指角色规范对角色行为没有严格限制和明确规定的角色，人们在承担这类角色时，有较大的个人发挥余地。显然基层党委书记是规定型角色，其角色行为有角色规范进行严格的限制，角色承担者必须依法依规承担角色并进行角色实践，依照党纪国法办事，以党和人民的利益和要求为首要目标，在角色规范范围内活动，力争符合党和人民的角色期望，自觉接受党和人民群众的角色监督，主动向党汇报自己的一切。因此，各种党内监督只能加强不能松弛，以效率提高或工作特殊性为借口逃避角色监督，则违背了基层党委书记的角色特质要求。以书记办公会代替党委集体议事制度，使常委会凌驾于党委会、党的代表大会之上更是违返了基层党委书记角色规范。所以，党的十九大以来，中央强调全面从严治党、不断规范党组织生活，强化党内监督。

从角色追求的目标划分，社会角色可分为功利型角色和奉献型角色。所谓功利型角色是指以追求效益和实际利益为实践目标的社会角色，而奉献型角色不是以获得经济上的效益或报酬为目的的社会角色，而是以维护现行社会制度和社会运行秩序，彰显社会规范、价值观念、思想道德等为目的的社会角色。基层党委书记是典型的奉献型角色，他们肩负党和人民的重托，理应以自己的模范行动为党的事业和人民的利益前赴后继，充分体现新时代中国特色社会主义的时代精神，用“为人民服务、让党放心”的角色行为充分向社会群体或他人展示中国特色社会主义制度的优越性，让广大人民群众从其身上看到中国梦的希望和未来，不断坚定对党的领导的信心，增强对社会主义理想的信念，使广大人民群众认识到，中国特色社会主义共同理想和共产主义远大理想不是空洞的说教，而是看得见、摸得着的具体制度。基层党委书记如果违背了奉献型角色特质的要求，就会直接影响中国共产党在人民心目中的声誉和威望，打击广大人民对党领导一切的信念，甚至会导致信仰危机出现、价值观念紊乱，最终影响我们党的执政基础。

3. 从角色的实践看，基层党委书记必须以实际行动维护党的光辉形象

角色实践是指一个人具备了承担某种角色的条件，身体力行地去扮演这一角色，并按其角色规范去进行社会活动。而一个人之所以能够承担基层党委书记这一角色，一方面是个人努力的结果，另一方面更是党组织的选择和人民群众承认的结果。新时代，一名中国共产党员要具备承担基层党委书记角色的条件，首先要提高个人政治素养，增强“四个意识”，坚定“四个自信”，做到“两个维护”。角色实践是一个长期的过程，需要持之以恒、不断努力才行。靠三分钟热情甚至投机钻营也许能得到基层党委书记角色附带的权力，一时骗取组织和群众的信任，但终究难以经得起角色评价的长久考验。而且，角色的有效性具有相对的暂时性。基层党委书记靠过去的努力赢得了自己在本级党委中的“关键少数”角色，如果由此就认为自己辛苦半生，从此可以躺在功劳簿上坐吃老本，不思进取，甚至玩忽职守、腐化堕落乃至违法犯罪，那不过是一厢情愿、自欺欺人，结果必将导致角色实践失败。

要当好一个基层党委书记，首先就必须充分认识和理解党和人民对基层党委书记的角色期待和规范要求。新时代党的领导干部牢固树立“四个意识”、坚定“四个自信”、做到“两个维护”就是其角色期望的首要要求。因此，基层党委书记要不断坚定自身的马克思主义信仰、坚定社会主义和共产主义的理想信念，不断提高自身党性修养和政治素养，增强为官一任造福一方的角色意识，树立正确的权力观、政绩观和创业观，并且充分发扬实事求是、勇于担当的实干精神。

第三节　提高角色认知水平，正确定位角色

提高角色认知水平，全面理解角色期望、角色规范及角色特质，有助于基层党委书记正确进行角色定位，这是保证其角色行为效果的基本前提。

一、坚持马克思主义思想路线的指引

思想路线，又叫认识路线，是关于人们在认识世界和改造世界的过程中，将坚持何种世界观作为自身实践指导的问题。“党的思想路线，是马克思主义世界观与方法论在党的实际工作中的具体运用和集中体现，是制定和贯彻党的正确政治路线的基础，是党的事业不断取得胜利的思想保证。”[①] 历史和现实一再证明，思想路线正确与否，直接决定着党的生死存亡和党领导人民开展社会主义建设伟大事业的兴衰成败，只有始终坚持马克思主义的思想路线，党才能经受住各种考验，不断从胜利走向胜利。一个始终保持纯洁性、先进性的马克思主义政党，只有始终确立和坚

① 吴美华主编《马克思主义党的学说和党的建设》，中国人民大学出版社，2007，第78页。

持正确的思想路线，才能保持奋发向上的精神状态，不断增强干事创业的不竭动力，始终走在时代发展的前列。

马克思、恩格斯最早创立了无产阶级政党的思想路线。19 世纪中叶，马克思、恩格斯在充分总结无产阶级斗争实践经验的基础上，创立了辩证唯物主义和历史唯物主义哲学，为世界各国的无产阶级政党的创立提供了认识世界和改造世界的世界观和方法论。辩证唯物主义和历史唯物主义的世界观和方法论，是马克思主义最根本的理论特征，是整个马克思主义科学理论体系的思想基础。

每一个时代的理论思想，都是当时历史的产物。中国共产党的思想路线的形成与发展，与党所处的时代背景、社会环境以及面临的形势任务紧密相连。作为马克思主义重要组成部分的党的思想路线，其具体内容和表现形式也必将随着社会条件的变化和时代环境的变迁而不断与时俱进。党的十九大把习近平新时代中国特色社会主义思想确立为中国共产党必须长期坚持的指导思想并写入党章，实现了中国共产党的指导思想的再一次与时俱进，这是一个历史性的决策和贡献。而 2018 年 3 月 11 日第十三届全国人民代表大会第一次会议通过了宪法修正案，郑重地将习近平新时代中国特色社会主义思想载入国家宪法，实现了国家和人民指导思想的与时俱进，这反映了全国各族人民和全社会的共同意愿。“习近平新时代中国特色社会主义思想，是新时代中国共产党的思想旗帜，是国家政治生活和社会生活的根本指针，是引领中国、影响世界的当代马克思主义、21 世纪马克思主义。”①因此，坚持习近平新时代中国特色社会主义思想对党和国家一切工作的指引就是坚持马克思主义思想路线的指引。

基层党委书记作为党在各基层党委中的代表，要确保党对一切工作的领导，不断推进中国特色社会主义现代化建设，确保在新时代全面从严治党的时代背景下，坚持正确的政治本色，充分发挥党委书记的“关键少数”角色作用，在对角色的认

① 中共中央宣传部编《习近平新时代中国特色社会主义思想学习问答》，学习出版社、人民出版社，2021，第 3 页。

知上，首先必须坚持党的思想路线的指引，以习近平新时代中国特色社会主义思想这一当代中国的马克思主义思想路线做指导，正确认识党委书记这个角色的重要内涵，从而扮演好基层党委书记角色。

1. 党的思想路线是一脉相承的

党的思想路线是中国共产党自1921年成立以来在领导中国革命、建设和改革开放的伟大实践过程中逐步形成和发展起来的，是马克思主义认识论与中国国情相结合的产物。1929年6月，毛泽东同志在写给林彪的信中首次提出“思想路线”这一概念，并分析了当时红军内存在的一些错误观点，认为这是“历史上一种错误的思想路线上的最后挣扎”。[①] 1930年5月，毛泽东同志在《反对本本主义》一文中再次强调思想路线的问题，提出了“没有调查，没有发言权”，领导我们党克服了把马克思主义教条化、把共产国际决议和苏联经验神圣化的错误倾向，使广大党员的思想从教条主义的枷锁中解放出来，在全党确立了“实事求是”的思想路线。在实事求是思想路线的指引下，以毛泽东同志为核心的党的第一代中央领导集体，不拘泥于马克思主义的既定理论和国际共产主义运动的既有经验，坚持一切从中国实际出发，独立探索出一条农村包围城市、武装夺取政权的中国特色的新民主主义革命道路。在此基础上，中国共产党人把马克思主义基本原理同中国革命实际紧密结合，形成了毛泽东思想。

40多年前，邓小平同志努力推动在全党范围内形成解放思想的氛围，并对解放思想的科学内涵进行了深刻的阐述：“我们讲解放思想，是指在马克思主义指导下打破习惯势力和主观偏见的束缚，研究新情况，解决新问题”，“就是使思想和实际相符合，使主观和客观相符合，就是实事求是”。[②] 这样的阐述有力地推动了改革开放和社会主义现代化建设事业的蓬勃开展。在“解放思想、实事求是”思想路线的指引下，我们党开辟了一条建设中国特色社会主义的发展道路，改革开放和社

① 中共中央文献研究室编《毛泽东文集》第一卷，人民出版社，1993，第74页。

② 邓小平：《邓小平文选》第二卷，人民出版社，1994，第364页。

会发展取得了举世瞩目的成就。随后，以江泽民同志为核心的党的第三代中央领导集体对党的思想路线作出了“解放思想、实事求是、与时俱进”的新概括，以胡锦涛同志为总书记的党中央大力倡导求真务实之风。

党的十八大以来，以习近平同志为核心的党的新一代中央领导集体，从理论和实践的结合上系统地回答了“新时代应坚持和发展什么样的中国特色社会主义、应该怎样坚持和发展中国特色社会主义”这个重大的时代课题，创立了习近平新时代中国特色社会主义思想。这是对马克思主义、毛泽东思想和中国特色社会主义理论体系的继承和发展，是马克思主义中国化的最新理论成果，是当今时代最鲜活的马克思主义。习近平新时代中国特色社会主义思想，始终坚持马克思主义基本原理，坚持解放思想、实事求是、与时俱进这一马克思主义活的灵魂，始终坚持把马克思主义作为我们党和国家的指导思想。

中国共产党的思想路线是历代中国共产党人在长期的革命、建设和改革的实践中逐步形成、确立、发展和丰富起来的。我们党对思想路线的认识所经历的发展阶段既内在统一、前后传承，又各有特点、不断创新。从毛泽东同志建立党的“实事求是”的思想路线，到邓小平同志发展党的“解放思想、实事求是”的思想路线，到江泽民同志对党的思想路线作出“解放思想、实事求是、与时俱进”的新概括，再到胡锦涛同志大力倡导求真务实之风，直至今天的习近平新时代中国特色社会主义思想，进一步说明了科学的理论必然随着时代的进步而不断丰富发展，体现了我们党的思想路线的一脉相承。

2. 充分认知党的思想路线的精神实质

党的思想路线蕴含着极其丰富的内容，基层党委书记在角色实践中要坚持正确思想路线的指引，就必须准确把握党的思想路线的精神实质，那就是解放思想、实事求是、与时俱进的辩证统一。

解放思想、实事求是、与时俱进是相互联系、相互渗透、相互促进的有机整体，它们完整地构成了党的思想路线的实质和灵魂。“解放思想”强调的是主体的认识发展过程同认识客体发展过程的同步性，是针对思想僵化和教条主义而言的；“实事求是”强调的是认识主体同认识客体之间的同一性，是针对主观主义和本本主义而言的；“与时俱进”强调的是主体的认识活动的时代性和开放性，是针对墨守成规和不思进取而言的。

解放思想是实事求是、与时俱进的内在要求和必然体现，只有解放思想，才能真正坚持实事求是，才有真正意义上的与时俱进。在我国社会主义现代化建设伟大征程中，只有坚持解放思想，不断推动马克思主义及其中国化理论成果同我国建设实践紧密结合，才能在新的形势下坚持实事求是、与时俱进，从而不断开拓中国特色社会主义事业建设的新局面。

实事求是是解放思想、与时俱进的逻辑起点和目标归宿，解放思想、与时俱进的实质就是坚持实事求是。解放思想、与时俱进必须以一定的原则、内容和目的为基础，这就是实事求是。只有坚持从实事求是出发，并最终落实到实事求是，解放思想和与时俱进才有意义和价值；偏离了实事求是的所谓“解放思想”“与时俱进”在理论上是错误的，在实践中是有害的。

与时俱进是实事求是、解放思想的前提和保证。与时俱进是解放思想的深化和发展，与解放思想共同构成了认识和改造世界的完整方法论。与时俱进和解放思想都是以实事求是为目的的，都为了更有效地揭示社会运行和发展的客观规律，以不断地认识世界和改造世界。与时俱进要求我们正确认识时代特征、把握社会前进脉搏、洞察历史发展大势，从而使我们的思想和行动富于时代性和创新性，能够始终适应发展变化着的时代背景。

思想路线集中概括了马克思主义哲学的理论内容、本质特征和社会功能。马克思主义哲学是整个马克思主义理论体系的基础，而实事求是的思想路线是马克思主义哲学的精髓，是辩证唯物主义和历史唯物主义基本观点的综合运用。习近平新时代中国特色社会主义思想，生动体现了马克思主义世界观和方法论的统一，为不断推动党和国家事业发展提供了科学指引，是坚持和运用辩证唯物主义和历史唯物主义的光辉典范。对此，基层党委书记要有充分认知。

二、培养基层党委书记的角色认知能力

基层党委书记的角色认知能力如同人格特质一样，对于其角色实践来讲都是非常重要的因素。无论是统领党委班子、激励群众、落实工作要求，还是创造性地解决问题，基层党委书记都需要有一双慧眼，看清自身的角色特质及所承载的角色期望，正确进行角色定位。这是基层党委书记角色认知能力的应有之义。

1. 了解角色特质与内涵

培养基层党委书记角色认知能力的首要条件应该是对党委书记角色特质、对党委集体领导性质有深刻的认识。如果基层党委书记不了解党委书记这个角色所承载的内涵，党和人民赋予他的角色期望，党章党规对党的干部的责、权、利的规定，就很难正确进行角色定位，而仅仅满足于本级党委内部“一把手”的权威，导致角色定位错误，最终导致角色行为失调。对于党委书记的培养，现行的一般途径是通过各级党校进行任职前的培训，使党委书记角色的预备人员全面集中地了解党委书记角色特质，增强对党委书记的角色认知。但是实践出真知，仅有理论上的认知是不够的，要实现对角色内涵的正确把握，真正做好角色定位，还需要加强对党委书记候选人员的实践锻炼，这就是坚持逐级选拔。逐级选拔可以让基层党委书记的角色承担者有充分的时间来了解认知党委书记角色的特质和内涵，从而为其正确扮演好党委书记角色打下良好的基础。

2. 培养基层党委书记角色的创造性

创造性是基层党委书记认知能力中的核心要素。诸多研究表明，许多有能力的领导者对于复杂的问题都有富于创造性的解决灵感，有创造的自信和习惯。什么是创造？国内领导心理学学者俞文钊认为，创造性是现代领导者的能力的具体体现。

一个领导者如果失去创造性，其他方面再好，也不过是一个“平庸的召集人”①。

建设中国特色社会主义事业、实现中华民族伟大复兴要求基层党委书记能不断地研究新情况，解决新问题。基层党委书记不仅自己要敢于创造、善于创造，还要懂得保护下属的创新精神，鼓励他们大胆开拓创新，注重对自身和下属创新精神和创造性思维的培养。创新精神来源于强烈的事业心和高度的责任感，这种精神又是创造活动的动力。如果基层党委书记没有创新精神，只是满足于现状，那么，即使其头脑再灵活也根本不想创造，更不可能创造性地认知角色特质。创新精神反映了基层党委书记的内在动机状态，只有解决了内在动机问题，才能具有创造性的思维，探索开创性的方法，从而提高角色认知能力。

对基层党委书记来说，要提高角色认知能力，还要敢于打破常规的认知束缚，跳出自我认知的天花板，从思维定式的条条框框中跳出来，只有这样才能创造性地进行角色认知。这就要做到：树立突围意识，善于反向思考，敢于力排众议。人们在长期社会生活中必然会形成一种思维定式，这种思维定式是对保持创造性、提高角色认知能力的束缚。树立突围意识，就是要从思维定式的围墙中突破出来，改变原来一成不变的行为模式，抛弃固有经验，创造性地认知问题、解决问题。而善于反向思考，则是凡事都能够倒过来想一想，这种换位思考的逆向思维往往会产生预想不到的创新效果。而当一种新事物刚刚萌芽时，因为存在认知能力差距的缘故，往往不被大多数人所承认乃至接受。当面对这种情况时，基层党委书记还要敢于力排众议，坚定党委集体信念，统一思想以推进正确认知的实施。

三、培养基层党委书记的战略思维

时代不断地发生变化，尤其是进入新媒体时代以后，整个信息社会更是日新月异。昨天还被认为是先进的知识，也许今天就已经不适应发展潮流了。在世情、国

---

① 俞文钊:《领导心理学导论》，人民教育出版社，1993，第 122 页。

情和党情发生深刻变化的形势下，面对国内外的复杂形势，面对民族复兴大业及社会主义现代化建设的艰巨任务，基层党委书记不断提高自身战略思维能力，对增强在基层贯彻落实党的路线方针政策的坚定性、对重大问题的政治敏感性和在大局下统一行动的自觉性都具有十分重要的意义。基层党委书记如果没有展望未来、高瞻远瞩的能力，不能以高超的战略思维来引领工作，就不能正确认识新时代的形势与使命，更没有资格担当所属党委班子的领导者。过去的历史一再启示我们：大到一个国家小到一个单位的繁荣昌盛，必定有先知先觉的领导者的贡献。所以，基层党委书记要提高角色认知能力，正确承担角色使命，就应该有意识地培养自身的战略思维，分清立场方向，把握做事重点。讲求面面俱到固然有其道理，但若因小失大，就得不偿失了。

战略思维的培养，离不开科学理论的指导。理论基础的厚度决定着战略思维的高度。从这个意义上讲，基层党委书记要提高自身战略思维能力，首先要坚持用习近平新时代中国特色社会主义思想武装头脑，这是培养其战略思维的基本途径。提高基层党委书记的战略思维能力，必须注重在认知实践中搞好转化，应从以下几方面着手。

1. 把科学理论转化为正确的世界观和方法论

马克思主义的世界观和方法论是提高基层党委书记战略思维能力的强大武器。只有真正确立马克思主义的世界观和方法论，基层党委书记才能认清纷繁复杂、不断发展变化的客观世界，才能清晰地思考问题、正确地进行角色认知，准确地定位角色，从而履行好自身角色使命。毛泽东同志之所以能从星星之火看到燎原之势，习近平总书记之所以能在世界经历的百年未有之大变局中，洞悉国际格局演变，把握世界潮流脉动，积极推动构建人类命运共同体，关键就在于他们掌握了马克思主义的世界观和方法论。虽然当今世界多极化、经济全球化、社会信息化、文化多元化深入发展，但单边主义、霸权主义不断抬头，数字鸿沟和贫富差距不断扩大，极端主义和恐怖主义继续蔓延，重大公共传染性疾病、网络安全等全球性挑战不断出现，不掌握马克思主义的世界观和方法论，就不可能正确把握世界发展大势，就无法站在历史和现实的高度分析、判断、思考问题，更别提形成科学的战略思维以指导角色实践了。

2. 把科学理论转化为科学的决策能力

在信息社会，影响决策的因素呈几何级数增加。因此，决策能力需要科学理论的指导，科学理论的作用通过正确的决策来实现。基层党委书记只有不断学习习近平新时代中国特色社会主义思想，不断提高自身政治理论水平，才能全面地认识和把握各种复杂的矛盾和问题，敏锐地识别各种错误观点和思潮，科学地制定各种政策措施，才能在新时代复杂的国内外形势下摸准时代脉搏、吃透上级精神、摸清下级需求、借鉴他人经验，进而形成正确的角色认知能力，作出准确的判断以指导党委决策，不断开创党委领导工作的新局面。

四、对经验持开放态度

对经验所持的开放态度与个体内心固有的自我防御机制是相反的，对经验持开放态度的个体不是用头脑中预设的分类框架来感知现实，而是能够更加包容地意识到存在于内心深处的自我情感和态度，因此能够领会到一种新的精神情境的真实存在，而非削足适履以使之符合自身固有的经验和认知模式。

现代领导心理学认为，领导者只有开放自己的经验才能发展领导智慧。加里·尤克尔（Gary Yukl）指出：在动荡变化的环境中，组织要学会适应、更新和自我再造，组织的领导者必须足够灵活并能从错误中学习，改变自身原有的假定和信仰。在不断变化的环境中，成功的领导者的一个重要的必备能力是不断学习和适应变化的能力。对经验持开放态度及对学习抱有积极的心态，领导者就会有信心和好奇心去试验新的方法，积极发现自身的长处和弱点①。如此方能提升角色认知水平，

① 加里·尤克尔：《组织领导学》，中国人民大学出版社，2004，第233页。

使其角色认知日益发展和完善。许多卓越的领袖和杰出的领导者也同样指出了对经验保持开放态度、积极学习的重要性，在此不再赘述。

当代社会，随着彼德·圣吉（Peter Senge）的声名远播，学习型组织的理念也越来越深入人心，彼德·圣吉在其著作《第五项修炼——学习型组织的艺术与实践》中指出，最成功的公司将是那些植基于学习型组织的。唯一持久的竞争优势或许是具备比竞争对手学习得更快的能力。当世界复杂多变时，身处其中的组织和个体也要具备更强学习能力，才能适应变局。对基层党委书记这样重要的领导角色来讲尤其如此。基层党委书记要提高自身的角色认知能力，不能再仅仅立足于一人之力，而要对经验保持开放的接纳态度，广泛采纳各种意见，听取、吸收有益的建议，只有这样才能真正履行好自身“关键少数”角色的职责和使命。

基层党委书记对经验持开放态度，要重视“抓经验”与“抓问题”这个推动党委决策落实的两端。一方面，要充分认识到借鉴经验是解决问题的有效方法，能够通过督促检查发现和总结具有普遍意义的经验，就等于找到了解决问题的钥匙，推而广之就能促进工作的开展。另一方面，推动决策落实的过程，一定程度上就是不断发现问题、研究问题的过程。督促检查抓住了问题，就等于找到了解决问题的症结。基层党委书记在角色实践中切勿墨守成规，要善于抓正反两个方面的典型，善于总结经验、发现问题，从而收获最佳的角色认知效果。

第三章　领导干部的角色意识

古今中外，领导干部都是其所在社会群体中的关键少数角色，而现如今基层党委书记是党在各基层党委中的“关键少数”角色，是践行党的民主集中制的关键。具体表现在，党委是其所属单位统一领导和团结的核心，对所属单位的一切组织、人员和工作实行全面领导。基层党委书记是本级党委工作的主持者，是党领导一切的关键节点。基层党委书记的角色行为符合党中央和人民群众对其的角色期望，对全党在新时代复杂的国内外形势下增强“四个意识”、坚定“四个自信”、做到“两个维护”，自觉在思想上政治上行动上同以习近平同志为核心的党中央保持高度一致具有极其重要的作用。在此过程中，基层党委书记的角色实践水平深受其角色意识的影响。有关基层党委书记的角色意识的理论是一个全新的理论领域，它与基层党委书记的工作性质、工作环境、组织因素、人格特质有紧密的联系，对其角色认知、角色行为具有重大影响。

第一节　领导干部角色意识的内涵

正确的角色意识对领导干部角色承担者的角色认知、角色行为具有重要的影响。正确而全面的角色意识的形成，将有助于领导干部角色承担者提高角色认知，优化角色行为，促使其角色实践越来越符合社会他人对他的角色期望。目前国内关于党委书记角色意识的研究相当缺乏，国外也无相关研究，关于党委书记角色意识的研究基本上是一片空白。

一、角色意识的定义

角色所承载内容的确定，受到社会环境的需求、文化氛围的期望、传统的公序良俗、社会人际关系以及政治、经济发展水平等多方面的影响。每个社会成员都必须了解其所承担的角色在社会他人眼中的角色期望。在心理学的视野中，意识作为一种特定的心理活动，被看作知、情、意的统一。社会心理学中的角色意识也不例外。“当一个人认识到自己在某一条件下所担负的社会角色和社会对他相应的角色期望时，便会产生角色意识，角色意识会调控个人的行为，使之表现出符合该社会角色规范的行为。”[①] 因此，具有良好的角色意识是角色行为有效的前提，一个人的角色意识决定其角色行为。

人的内心世界的复杂性使自我体验常常受到各种干扰，而这些干扰主要来自角色意识。虽然角色意识来自外在因素，但它早已内化为人的心灵的一部分，因此人们常把角色意识认定为来自心底的声音。人们习惯于接受这种指令，从而形成了以“应该”原则为核心的自我规范机制。因此，自我体验和角色意识事实上就将人的内在世界分成了两个部分。①自我体验。它根植于个体生命存在，要求对内在需求、情感积累进行真实的把握；要求使被再度体验的情感和欲望按其本然状态来显现。②角色意识。它来自社会指令，要求以某种观念和准则去规范、梳理内心世界，使内心世界按照理性原则的设计去显现。

角色意识不仅仅是人们在社会互动中形成的又影响着互动进行的自我形象，还是人们对自己所充当的社会角色的自觉。它不仅指角色承担者认识到自己所充当的是什么角色，还指对怎样创造性地扮演好自己的角色的预知，更指对角色特质的一种感觉。人与人之间之所以能够进行互动，就是因为人们能够辨认和理解他人所使用的交往符号的意义并通过角色行为表现而预知对方的反应。个体在与具体社会他

---

① 杨晓光、郝胜杰:《奉献型角色的角色意识研究》,《长春理工大学学报（社会科学版）》，2012 年第 25 卷第 7 期。

人的互动中产生的是一种暂时的自我形象，这种自我形象不断发展，最后形成相对稳定的自我意识，这种自我意识左右着个体的角色扮演[①]。

角色意识是他律与自律的统一，角色意识的他律性转为自律性的最重要标志，就是角色承担者的行为动因由外在约束和导向转化为自己内心的意志约束，这时，角色承担者就建立起了明确、坚定的职业道德意识。在此，有必要区分角色意识与职责要求。角色意识和职责要求虽然内容大致相同，但二者是“内”与“外”、“软”与“硬”的结合。角色意识应该植根于角色承担者的心中，具有内在性；而职责要求则具有法律和行政法规的强制性，具有外在性、可见性。角色意识是活的，可以通过角色实践来增强和提升，而职责要求是死的，只能事前予以刚性规定，事后予以强制落实。而角色意识的提升又会使角色承担者对职责和制度的实践更主动、积极，更有成效，从而使角色实践得以顺利进行，使角色行为充满活力。

本书认为角色意识就是“角色承担者对角色的职业特点、社会期望为其所限定的行为规范、角色行为所应遵循的行为模式的一种认同态度。这种认同态度不仅能够强烈地影响角色承担者对角色的认知领悟，更能使角色承担者在角色行为中形成一种对角色的神圣感、使命感、责任感、认同感，从而自觉地、投入地去承担好自身角色”[②]。在当代以知识和信息为主导的社会里，人的内在主动性、积极性、创造性是促进角色发展的关键所在。因而，角色承担者角色意识的提升与增强是其角色实践目标得以实现的动力与保证，对这方面进行探索与研究刻不容缓。

正确的角色意识，有助于角色承担者更好地领悟角色，不仅让角色“识见”得法，更会对角色行为形成一种正确的、积极的促进作用。培养全面的角色意识，会使角色承担者形成符合社会发展规律和接近于角色期望的角色认知，进而指导其践行正确的角色行为，从而使角色实践的效果越来越接近于角色认知和角色期望。可

① 邵瑞珍主编《教育心理学》，上海教育出版社，1997，第 157 页。

② 杨晓光、郝胜杰:《奉献型角色的角色意识研究》,《长春理工大学学报（社会科学版）》，2012 年第 25 卷第 7 期。

见，正确的角色意识的形成，对角色承担者的角色认知符合客观规律、角色行为符合角色期望，起着至关重要的作用。

人的社会意识制约着人的行为，是人在社会组织架构中进行行为选择的导向。人脑中特定的意识以及意识的强度决定着人们的行为以及自觉程度。角色意识的形成和提升来自个体的自觉学习和实践。角色意识的提升关系到角色行为的实现与发挥。因此，我们在分析领导干部的角色意识前，有必要厘清妨碍角色意识提升的主要因素。经过研究，我们发现：①对角色内涵把握不全面会导致角色意识淡薄；②角色转换不灵会导致角色意识冲突；③角色承担者的素质和能力与角色要求之间存在差距会导致角色意识的片面化；④环境、制度等外部因素也会制约角色意识的提升。

通常条件下，人对自身的角色意识都有着稳定而深层次的认识，它对人的各种社会活动起着非常重要的作用，不仅会影响人的行为准则，也会影响人的行为方式。角色实践的成功与否，取决于角色承担者行为水平的高低及其对角色规范的把握是否准确，而角色承担者行为水平的高低及其对角色规范的把握是否准确又取决于该角色承担者是否具有与其所扮演的角色相匹配的角色意识，人的行为往往自觉或不自觉地受这种角色意识的影响和支配。那么，领导干部的角色意识是什么？领导干部角色是由其身份特点及其社会地位所决定的、符合党和人民群众的一定的社会期望的行为模式。领导干部角色意识要求领导干部将对自身情况和个人与他人、个体与社会相互关系的认识转化为内在的认同感。

因此，本书认为领导干部的角色意识是指领导干部对其担负的角色以及与之相适应的身份、地位、权利、义务、规范和必须执行的职责使命的认识，它以观念、意识的形式贮存于领导干部的头脑中，作用于领导干部角色实践的全过程，具有一定的指向性、能动性和复杂性，对领导干部的角色行为起着调节和驱动作用，在潜移默化中指导领导干部自觉地“做什么”“如何做”。具体到基层党委书记身上，其角色意识水平直接影响并制约着其角色行为的动力、方向和水平，只有具有适应社会发展要求，符合党、国家和人民期望的角色意识，基层党委书记才能正确地进行角色实践，履行好党赋予他的使命，在实现民族复兴大业和全面建设社会主义现代化国家的新征程中卓有成效地开展工作。基层党委书记角色意识是其独特身份和社会作用在观念上的反映，是其对自身角色所承担的义务和责任的自觉和领悟，是其共产主义理想信念和精神觉悟的表现。作为一名基层党委书记，其角色意识不是一开始便有的，也不是非得走完这段角色担当之路才形成的，而是在其角色实践过程中慢慢培养的，是在有意识地积累潜在的素质后才真正得以圆满形成的。

需要指出的是，具有高度角色意识的个体，虽然具备了敏感的自审能力，能使自己更加投入地进行角色实践，提升角色行为水平，但也要注意保持和增强自身在复杂角色丛的众多角色中灵活转换的能力，否则便可能受困于角色意识而最终致使角色压力累积，导致角色失调甚至失败。

二、角色意识的特征

明确角色意识的特征有助于我们更好地认识角色意识的作用，把握其与角色认知、角色行为、角色期望、角色评价等的关系。

1. 主观性

角色意识体现的是角色承担者对角色的一种态度和价值取向。所以一个角色的实践效果的好坏，不仅与角色承担者的角色认知有关系，更与角色承担者的角色意识有直接关系。角色意识是角色承担者对角色的身份特点、社会期望为角色所限定的行为规范、角色行为所遵循的行为模式的一种主观感受，这种感受决定了角色承担者对角色的认知水平，更深刻地影响着其角色实践与社会群体或他人对该角色的角色期望的契合度。角色意识对角色认知、角色行为的这种影响无处不在，只要角色承担者还在扮演角色，就无法避免角色意识对其的影响。尽管这种影响经常是以一种角色承担者觉察不到的方式进行的。因为角色意识存在这种主观性，所以现实中对角色意识的界定、量化、测量都比较困难。同时，角色意识又融于角色承担者的政治立场、理想信念、个人修养、人生态度、价值观念、胸怀眼界、认知看法中，并与这诸多主观因素结合在一起，互相促进，互相影响，因此主观性是角色意识的首要特点。

2. 社会性

角色不仅规定了角色承担者的权利、义务、行为准则和价值规范，还是角色本身所具有的社会地位及身份的外在表现，角色只存在于社会中的个体与他人、群体或组织发生联系互动的社会化过程中。因此，角色意识具有明显的社会性。不同的角色具有不同的角色意识，而每一个角色的角色意识都是由角色的社会地位决定的。因为角色不同，在社会生活中享有的权利、履行的义务、遵守的行为规范也就随之而异。人们常说"为师有师道，为人子有孝道"。人生恰如社会生活中的一台戏，你方唱罢我登场，每个角色都占据一定的社会位置，都负有自己的使命，都履行着社会赋予其的特定职责，都因个体的千差万别而具有各异的角色意识。而要扮演好角色，每一个角色承担者都要在意识中对角色有清醒的认识，要知道什么是可以做的、应该做的，什么是不可以做的、不应该做的，做什么样的事情才合乎社会对角色的期望。只有从角色的社会定位出发来认识角色，才能形成正确的角色意识，进而指导好角色行为，扮演好角色。

3. 渐进性

角色意识虽然是主观的东西，但也不是想有便有、生来便有的，角色意识的形成是一个渐进的、不断探索的过程，是主体在角色认知、角色扮演过程中，不断探索修正，逐渐发展而形成的。角色意识的形成与角色承担者的政治立场、价值观念、个人素养、努力程度、人生态度、胸怀眼界、认知能力等密切相关，并且与以上诸多因素呈正相关的关系。正因为如此，角色意识的形成不是一蹴而就的，它是一个渐进的过程，是一个求索的过程。并且角色意识的形成如逆水行舟，不进则退。每一个角色承担者对于正确的角色意识的形成，都要有"路漫漫其修远兮，吾将上下而求索”的心理准备，只有这样，才能在角色意识与角色认知、角色行为相互作用的过程中，在曲折艰难的探索道路上，不断探索进步，一步步地消除角色意识中存在的偏差，改正错误的角色认知和行为，最终使角色意识越来越接近于正确、全面，越来越符合社会运行的客观规律。在这个渐进的摸索过程中，角色意识会越来越对角色认知和角色行为产生强大的能动作用，从而推动角色认知不断深入，促进角色行为水平不断提高，使角色行为越来越符合社会对角色的期望。

4. 复杂性

角色意识具有极其显著的复杂性，这不仅在于很多角色承担者对角色意识之于角色认知和角色行为的巨大、潜在的影响作用没有明确的认识，甚至感觉不到角色意识的存在；还在于角色意识广泛地存在于角色行为的各个过程中，与角色认知、角色行为、角色期望、角色监督等密切相关；更在于角色承担者对角色意识全方位、多层次发挥着的作用的潜在影响难以觉察。很多时候角色意识严重影响了角色认知和角色行为，角色承担者却毫无察觉，更想不到角色意识的存在。角色意识的复杂性决定了对它的培养绝非一日之功，对它的认识过程更非坦途。每一名想扮演好角色的角色承担者，都要深刻认识到对角色不能仅仅停留在认知的程度上，还要由认知进而认同，达到对角色的更深层面的认识。只有结合角色认知、角色行为过程，随着角色承担者的个人修养的不断提高、素质的不断提升，从各个角度来加深对角色意识的认识，才能不断拓展角色意识的培养路径，最终使角色意识越来越趋向于正确、全面而有力。

三、角色意识的作用

众所周知，“欲任其事，必治其心；欲任其事，先治其心”。这里的“心”，从社会心理学的角度来讲不仅包含认知因素，更强调角色意识的因素。角色承担者要扮演好角色，除了积极努力地去进行角色实践外，还要注意对角色意识的培养，促进正确的角色意识的形成。只有这样，才能在角色实践中，使自己的行为越来越符合社会对自己所承担角色的期望。因此，虽然角色实践的重点是角色认知与角色行为，但影响二者水平发挥的却是角色意识，可见角色意识在角色实践过程中的重要性。

角色实践从来都离不开角色意识的引领，角色意识贯穿于角色实践的全过程。正确而全面的角色意识不但能提高角色承担者的角色认知能力、提升其角色认知水平，更能优化其角色行为、增强角色实践的效果。而片面的甚至错误的角色意识，则不但会对角色承担者形成误导，使其角色认知偏离社会群体与他人的角色期望，更会导致错误的角色行为的产生，致使角色实践失败。因此，角色实践不仅仅要求角色承担者努力对角色形成正确的认知，更要求角色承担者形成正确的角色意识；不仅仅强调角色承担者积极优化自身角色行为，更强调角色意识与角色行为的良好互动。

1. 有利于加深角色认知

角色意识是角色承担者对角色本身所具有的职业特点、社会期望、行为规范、行为模式的认同感。而角色认知则是角色承担者对以上内容的认识、了解和理解，属于认识的初级阶段和层次。形成角色认知之后还需要培养角色意识，从而产生对角色的认同感，只有这样才能优化角色行为。而正确的角色意识的形成，也会促进角色认知的进一步深入。在角色情境中，角色承担者不仅要认知领悟角色，更重要的是要将角色所包含的内容吸收和消化，将其转化为自己的态度、思想、信念和内在组成部分，使其成为自己的精神指南。

没有对角色内容所包含的特质与规范的初步认识和了解，不熟悉角色特质、规范和行为模式，没有对角色的全面把握和深刻理解，就无法指导角色行为，更谈不上为角色的理想、信念和目标而努力奋斗了。而对角色的认同感，则是发生在角色认知基础之上的，属于对角色的特质、特点、行为规范和模式的认可、赞同和被角色同化的一种精神状态。认知了一个角色，并不一定就会达到对其认同的地步。而一旦认同了一个角色，人们不但通晓该角色所具有的特质、特点、行为规范和模式，还会为社会对角色的期望目标的实现、为角色的发展和前途命运担负起自己的责任和义务，在角色扮演中，义不容辞、当仁不让，即使为之抛头颅、洒热血也在所不惜。

因此，角色认知只是角色实践的一个初步阶段，要想扮演好角色还必须从感情和意志上对角色所包含的内容产生认同感，不仅要了解其词句，而且要认同其情感，实践其精神，确切地说就是形成角色意识。只有如此，才能不断地提高角色认知的水平。

2. 有利于优化角色行为

马克思主义哲学认为，人们对客观世界的把握，无非有两种主要方式：观念的方式和实践的方式。所谓观念的方式，主要是以认识、认知、认同、情感、思想、信念、价值观等方式实现的。在现实中，观念活动与实践活动之间的区别和界限并非十分明确，而是有机统一在一起的。没有离开实践的、纯粹的观念活动；更不存在没有观念指导和情感影响的盲目实践。在角色情境中，加深角色认知、形成正确的角色意识的最终目的都是为了优化角色行为，无论角色认知多么深刻，无论角色意识多么正确且全面，都必须体现到具体而客观的角色行为中去。

角色意识能够推动角色行为的开展，积极正面的角色意识能够使角色承担者全身心地投入角色实践中去，促使角色行为符合甚至超出社会群体或他人对角色的期望。角色行为可以使业已内化为角色意识的角色承担者对角色的认同，在现实中找到出路，促进角色认知、角色意识向角色实践成果的转化。因此，二者是互相促进，有机统一的。没有正确的角色意识，角色行为难以有效地开展；而如果正确的角色意识不能落实到具体而客观的角色行为中以不断得到现实的检验和强化，再正确、再深刻的角色意识最终也会被消磨殆尽。

3. 有利于透视角色冲突

因为角色丛的存在，任何角色承担者本身必然都担负着多种社会角色的规范和要求，承担着诸多不同的角色，这些角色在角色承担者身上很容易形成角色冲突，而各种角色冲突最后往往都表现为角色意识层面的冲突。角色承担者所担负的不同角色之间产生冲突是必然的、不可避免的，关键在于角色承担者能否对这些冲突形成正确的认知，乃至最终在角色意识中明确清晰地看清楚角色冲突的根源所在，从而正确认识角色冲突，根据实际情况需要灵活机动地处理角色冲突，从而在角色实践中达到最佳的角色行为效果。正确而全面的角色意识，能使角色承担者从意识的深层角度认清角色冲突的原因，形成对角色冲突的正确处理态度，从优化角色实践效果的高度和层面来积极应对可能产生的角色冲突，不回避甚至刻意逃避，能够以促进自身发展的态度，本着角色实践效果最大化的原则去灵活地予以处理，从而获得最佳的角色实践效果。

4. 有利于促进角色适应

角色适应，也称角色调适，是指角色承担者依据不断变化的社会角色环境而相应调整自身的角色行为，从而缩小角色差距、化解角色冲突、优化角色行为，处理好角色期望、角色认知与角色行为三者之间的关系。这个适应过程包括社会协调与个人协调两个方面的内容。角色意识的研究可以使我们更好地剖析角色承担者的角色意识现状，探讨正确的角色意识的基本构成要素，不仅可以帮助角色承担者依据角色规范的内容与角色环境的变化主动地进行角色的个人协调，而且可以从微观个体角色的角色冲突角度出发，分析社会群体或他人对角色的期望，帮助角色承担者主动调整角色学习的方向，通过个人协调与社会协调的共同努力促进角色承担者的角色适应。角色承担者有了正确的角色意识的指引，就能够不断端正其工作态度、优化其角色心理过程、提高其角色认知能力、增强其角色行为效果，进而影响和提高自身角色实践的能力和水平。

第二节　领导干部角色意识的构成

在我国的政治体制中，最能代表大多数领导干部角色的就是中国共产党在各基层委员会中的“关键少数”角色——基层党委书记。研究基层党委书记的角色意识，其实质就是研究领导干部角色意识问题。其前提是明确基层党委书记正确而全面的角色意识的构成要素，这样才能为领导干部角色意识的培养提供参照和标准。

一、党代表意识

党委书记是党在党委中的代表，代表党履行对一切工作的领导。这种领导主要是政治上和组织上的领导。

（一）政治意识

习近平总书记在党的十九大报告中，“第一次把党的政治建设纳入党的建设总体布局，并强调‘以党的政治建设为统领’，‘把党的政治建设摆在首位’，凸显党的政治建设的极端重要性。这是马克思主义党建理论的重大创新，意义重大而深远”①。坚定的政治意识，是基层党委书记增强“四个意识”、坚定“四个自信”、做到“两个维护”的前提，是其高度的事业心和责任心的源泉，是其做好各项工作的根本动力。无论是过去、现在，还是将来，坚定的政治意识始终是其角色意识方面的首要标准，也是最重要的标准。

1. 崇高的政治使命感

注重从政治上、思想上建党，是马克思主义党建理论的一项重要原则，也是中国共产党建党百年来的优良传统。新时代面对党内出现的这一系列新情况、新问题和新挑战，如果没有崇高的政治使命感统领全党意志，做到“两个维护”，全党上

① 《党的十九大报告辅导读本》编写组编著《党的十九大报告辅导读本》，人民出版社，2017，第 427 页。

下就无法形成强大的合力，党的组织也难以保持高度统一，党的自身建设也就无从谈起。因而习近平总书记强调，必须“毫不放松抓好思想政治建设，点亮党员、干部心中的明灯，教育引导党员、干部筑牢思想防线，坚持‘革命理想高于天’，保持蓬勃朝气、昂扬锐气、浩然正气”①。这首先要求基层党委书记要具有崇高的政治使命感，坚定自身的共产主义远大理想和中国特色社会主义共同理想的信念，保持较高的政治觉悟，树立正确的世界观、事业观、权力观，努力使自己做到：不论在什么情况下，都能坚信马克思主义的科学性；坚信共产主义目标实现的必然性；坚信社会主义制度的优越性；坚持习近平新时代中国特色社会主义思想的指引性，始终保持较高的党性修养。

这种崇高的政治使命感要求党委书记要始终明确自身的政治使命，那就是始终把做一名让党放心、让群众满意的党委班子的带头人作为自己的首要奋斗目标，并将其内化到自身角色意识中去，保持对自身角色实践的指导。在实际工作中，始终保持政治上的坚定性和纯洁性，善于识别和抵制现实中各种错误倾向和不良思潮的影响，自觉地在思想上、政治上、行动上同党中央保持高度一致，做到“两个维护”。自觉做到舍己为公，勇于奉献，敢于吃亏，保持中国共产党人高度的主人翁意识，具有在角色担当中建功立业的信心和决心，并能持之以恒，在个人利益与人民的利益发生矛盾时，能够按照党和人民的利益高于一切的原则，做到个人利益无条件地服从党和人民的利益。

2. 坚定的政治方向性

作为党在基层党委中的代表，即使工作千头万绪，基层党委书记也必须明确自身的首要责任，牢记使命，恪守职责。这个首要责任就是要为社会主义现代化建设和中华民族伟大复兴的伟业在本单位的落实“把好方向”“掌好舵”“当好主心骨”，保证本级党委班子建设的良好运转，不断增强“四个意识”，坚定“四个自信”，做

① 中共中央纪律检查委员会、中共中央文献研究室编《习近平关于党风廉政建设和反腐败斗争论述摘编》，中央文献出版社、中国方正出版社，2015，第143页。

到“两个维护”，沿着党中央指引的方向前进。要坚持坚定正确的政治方向，就必须用马克思主义及其中国化理论成果来指导所属部门的各项工作。只有这样，基层党委书记角色意识中才能形成坚定的政治意识，才能确保在角色实践过程中坚定政治方向。

在国内外政治经济形势越来越复杂，政治多极化、经济全球化、社会信息化、文化多样化深入发展的情况下，尤其是2020年新型冠状病毒肺炎（简称“新冠肺炎”）疫情三年来中西方治理能力的对比高下立判的情况下，以美国为首的西方国家对我国敌对意图越来越强烈，我国所面临的国内外形势也越来越复杂。当此百年未有之大变局，广大基层党委书记要有把握政治方向的能力，做到无论政治风云如何变幻，都始终保持清醒的头脑，具备坚定的政治立场、敏锐的政治眼光，坚定不移地在思想上、政治上、行动上同党中央保持高度一致，坚持党中央的权威和集中统一领导，自觉维护习近平同志党中央的核心、全党的核心地位。基层党委书记要带头学习贯彻习近平新时代中国特色社会主义思想，在大是大非的原则问题上要有坚定性，保持正确的政治方向，做党委一班人的“主心骨”。

3. 深切的政治忧患观

“先天下之忧而忧，后天下之乐而乐”一直是古往今来中华民族精英人士为官之道的最高道德追求。始终保持昂扬的精神状态，常保忧患意识，不安于现状，不断激励自己开拓进取，也是我们党的领导干部应有的思想境界。常保积极进取的意识，富有深切的政治忧患观，使自己具有开阔的眼界，做到用科学理论把握规律，是确保党的领导干部坚持马克思主义指导地位的具体要求。基层党委书记要按照建设马克思主义学习型政党的总体要求，积极用习近平新时代中国特色社会主义思想的科学理论指导实践，从人民视角审视各项工作，遵循历史发展规律以应对复杂问题，常保忧患意识，不断以创新发展的积极态度推动各项工作实践，不断提高自身解放思想、实事求是、与时俱进的开拓创新能力，不断增强贯彻落实党中央和上级党委重大决策部署的自觉性。只有头脑中常保忧患意识，常带问题意识，认识到当前国内外局势及社会形势的复杂性，才能在党的领导干部的角色实践中坚持坚定正确的政治路线，贯彻好党的路线方针政策，保持自身在不断变幻的社会形势面前稳如泰山磐石。

这种忧患意识对基层党委书记的要求表现在以下方面：一是要重视社会环境对思想道德的影响，注重搞好新时代党的思想政治建设，“用心用力，抓细抓实，真正把党的思想政治建设抓在日常、严在经常”[①]；二是要采取切实措施抵制不良社会环境对作风纪律的影响，加强所属党组织成员的组织纪律建设；三是要重视社会环境对内部关系的影响，关心群众疾苦，密切党群、干群关系；四是要重视社会环境在物质文化方面的影响，把深入细致的思想政治工作与解决实际困难结合起来，切实做到“以人为本”，创造拴心留人的工作环境，维护稳定。

（二）组织意识

1. 积极的组织观念

基层党委班子的凝聚力和战斗力，与党委书记的组织协调有分不开的关系。只有组织好党委一班人，才能处理好本级党委发展中全局与局部、重点与一般、中心工作与其他工作的关系。一个党委班子的成员，往往来自五湖四海，其工作经历、思想水平、兴趣爱好、性格特点、考虑问题的思维角度等都有差异，一起共事，产生不同的认识和看法都在情理之中。基层党委书记对此要有充分的认识，必须意识到党委成员由于思想觉悟、认识水平和工作能力的不同，产生这样那样的矛盾在所难免，关键在于如何正确地协调和处理这些矛盾；要妥善处理班子内部矛盾，减少内耗，增强组织合力，善于协调统一，使大家围绕本单位的中心工作，各司其职、各负其责，团结一致、齐心协力把工作做好；在贯彻落实党的路线方针政策上、在对工作目标的认识上、在对单位形势的看法上、在对重大问题的意见上，做好党委一班人的思想统一工作，使大家齐心协力朝一个方向努力。

① 中共中央办公厅：《关于在全体党员中开展“学党章党规、学系列讲话，做合格党员”学习教育方案》，《人民日报》2016年2月29日，第1版。

2. 严格的程序意识

基层党委书记的组织意识中必须有严格的程序意识，无论是党委班子建设工作还是党委领导决策工作，都要严格按照组织原则和组织程序开展。一些单位在重大决策、干部任免、内部分工、经费管理等问题上所产生的矛盾，有很多是因为不按民主集中制的程序和规则办事造成的。尤其在涉及单位全面建设和重要人事任免等大问题上，必须严格按照程序和规则办事，通过会议讨论解决重大问题，该酝酿的一定要充分酝酿，该上会的一定要坚持上会，该讨论的一定要充分讨论，该公开的一定要坚持公开，该通报的一定要适时通报；不能用首长办公会、碰头会代替党委会，对于重大决策，更不能用文件传批、画圈的方式代替党委集体讨论决策。对工作中容易产生摩擦的敏感问题，要严格按照党委议事制度的组织原则和程序来进行决策，让委员们充分发表自己的意见和建议，杜绝当面不说会后说、会上不说会下说的错误现象。

3. 明确的平等意识

明确的平等意识是基层党委书记组织意识中不可缺少的内容，这是党委书记带头搞好党内民主的重要标志，也是贯彻落实民主集中制的一个重要条件。基层党委书记在头脑中应该明确，党委内部是“少数服从多数”的关系，大家的权利是一样的，没有大小之分，各成员也没有资格新老之别，更不存在上下级关系。虽然基层党委书记需要对党委及其各项工作负有更多的责任，但并不代表其拥有任何特权。党委书记在党委内部只有以平等精神对人对事，才能使党委一班人做到推心置腹，充分集中大家的智慧和经验。这就需要基层党委书记加强自身思想政治修养，时刻保持明确的平等意识，坚决克服倚老卖老、居功自傲、突出个人的特权思想，防止党委内部出现谁资格老谁说了算、谁职务高谁说了算甚至谁霸道谁说了算的现象。基层党委书记要带头树立党内政治平等的观念，坚决克服将行政首长的身份带入党委内部的错误倾向。在党委作出决策时，坚决遵守少数服从多数的原则，书记的一票和其他委员的一票具有同等效力，不能因为自己是党委书记，就认为官大权大、高人一等。基层党委书记要努力与党委委员建立同志式的良好关系，做到互相支持、谅解和包容，不能盛气凌人、自命不凡；要信任和支持委员们的工作，让每一名委员都有发挥自己作用的空间。敢于推功揽过，不搞求全责备，特别是在单位功过是非的具体责任归属上，基层党委书记要保持一种高的姿态，在成绩和荣誉面前不伸手，在失误和事故面前敢于主动承担责任。

4. 清晰的监督意识

基层党委书记的监督意识主要是指基层党委书记在角色实践中能够自觉地、有意识地通过自己严格的、经常的批评与自我批评，使党委内部形成委员敢于批评书记，书记善于批评委员，党委班子成员之间能够坦诚地交流思想的具有原则性、战斗性的环境，使党委领导班子成为有力地抵制不良思想、作风和行为，充分弘扬正气的领导集体。在新时代的历史条件下，要进一步促进党内民主的发展，有效开展对基层党委书记这个“关键少数”角色的角色监督，就要充分利用好批评和自我批评这个武器。对此，习近平总书记强调，批评是为了更好的团结，增强党的凝聚力。积极开展党内批评能够促进党员的健康成长，拒绝别人的批评，就是拒绝自我进步。[①] 新老实践经验证明，基层党委内部监督的关键在于党委书记，党委书记如果能够做到闻过则喜而不是闻过则怒、闻过则怕、闻过则报，真正带头做到“言者无罪”，而不是对委员们提出的批评意见耿耿于怀，甚至给颜色看、给小鞋穿，真正做到敢于引火烧身，让委员们不害怕批评自己，那就会使基层党委班子的原则氛围形成起来，就会把党委内部的有效监督开展起来。正是从这个意义上讲，基层党委书记必须在党委内部监督中发挥好作用。这些年来，个别基层党委出了这样那样的问题，特别是违法乱纪的问题，都与党委内部监督不力有直接关系，尤其与基层党委书记在这方面作用的弱化有直接关系。

---

① 谌玉梅:《习近平谈如何开展批评与自我批评》,《理论学习》，2016 年第 4 期。

二、班长意识

毛泽东同志在谈到党委会的工作方法时，曾说过："党的委员会有一二十个人，像军队的一个班，书记好比是'班长'。……书记要当好'班长'，就应该很好地学习和研究。……如果不注意向自己的'一班人'作宣传工作和组织工作，不善于处理自己和委员之间的关系，不去研究怎样把会议开好，就很难把这'一班人'指挥好。如果这'一班人'动作不整齐，就休想带领千百万人去作战，去建设。"[①] 党委书记的班长意识要求其不仅要有明确的责任意识，敢于当第一责任人，能够身先士卒，做好党委一班人的表率；更要求其具有团结意识，能够用宽广的胸怀团结好党委一班人，形成党委集体领导的合力。

（一）责任意识

1. 第一责任人意识

《武备集要》指出，为将者"处大事要心定，若张皇则中无主矣，焉能治事"。基层党委书记要履行好自己的角色职责，必须具有开拓精神，敢于当第一责任人，善于决断。这突出强调了党的领导干部要有敢于当第一责任人、善于决断的坚强心理素质。这种心理素质要求，基层党委书记在各项工作中要做到，遇事沉着冷静，要有第一责任人意识，具备强大的心理能量，能够在突发事件面前保持理智，从而做到敢于负责、善于决断。客观环境复杂多变，随时都可能出现意想不到的突发事件，若领导者没有第一责任人意识，不敢决断，必将使部属陷入困境。基层党委是党在各行各业基层的坚强组织，其特殊职能决定了基层党委书记在各种突发事件面前，要处变不惊，保持理智，充满信心，身先士卒。基层党委书记作为所属党委中的"关键少数"角色，必须清醒地认识到自身角色本身所承担的责任和使命，要有一种积极向上的开拓精神，充分展示其权威性，敢于负责，善于决断，做基层党委一班人的"主心骨"，只有这样才能更好地带领大家完成党和人民赋予的职责

---

① 《毛泽东选集》第4卷，人民出版社，1991，第1440页。

使命。这种必胜信心和敢于负责的精神是在坚定共产主义信念、正确认识角色力量和深入了解客观情况的基础上所产生的一种心理态势，是承担好基层党委书记角色的精神动力。

2. 强化制度的意识

习近平总书记多次强调党的制度建设的重点是要坚持和完善民主集中制，指出："对每个领导干部，都要加强民主集中制的教育培训，使他们熟悉民主集中制的规矩，懂得民主集中制的方法。"① 实践表明，如果能建立起有效的激励和约束机制，在各项工作中，真正落实责任，做到赏罚分明，实现责、权、利的统一，就能改变现实中存在的"干多干少一个样、干好干坏一个样"的现象，充分调动基层党委书记的积极性和创造性，促进社会主义现代化建设的全面发展。基层党委书记对于建立长期有效的激励约束机制的作用必须有明确的认识，对用常规机制来落实责任、厉行赏罚、提高工作成效的方法要明了于胸，并坚决用之指导自己的角色实践。

在实际工作中，基层党委只有善于结合所处环境和自身特点，依据党章党规，遵循民主集中制，对书记、副书记及各党委成员的职责进行严格的界定，才能确保其在工作中有章可循、各司其职、各负其责。一是要建立分层领导责任制。明确所属部门和人员的职责，层层抓落实。在责任的确定上，要把工作重点放在下级党组织，力争真正实现面对面领导，这样才能提高党委领导的针对性、感召力和影响力。二是要建立领导分工责任制。严格落实民主集中制的领导制度，谁分管谁负责、书记负全责，充分调动党委一班人的领导合力。三是要使机关各部门的责任明确。把各项工作的任务、目标、责任分解到机关各部门，搞好统筹协调，并对其搞好督促和指导，促使各部门按职责、原则、程序办事。

---

① 中共中央纪律检查委员会、中共中央文献研究室编《习近平关于严明党的纪律和规矩论述摘编》，中央文献出版社、中国方正出版社，2016，第 97 页。

3. 维护党委集体的意识

基层党委决策在通过会议作出后，就转化、上升为集体意志。不管在作出决策的过程中个人的意见如何，每个党委成员在决议出台后都要服从、统一于党委集体意志，坚决维护党委集体领导的权威。在决策实施过程中，基层党委书记作为班长，要带头维护集体权威，应注意做到以下两点。

（1）要自觉宣传党委决策的正确性和重要性。认真组织落实，创造性地完成党委分配的任务；带头深入一线，搞好调查研究，发现工作实践中的偏差和问题，及时把偏差调整过来以及时解决问题，推动决策的贯彻落实；要加强汇报，及时向党委通报工作进展情况，对个人把握不准的问题要及时提请党委集体讨论。

（2）要带头防止和克服“各取所需、各自为政”的错误倾向。反对从本位主义出发，对集体的决策合口味的就执行、不合口味的就消极怠工甚至拒不执行的错误行径；要坚决防止和克服“上有政策、下有对策”的错误倾向，绝不曲解集体决定、假借集体的名义另搞一套；要坚决防止和克服“消极怠工、自由主义”倾向，当个人意见未被党委集体采纳时，必须无条件执行党委集体的决议，不能自行其是。

4. 榜样示范的意识

“动之以情，晓之以理，示之以行”是中国共产党的思想政治工作常用的三种方法，其中“示之以行”的作用更直接、更有力。基层党委书记的表率示范意识是其班长意识中不可或缺的一部分。在各方面努力做到以身作则、严以律己，做到从思想上教育他人，从行动上影响他人，从工作上带动他人，做到以自身高尚的思想品德和人格情操来凝聚班子、感召队伍，促进工作落实，是对基层党委书记角色素养的一项基本要求。习近平总书记曾做过一个形象的比喻：“领导班子如同一支乐队，只能有一个指挥……领导班子的‘一把手’就应该成为这样的指挥，善于把‘多种声音’协调为‘一首乐曲’，从而使领导集体的决策尽可能反映客观实际，符合人民利益。”[①] 这个比喻形象地说明了党委书记在党委内部成员中发挥表率示范作用，带动党委一班人形成良好风气，发挥潜移默化作用的重要性。基层党委书记对这种领导管理中的群体效应和榜样暗示的力量要有清楚的认识，时刻具有表率示范意识，在增强“四个意识”、坚定“四个自信”、做到“两个维护”等方面努力做党委一班人的表率，这是形成本级党委班子良好风气的关键。基层党委书记要想符合上面提到的角色规范标准，就要时刻具备表率示范意识，只有不断提高自身素质，才能充分发挥表率作用，推动群体效应的形成，不断增强整个党委班子的向心力和凝聚力。

（二）团结意识

团队成员之间的团结是在矛盾中形成和发展的，人们的智慧、才能和性格各有不同，相互之间有时是有矛盾的。团结就是在共同点的基础上把矛盾的各方统一起来。一些党委班子团结得不够好的根本原因是民主集中制不健全。有的是集体领导不坚强，搞“一言堂”和个人专断，挫伤了其他党委成员的积极性，削弱了党委班子的凝聚力；有的是因为处理不好民主与集中的关系，要么民主不够，要么集中不力，导致党委成员互不服气、各行其是；有的是因为党委成员之间沟通不够，形成思想隔阂，互相猜疑，缺乏信任；有的是因为会议决定落实不好，会后不能统一步调、统一行动，导致党委班子战斗力不强。解决这些问题的关键在于党委书记要具有良好的团结意识，能时刻注意用党委议事制度来规范党委领导工作，以严肃的组织生活规范班子成员的行为，用共同的理想信念来鼓舞普通党员，用统一的奋斗目标来引导下属群众，用博大的胸怀来包容人，用良好的作风来鼓舞人。

1. 培养共同的革命理想信念

马克思说：“一切规模较大的直接社会劳动或共同劳动，都或多或少地需要指挥，以协调个人的活动……一个单独的提琴手是自己指挥自己，一个乐队就需要一

① 中共中央宣传部编《习近平新时代中国特色社会主义思想学习问答》，学习出版社、人民出版社，2021，第 453-454 页。

个乐队指挥。”[①] 基层党委书记就像“乐队指挥”一样，只有将每一名成员都调动起来，才是称职的符合角色期望的党委书记。因此，基层党委书记的团结意识要求其必须拥有与其他党委成员共同的革命理想信念，培养自己善于团结协调的本领，能够用自己的行动培养党委班子成员共同的理想信念，将所属党委其他成员的主动性都调动起来，激发他们的积极性，形成领导集体的向心力、凝聚力，进而将其转化为坚强的集体战斗力，使班子成员奏出美妙的乐曲，进行气壮山河的演奏。为调动党委一班人的积极性，形成良好的凝聚力，基层党委书记要善于借鉴和利用古今中外一切先进的领导艺术和理论，将之纳入马克思主义领导科学的范畴，以培养党委一班人共同的革命理想信念，为提高角色实践水平服务。同时，要充分处理好理论与实践的关系，摸索出行之有效的方法，使整个班子成员都能够在共同的革命理想信念下各尽所能、合理搭配、取长补短、形成合力。

2. 明确一致的奋斗目标

目光远大、强烈的成事欲望，是任何一个成功的领导角色不可或缺的动力。对基层党委书记来说，这种强烈的成事欲望，要与党的路线方针政策、党中央的精神指示融合在一起，形成一种崇高的成就意识。这种成就意识表现在每一名基层党委书记都要对所属单位的发展有一个合理的长远规划，能够用自己追求成功的坚强意志，统一党委一班人的奋斗目标，确保以坚持和加强党的全面领导推动党委班子战斗力的不断提升，完满完成党和人民交给的各项任务。

这种成就意识在工作中的表现如下。首先是有激情，有追求成功、追求卓越的激情。只有有了这种激情，基层党委书记才能带领所属单位不断进步，才会想尽办法感染和激励下属，带动他们共同进步，创造条件为党和人民的事业发展谋势铺路。其次是有强烈的进取心。基层党委书记作为“关键少数”角色，如果没有进取心，不但无法带动本单位各项建设的开展，更不能感染、影响其他党委成员和普通

① 中共中央马克思恩格斯列宁斯大林著作编译局编译《马克思恩格斯全集》第 23 卷，人民出版社，1972，第 367 页。

党员，也就无法激发他们的积极性和创造力。最后，强烈的成就意识还表现在基层党委书记的鼓动宣传上。每一名成功的党委书记都必须是一个出色的鼓动者，是一个优秀的宣传家。他不但自己信心十足，还能利用这种信心感染和激励下属，让他们像自己一样干劲十足，充满希望。

3. 以开展批评端正风气

要维护班子团结，基层党委书记还须树立正确开展批评是维护班子团结的重要环节的意识，防止和克服用消极、被动的态度维护党委班子团结。批评与自我批评，是我们党的三大作风之一，也是我们党的各级组织解决班子思想作风问题的正确方法和有效途径。对此，习近平总书记曾说过："对批评和自我批评，不能持有偏见，也不能心有余悸，而要本着对自己、对同志、对班子、对党高度负责的精神，大胆使用，经常使用，使之越用越灵、越用越有效。"[①] 有效地开展批评和自我批评，可以切实转变党内作风，严肃党组织生活，真正实现同志之间的相互信任、理解和爱护，从而增强党内政治生活的原则性和战斗性，进一步推进党内民主生活健康发展。

基层党委书记要清晰地意识到，一团和气不是团结。有的党委班子开民主生活会，自我批评多，互相批评少，提希望多，直截了当地指出问题少。有的同志认为，"和和气气就是团结"，开展批评一怕伤了情面，二怕引起冲突，三怕被误认为闹不团结。这些问题的解决，关键在于基层党委书记的带头示范作用。其实，开展积极的思想斗争不仅不会影响团结，而且对增进团结具有重要作用。毛泽东同志在《关于正确处理人民内部矛盾的问题》一文中，提出一个著名的公式"团结——批评——团结"，即"从团结的愿望出发，经过批评或者斗争使矛盾得到解决，从而在新的基础上达到新的团结"[②]。可见，正确开展批评与自我批评是维护基层党委班子团结链条中的重要一环。正确积极的批评风气，有利于分清原则是非，统一认

① 习近平：《之江新语》，杭州人民出版社，2007，第 113 页。

② 《毛泽东著作选读》下册，人民出版社 1986，第 763 页。

识；有利于及时化解矛盾，解决问题；有利于充分交换意见，加深理解；有利于建立深厚友谊，互相信任。所谓“难得是诤友，当面敢批评”，开展批评要经常化、制度化，同时要注意方式方法，既要持有积极的态度，也要防止纠缠细枝末节；既要注意大的方面，也要防止随意上纲上线；既要开门见山，又要掌握分寸，真正达到以批评增进团结的目的。

4. 以交心通气增进团结

基层党委成员之间经常交心通气，既是民主集中制的基本要求，也是化解党委成员之间隔阂和矛盾、增进党委班子团结的重要途径。对此，基层党委书记的角色意识中必须时刻有一根以沟通协调增进班子团结的弦。基层党委书记要意识到，党委成员之间的交心通气，不是一般意义上的交流情况。交心通气要着眼于统一对工作的认识，统一对形势的看法，统一对重大问题的意见，从而协调本级党委一班人的步调，形成统一的工作思路。通气不仅仅是一种工作信息的沟通，也是一种感情信息的传递。在协调沟通中，不能只谈工作不谈思想、只重视工作中的通气而忽视思想上的交流。对此，基层党委书记要起到模范带头作用，并将其深刻内化于角色意识中，时时做到在通气中敞开胸怀，开诚布公，以心换心，增进感情，以带领党委一班人架起相互信任的桥梁，使通气成为班子成员之间团结凝聚的黏合剂。交心通气要着眼于化解内部矛盾。党委成员之间的一些个人矛盾和隔阂一般不宜拿到党委会上当众解决，基层党委书记可善加引导，通过个别交心通气的办法加以疏导，这样既留有回旋余地，又顾及到冲突双方的接受程度，容易使人心悦诚服。

三、普通一员意识

党内人人平等，不允许任何人将行政权威带到党委内部，破坏党内平等。普通一员意识，不仅要求基层党委书记要有民主意识，尊重党内民主制度，带头落实民主集中制；更要求基层党委书记能够正确进行角色定位，严格自律，克服特权思想的侵蚀，保持自身的清正廉洁。

（一）党内民主意识

中华人民共和国成立前夕，著名的民主人士黄炎培先生曾向毛泽东主席提出过一个尖锐问题：中国共产党如何摆脱中国历代王朝“其兴也勃、其亡也忽”的历史周期率？毛主席回答，我们的方法是实行民主，接受监督。成都武侯祠有一副对联：“能攻心则反侧自消，从古知兵非好战；不审势即宽严皆误，后来治蜀要深思。”这里的“攻心”即从思想上攻克，从精神上征服。中国历代的政治家、军事家莫不以“攻心”为上。政治家攻心，重在“得人心者得天下”；军事家攻心，意在不战而胜。而我们强调基层党委书记在角色行为中要注重“攻心”，则是指基层党委书记在贯彻党委制领导的过程中，要与周围同志建立一种良好的人际关系，在本级党委中形成一种同心同德干事业的局面。而要形成这种局面，基层党委书记角色意识中必须具有民主意识，充分发扬党内民主，不搞“一言堂”，才能调动其他党委成员的参与性，形成一种合力，来推动党和人民事业的发展。

1. 贯彻党内民主的意识

基层党委书记在角色实践过程中，要在敢于承担自身责任使命的前提下，坚决贯彻执行民主集中制，一切重大问题必须由党委集体讨论决定。在搞好集中的同时，充分发扬党内民主，以民主增强集中的效力。在处理本级党委工作时，绝不能以“一把手”的身份自居，搞“一言堂”；在党委议事和决策过程中要善于调查研究，发现问题，确定议题；要深入群众，听取各方意见，就相关议题进行咨询论证，形成明确具体的预案；民主讨论前要就重大问题充分听取委员们的意见，在平等交换意见的基础上搞好个别酝酿；在民主讨论、会议表决过程中要充分发扬民主，遵守党委议事制度。在党委决策过程中，如果基层党委书记具有民主意识并能发扬民主作风，就会感染周围的人，产生移情效应，从而增强党委一班人的凝聚力，进而提高本级党委的战斗力。移情在基层党委书记角色实践过程中也起到重要作用，其他党委成员因党委书记充分发扬民主而对其产生的积极情感可以直接转化为其对本级党委及本单位各项工作的参与热情，成为他们奋发进取的内在动力。同时，其他委员因基层党委书记的民主作风而产生的积极感知和情感，反过来也会影响到基层党委书记的情绪，从而使基层党委书记与周围一班人形成良好的互动关系，这种民主、和谐、积极的情感交流，又必然会促进本级党委各项工作的落实。

2. 以民主促管理的意识

基层党委书记在其工作中发扬民主作风，能充分调动党委一班人和普通党员的积极性，与委员、普通党员之间产生良好的感情交流，建立积极的互动关系，普通党员会对党委书记产生亲近感、认同感，从而更愿意与党委书记交流，乐于反映情况、说真心话，容易相信党委书记传授之“道”，最终使党委书记影响力增大，威信提高，产生古人所追求的“安其学而亲其师，乐其友而信其道”的绝佳领导效果。

在处理与党委内部其他成员关系时，基层党委书记要时刻牢记“具有优秀精神品质的是少数人,而决定历史结局的却是广大群众”[①]。广大党员群众是完成党中央赋予的角色使命的主体，是基层党委书记领导管理活动的直接对象。基层党委书记要始终牢记“人民，只有人民，才是创造历史的动力”这个真理，在管理中发扬民主作风，以民主促管理。基层党委书记在角色实践过程中如果能够充分发扬党内民主及内部民主，搞好调研，充分听取其他党委成员意见，广泛征求建议，把广大党员群众“拥护不拥护”“赞成不赞成”“高兴不高兴”“答应不答应”作为处理干部选拔、人员奖惩、重大经费开支等一切关系到单位根本利益和群众切身利益的重大问题的出发点和归宿，必然会得到党委一班人及全体党员群众的拥护和支持，减少工作开展的阻力，从而不断增强自身威信，最终有利于角色实践的开展。

3. 密切联系群众的意识

中国共产党最大的政治优势就是密切联系群众，而执政 70 多年以来最大的危

---

① 中共中央马克思恩格斯列宁斯大林著作编译局编《列宁选集》第 4 卷，人民出版社，1995，第 679 页。

险也是脱离群众。“能否保持党同人民群众的血肉联系,决定着党的事业的成败。”[1] 2013 年 6 月至 2014 年 10 月中共中央政治局带头在全党范围内开展的以“照镜子、正衣冠、洗洗澡、治治病”为总要求，以为民务实清廉为主要内容的党的群众路线教育实践活动，是一次深入解决党的领导干部作风问题的战略性举措。基层党委书记作为代表党与人民群众联系最紧密的一线领导干部，要增强密切联系群众的意识，就必须自觉站在事关党的生死存亡、国家兴衰的高度，深刻理解保持密切联系群众作风的政治内涵，坚持深入基层，以满腔热情服务基层，服务群众，充分调动广大群众建设基层的积极性、自觉性和创造性。

因此，密切联系群众的意识，是基层党委书记民主意识中不可或缺的一部分。这要求基层党委书记做到以下几点：第一，要牢记党的根本宗旨，不断强化党委集体联系群众、服务群众的政治责任感；第二，要带头下力气解决领导干部自身作风漂浮的问题，真正深入基层一线联系群众、服务群众；第三，要充分尊重和支持群众的创造精神，善于集中群众的聪明才智，着眼于在联系群众、服务群众上做决策；第四，要注重为基层创造良好的工作环境，努力在联系群众、服务群众上办实事；第五，要自觉保持人民公仆本色，带头树立联系群众、服务群众的良好形象。

（二）自律意识

古语说得好:“吏不畏吾严而畏吾廉；民不服吾能而服吾公；公则民不敢慢，廉则吏不敢欺；公生明，廉生威。”[2] 儒家自古就提倡“慎独”，重克己自律;《中庸》三十三章，主张从容中道，不偏不倚，凡事有度，既无过，又无不及，同样体现了严格的克己自律思想。道家老子主张“自知”“自胜”“知足”；庄子主张“自省”“自清”“无私”“无我”，克己自律思想更加明确。自律以律人，基层党委书记只有克己奉公、廉洁自律，才能理直气壮地去领导别人。基层党委书记要做到廉洁

① 习近平:《习近平谈治国理政》，外文出版社，2014，第 367 页。

② 语出《清稗・官箴》。箴言原是明朝孝宗弘治年间，政府为了整顿吏治、提倡廉政，刻石传布的做官格言，故曰“官箴”。

自律，首先要具有自律的意识。只有具备自律意识，才能在自身角色实践中，办事不离“章”，行为不越“轨”，做到“两袖清风、一身正气”，带领本级党委班子成员保持廉洁公正的风气。

1. 有自知之明

“自知者英，自胜者雄”。自知之明极为重要，基层党委书记尤其需要这种意识。党的领导干部有了这种意识，就不会因为自视过高而忘乎所以。实践中，许多领导干部，身处重要工作岗位，但面对相关社会他人的称赞，却沉溺其中，不能自拔，以致慢慢养成自以为是的错误意识，感觉自己无所不能，干事创业喜欢追求高大全，这就丧失了自知之明，往往成事不足败事有余。尤其处于领导岗位，一言一行都会被无限放大，执行时就会出现极端情况，给党和人民造成的危害会很大。历史上因为缺乏自知之明而害己误国的例子不在少数。基层党委书记面对周围的逢迎声，要有自知之明，加强自律和自警。

基层党委书记要做到有自知之明，首先要正确对待自己，在周围的一片夸赞声中要经常想一想自己的不足和缺点，对自己的思想道德修养、文化理论水平、性格脾气特征、工作经验及处事能力等方面有实事求是的评价。这样遇事才懂得量力而行，做到平时防患未然，关键时刻戒骄戒躁。其次要放眼世界，面向未来，不坐井观天。基层党委书记作为本级党委中的“关键少数”角色，要懂得“风物长宜放眼量”的道理，对自己的德才知识和成绩贡献，要采取缩小法，对组织、对同志、对下级要采取放大法，力争做到公归集体、过归自己。最后要特别注意，在受到赞扬时，不自我陶醉，不飘飘然、昏昏然。上级的表扬和群众的称赞，是基层党委书记要时常面对的，这种情况下，要自觉地照一照自己，比较一下，检查一番，看看自己的实际情况与别人的赞扬是否符合，从而保有清醒的头脑。

2. 提高修养

提高自身道德品质修养，是指一个人提高作为“人”的自我修身程度，就是要客观地认识世界、认识历史、认识社会、认识自我，使自己的思想、意识、情感和行为最大限度地符合社会道德规范和公序良俗。在这方面，我们中华民族有着优秀的传统。儒家孔子将“仁、智、勇”作为人格修养的重点，提出“文、行、忠、信”[①]、“温、良、恭、俭、让”、“恭、宽、信、敏、惠”等具体修身标准。儒家孟子讲“仁、义、礼、智”作为人之“四端”，还认为“养心莫善于寡欲”。道家老子则将“道、德、仁、义、礼、智”作为人对内修养的6个方面。这些标准虽然在几千年封建社会演绎变化的过程中被掺杂进了一些封建糟粕，但是其本质精神却是不分时空地适用于全人类的。基层党委书记要积极学习吸收中华传统文化的精髓，努力提高自己的道德行为水准，学习中华民族这种反求诸己、修身自律的人生态度和精神，把中华民族传统文化的精髓与精华，同中国特色社会主义现代化建设所需要的党的领导干部角色的道德人格修养有机地结合在一起，形成坚定的自律意识，提高拒腐防变的能力。

3. 反观自照

所谓“日三省吾身”方能“知耻而后勇”。基层党委书记懂得持重检点、反观自照是其能够自律自警的内在动力。能否懂得自警，做到反观自照是基层党委书记是否具有自律意识的重要标志。很多时候，对与错就在一念之间，一失足成千古恨。反腐倡廉警示纪录片中所有的贪腐分子，皆非自身认识能力低下之辈，更多的是放松了对自律的要求，未做到防微杜渐，最终导致“千里之堤毁于蚁穴”。“事之成败，必由小生”，开头是吃一点、拿一点，到后来胃口越来越大，贪腐无度，发展到不择手段地捞取名利权色的地步，最终导致角色实践失败。

反观自照来源于对“一念之间”的有效自持。作为一名基层党委书记，头脑中的是非界限一定要清晰。只有不断提高自身鉴别力，在党的路线、方针、政策上，在重大是非问题面前，常保“不越雷池一步”的自警意识，才能让自己始终走在光明大路上。首先要善于总结自己一段时间内的所作所为，一方面为及时自省做好准备，另一方面这也是不断增强自律意识的过程。其次要乐于“照镜子、正衣冠”。

---

① 见《论语》：“学文修行而存忠信”。

要知道，以史为镜，能够获得教益以明智；以人为镜，能够获得经验教训以自励；以章为镜，能够获得角色准则以自律；以事为镜，能够获得方法以自强。最后还要善于把握自己。作为一名党的领导干部，基层党委书记要时刻牢记“莫伸手，伸手必被捉”的警示，自觉严守党纪国法，为自己立规矩，做到人前人后一个样、台上台下一个样，增强自律意识，即便遇到角色冲突难以把握的情况，也只是暂时的角色失调而非角色实践失败。此外，不断加强自身纪律修养，以党的纪律来调节自己的行为，也有助于自律意识的养成，使自己在角色行为中做到遵纪守法，常保清正廉洁。

四、钢琴手意识

毛泽东同志认为党委的同志要学会“弹钢琴”。他指出：“党委要抓紧中心工作，又要围绕中心工作而同时开展其他方面的工作。……党委的同志必须学好‘弹钢琴’。”① 钢琴手意识，不仅要求基层党委书记能通观全局，布局谋篇，还要能够统筹协调，处理好内外部关系。

（一）全局意识

“不谋全局者不足谋一域，不谋万世者不足谋一时”。毛泽东同志曾说过，没有全局在胸，是不会真的投下一着好棋子的。作为本级党委班子中的“关键少数”角色，基层党委书记的全局意识对于驾驭全局、有效管理是必不可少的。

1. 审时预见的意识

基层党委书记要想在复杂的工作环境中做好自己的工作，就涉及“审时度势”的问题。这个“审时度势”就是对新时代党和国家面临的国际国内形势、中国特色社会主义事业所面临的情况作出正确的分析判断，紧密结合党的路线、方针、政策，结合所属部门的实际制定出有自身特点、能促进干事创业的切实可行的工作计

① 《毛泽东选集》第4卷，人民出版社，1991，第1442页。

划和策略。当此百年未有之大变局之时，基层党委书记尤其要认清国际国内形势的严峻性，了解国际上两种社会制度、意识形态的斗争愈发严峻的形势，认识到中国发展理念、发展道路、发展模式对推动人类命运共同体构建的重要性。对关系到中国共产党带领人民实现中华民族伟大复兴中国梦的大事，基层党委书记必须时刻保持清醒，脑中一定要经常装着国际国内形势、党和国家在复杂国内外形势下关于确保社会发展和稳定的重大方针政策以及中国特色社会主义建设中带有倾向性、根本性的问题。

除了懂得“审时”，还要能够“预见”，做到见微知著。基层党委书记应能够根据社会政治经济形势的发展变化，对本单位的长远发展有高瞻远瞩的规划，具备一定的对现实环境的洞察能力，立足实际开展本单位的工作，使所属单位的发展变化符合社会的发展形势，符合人民群众的利益。基层党委书记作为本级党委决策的组织者，遇事应能做到善于调查研究，在掌握大量材料的基础上，运用科学的民主决策程序，综合分析，充分论证。无论做什么工作，都能干着眼前的，想着今后的，并能准确地预见到措施与环境的互动，从而牢牢掌握工作的主动权。只有把主要精力放在预测、决策和科学指导上来，努力做到见微知著、防微杜渐，不当事后诸葛亮，才能在其角色行为中，做到审时度势，方向明确，视野开阔，掌控全局。

2. 把握全局的意识

把握全局的意识要求基层党委书记要时刻做到对工作全局胸中有数。这要求基层党委书记的角色意识中要有一种强烈的大局观以指导其角色行为，其应能用长远目光，认清国内外形势的发展变化，把握时代发展脉搏，胸怀大局、立意长远，做到“心在最高层”，“不畏浮云遮望眼”，不被局部的、一时一地的变化所迷惑，能够及时地作出全局性决策，从整体上理清所属单位的整体工作思路，搞好全面建设。无论何时，基层党委书记对本级党委工作和所属单位的各项工作及每一个环节，都要有一个通盘的考虑，做到总体布局有主线，指导方针有重点，工作安排有重心。

随着形势的不断发展变化，各项工作决策的制定和实施也将越来越复杂。基层党委书记要有意识地培养自身的全局意识，以便能够对各种复杂情况进行科学的综合、分析、概括和判断，使自己能把观察点和思维凝聚在重大的、长远的、决策全面工作的谋划上。从某种意义上来讲，基层党委书记应该是战略家，能从全局的高度出发，既要对本单位内部情况了如指掌，又要把握外部社会情形；既要抓好眼前，又要着眼于长远。把握全局的意识要求基层党委书记最关心的不应该是自身领导活动中局部性、技术性的工作，而应是全局的、方向性的工作。虽然也要抓具体工作，但要抓到点子上，而不是不分轻重缓急地乱抓一气。

3. 服从大局的意识

毛泽东同志在《整顿党的作风》一文中指出："要提倡顾全大局。每一个党员，每一种局部工作，每一项言论或行动，都必须以全党利益为出发点，绝对不许可违反这个原则。"[①] 基层党委书记在自身角色实践中，既要有统观全局、顾全大局的意识，还要有立足本级实际、灵活开展工作的意识，当全局与局部发生冲突时，要能够合理地处理二者的关系，确保自身职责的正确履行。既要注重整体谋划，明确方向、思路清晰，又要善抓主要矛盾，选准方向、抓住关键、局部突破、带动全局，这是我们党的历代领导人一直以来对党的领导干部的要求。

基层党委书记要对全局与局部的关系有清醒的判断。要始终清醒地意识到：全局工作需统筹照顾各局部工作，不能忽视局部工作的开展，这要求基层党委书记要努力做到高屋建瓴，从全局出发，做好局部工作；局部工作不能违背全局性要求，要创造性地结合实际开展，促进全局工作的发展，这要求基层党委书记要克服团体主义、部门利益至上的错误意识。所以，在角色实践中，基层党委书记不能只顾全局利益而忽视局部利益，也不能过于突出局部，而损害全局利益。只有学会从全局上把握本单位各项工作的开展，才能从根本上做到开展工作统筹兼顾、主次分明、协调有序。只有善于深入思考分析，时刻清楚哪些是事关全局的重大问题，哪些是

① 《毛泽东选集》，人民出版社，1991，第 821 页。

群众反映强烈的热点难点问题，哪些是制约建设发展进步的关键问题，哪些是需要全力抓住的主要矛盾和重点突破的局部，才能做到提纲挈领、以点带面，才能处理好全局与局部的良性互动关系，促进党的事业的发展。

基层党委书记要处理好全局意识与局部意识的关系，还要对长远利益与眼前利益的关系有清晰的认识。一是要明确长远利益的价值，在发展的大局上坚定对长远利益的追求，不去做单纯为凸显个人政绩而涸泽而渔的事情，将长远利益与眼前利益有机结合，既要着眼于长远利益，又要照顾到眼前利益，由眼前利益的获取促进长远利益的实现。二是当眼前利益与长远利益发生冲突时，必须以战略家的眼光舍弃眼前利益，防止出现因眼前利益的诱惑而损害长远利益的短期行为，以保证战略思维的科学性和战略决策的正确性。

（二）协调意识

1. 统筹协调的意识

在本级党委内部，基层党委书记对党委成员负有协调责任，对各项工作负有统筹责任，其统筹协调能力的高低直接影响着党委领导集体工作效益的高低。所以，基层党委书记的统筹协调意识首先要求其在角色实践中能全面、系统地分清工作的轻重缓急，合理分配领导力量和财物资源，保证各项工作稳步协调地发展，善于统筹协调。具体要求是：能够准确领会党中央的路线、方针、政策，善于根据上级的决议、命令和指示，为本级党委决策提供理想的、符合客观规律的建议和措施；能有意识地通过对各项工作的纵横比较，准确地把握推动各项工作的重点和环节；善于统筹兼顾，长于组织协调，能够充分发挥党委一班人的作用，凝聚力量齐心协力抓好工作落实；在工作安排中，既善于条分缕析，又善于纲举目张，既注重覆盖全局，又能主次分明，既懂得纵向洞悉，又知道横向观察。

2. 发挥集体智慧的意识

我国历史上秦朝末年楚汉争霸时，刘邦夺得天下后，总结经验时说过：夫运筹帷幄之中，决胜千里之外，吾不如子房；镇国家，抚百姓，给馈饷，不绝粮道，吾不如萧何；连百万之众，战必胜，攻必取，吾不如韩信。三者皆人杰，吾能用之，此吾所以取天下也。由此可见，一个好的领导者不必事事过人，但他必须善于识人用人，具有发挥集体智慧的意识和能力。基层党委书记要时刻明白，党委集体中蕴藏着无穷无尽的智慧和力量，关键在于是否善于集中他山之玉，将其凝聚成集体领导的智慧。为此，基层党委书记要放下架子，自觉和党委一班人平等相处，凝聚党委集体的向心力；要有意识地了解每个党委成员的长处和弱点，因才施用，扬长避短，充分发挥每一个党委成员的长处；不可颠倒工作主次，不要包办其他班子成员所分管的事情，充分调动其积极性和创造性；客观公正地评价每个党委成员的工作，成绩突出的要及时表扬，出了问题，基层党委书记要敢于承担责任，能够认真总结经验教训。通过诸多措施，有意识地团结党委一班人，凝聚集体智慧，形成领导合力。

五、业务专家意识

习近平总书记强调："坚持党的领导是方向性问题，必须旗帜鲜明、立场坚定，决不能羞羞答答、语焉不详，决不能遮遮掩掩、搞自我麻痹。"[①] 这是针对一段时期内党的领导被忽视、淡化、弱化的现实状况提出的。虽然党领导一切不是说党要包揽一切，要防止陷入事务主义，但为了更好地落实党领导一切的方针，基层党委书记要具有业务专家意识，努力使自己成为行家里手，这一方面是为克服外行领导内行的问题，另一方面也是为防止因业务不熟而导致党领导一切的方针被淡化、弱化甚至架空的问题。所以，基层党委书记要具有迫切地成为业务专家的意识，认真对照角色使命、任务找到差距和不足，通过加强业务学习不断提高自身专业能力与素质水平，只有这样才能为自身在具体角色情境中更有效地履行角色使命提供可靠的

① 中共中央宣传部编《习近平新时代中国特色社会主义思想学习问答》，学习出版社、人民出版社，2021，第 433-434 页。

能力保障。基层党委书记要成为业务专家，不仅要有迫切的学习意识，还要具有明确的服务意识和法纪意识。

（一）学习意识

在《三国演义》中诸葛亮曾说过："为将而不通天文，不知地理，不识奇门，不晓阴阳，不识阵图，不明兵势，是庸才也！"这句话虽然在《三国志》中未见记载，但很好地说明了中国自古以来对一个优秀领导者的素质的要求。通观古今，凡是有所作为的领导者都是敏而好学、知识渊博的人。进入新时代，随着信息社会发展的加速，知识呈爆炸式增长，党情、国情、世情形势越来越复杂，基层党委书记迫切需要及时调整自己的知识结构，树立终身学习的意识，不断淘汰头脑中陈旧过时的专业知识，补充新鲜的知识，做到"问渠那得清如许，为有源头活水来"，从而适应社会形势的发展对党的领导干部提出的要求，履行好角色职责。

1. 学习马克思主义经典理论及党的知识的意识

中国共产党建党一百年来，在革命、建设和改革开放的不同历史时期，党中央都非常重视加强党员、领导干部对马克思主义及其中国化经典理论的学习。马克思主义经典理论是经过实践检验证明有效的真理，其对党的各项事业具有重要指导意义。习近平总书记在不同场合反复多次强调党的领导干部要自觉提高对马克思主义理论的学习力度，他指出，马克思主义理论素养是领导干部领导素质的核心和灵魂，掌握马克思主义理论是领导干部的基本功[①]。基层党委书记要在复杂的工作环境中，确保在坚持正确的政治方向的前提下，保证本单位安全稳定和集中统一的大局，必须充分意识到马克思主义经典理论对我们工作的指导意义，学好用好马克思主义经典理论，更好地贯彻落实习近平新时代中国特色社会主义思想。

党的知识是中国共产党建党理论和科学社会主义的重要组成部分，其主要包括：党的历史、党委制的形成和发展规律、民主集中制、党委领导的指导思想和基本职能、党委领导的根本制度、党委会的主要工作方法和思想方法、党委领导决策

① 贾高建：《用马克思主义科学理论武装全党》，《人民日报》2016年3月24日。

科学化的理论、党委领导权力的运用法则、党委工作的领导艺术、党委的自身建设及规律等。党委中“关键少数”角色的党委书记，如果不了解上面的这些知识，就无法有效开展党的领导工作，更不能有效履行党委书记的角色职责和使命，因此在基层党委书记的角色意识中，学习、研究并结合工作实际不断丰富发展党的知识的意识也是不可或缺的。

2. 学习中国传统文化精髓的意识

中国传统文化中的精髓，尤其是“德治”的精神，是西方现代领导理论中所没有的。基层党委书记，作为中国共产党在基层各行各业中的代表，在承担自身角色时所依赖的意识形态方法论，不应该仅仅是传统的马克思主义理论，还要有总结了中国革命和建设领导经验的马克思主义中国化理论成果，同时也要对中国传统文化精髓予以继承。中华民族数千年深厚积淀的传统文化，是基层党委书记加强自身理论素养的历史根脉。毛泽东同志早就说过，从孔子到孙中山，我们要给以总结。任何一个想承担好基层党委书记角色的人，都要站在马克思主义及其中国化理论成果的立场上，批判地继承中华传统文化中的领导智慧和社会治理经验，取其精华去其糟粕，经过加工改造使其成为自己的东西，用来指导自身领导干部角色实践。习近平总书记指出：“我们生而为中国人，最根本的是我们有中国人的独特精神世界，有百姓日用而不觉的价值观。”[①]“历史和现实都表明，一个抛弃了或者背叛了自己历史文化的民族，不仅不可能发展起来，而且很可能上演一幕幕历史悲剧。”[②]中国古代“以人为本”“以德为先”“家国情怀”“修己安人”等思想放在任何时代都是先进的领导哲学，而儒家经典《大学》中所说的格物、致知、诚意、正心、修身、齐家、治国、平天下的思想，把一个人从内发扬到外，由一个人的内部作起，推到平天下止。其中的精微奥妙，是西方领导管理理论所没有的。“中国传统文化所蕴含

① 中共中央宣传部编《习近平新时代中国特色社会主义思想学习问答》，学习出版社、人民出版社，2021，第316页。

② 中共中央宣传部编《习近平新时代中国特色社会主义思想学习问答》，学习出版社、人民出版社，2021，第318页。

的思维方式、价值观念、行为准则，一方面具有强烈的历史性、遗传性；另一方面又具有鲜活的现实性和变异性，它无时无刻不在影响着今天的中国人，为我们思考和判断问题提供历史的依据，也为我们做好工作赋予重要的指导。”[①] 2017 年 1 月，中共中央办公厅、国务院办公厅印发了《关于实施中华优秀传统文化传承发展工程的意见》，第一次以中央文件的形式专题部署中华优秀传统文化的传承发展工作。对此，基层党委书记要有深刻认识并身体力行，从中华传统文化中寻找根脉和力量源泉。

3. 增强理论学习实效性的意识

学习的目的全在于应用，脱离实际工作的学习不会产生好的效果，不注重实际运用的学习也毫无意义。因此，基层党委书记的头脑中要有学习要精、要管用的意识，学以致用，不断增强理论学习实效性，以不断学习提高自身角色实践水平。只有真正做到在学以致用上下功夫，才能在解决实际问题上见成效，确保学习取得实效。增强理论学习实效性的意识表现在 3 个方面。一是用理论成果来明辨是非的意识。面对西方敌对势力对我国采取的“西化”“分化”“黑化”策略，面对全面深化改革和社会主义伟大建设中遇到的各种难题，面对新媒体时代资本控制媒体带来的负面影响，面对意识形态斗争中各色不良思潮和社会现象，基层党委书记要能够明辨是非、练就一副火眼金睛。基层党委书记要能够有意识地针对新时代背景下广大党员、群众普遍关心的热点和难点问题，坚持带领大家学习马克思主义及其中国化理论成果，采取集中辅导、讨论辨析、典型报告、实地参观等多种方式，有效运用“两微一端”等多种新媒体平台，真正学好用好习近平新时代中国特色社会主义思想，从历史和现实结合的角度，深入剖析和论证当前面临的形势和任务，澄清大家的模糊认识，增强在政治上的坚定性和思想道德上的纯洁性。二是运用理论学习成果来攻坚克难的意识。盯着问题来学习，是基层党委书记不可或缺的意识。只有针对新时代社会主义建设事业及中华民族伟大复兴中出现的新情况、新问题，认真学

① 温胃平:《领导者》，中信出版社，2006，第 210 页。

习党的路线方针政策、国家法律法规、上级的指示精神及各种必需的理论及业务知识，结合本单位工作实际，积极探索新路子，才能形成一系列开展工作的实际而有效的方法和措施。三是运用理论学习成果开拓创新的意识。如何用理论学习的成果指导党委的决策并提高自身的领导能力，切实把握好具有方向性、根本性的重大工作，通盘谋划好本单位的全面建设，是基层党委书记头脑中必须经常思考的问题，也是贯穿于其学习过程的重要问题。

（二）法纪意识

1. 坚守党章的意识

党章作为立党之本，是中国共产党集体意志的集中体现，是对党的百年历史经验的深刻总结，在党的制度建设中处于核心地位。习近平总书记强调："各级领导干部要把学习党章作为必修课，走上新的领导岗位的同志要把学习党章作为第一课，带头遵守党章各项规定。"[①] 这要求党的领导干部要通过党章来约束自身的言行，提高自身的素质，提升自身的党性修养。培养法纪意识，基层党委书记首先要重视对《中国共产党章程》的学习，并将之作为党委中心组学习的重要内容和党委班子成员的必修课，带头经常学、反复学，不断提升对其的熟知程度，全面系统准确地掌握其科学的内容、规定和要求，确保党委领导工作的科学性、严肃性和规范性。在此过程中，尤其要特别重视学习好党章、遵守好党章、贯彻好党章、维护好党章。

意识观念是行动实践的先导。基层党委书记要学习、遵守、贯彻、维护好党章，首先要强化自身的党章意识。有没有党章意识以及党章意识的强弱，直接关系到本级党委班子遵守、贯彻党章的成效的大小。基层党委书记要有意识地组织带领全体党员原原本本地学习党章，逐章逐条地结合实际工作认真地研读，还要熟知熟记党章的基本内容和具体条款，不仅要了解党章是怎么规定的，而且要懂得为什么要这样规定，带领本级党委班子成员不断增强依照党章开展工作的意识，使每一名

① 习近平：《认真学习党章，严格遵守党章》，《人民日报》2012 年 11 月 20 日。

党员不断增强按照党章要求规范自身的观念，真正在党的建设工作中把党章的权威性、严肃性确立起来。

学习的目的在于应用。基层党委书记增强坚守党章的意识的关键在于以党章来指导本级党委各项工作。要严格遵守按党章要求办事的底线，凡是党章规定的就照着去做，凡是党章不允许的就坚决不做，使每个党员始终在党章规定的范围内行动，始终将自己置于党章的监督和制约之下。要以党章为镜子，特别是要严格落实习近平总书记要求全体党的领导干部把党章的学习教育作为经常性的工作来抓的指示精神，使全体党员真正做到将党章内化于心、外化于行，以此搞好党性分析，指导开展批评与自我批评，针对自身问题切实拿出改进的措施和办法。要在学习贯彻落实党章内容、增强党章意识上下功夫、见成效，带领班子成员真正把党章作为提高共产党员自身党性修养的根本标准，作为指导党的建设及各项工作的根本依据，把党章各项规定落实到统一党员行动上、落实到开展中国特色社会主义伟大事业的干事创业中，体现在提高所属党委和党员的能力素质上，体现在有效履行新时代党中央赋予的各项历史使命上。

2. 依法决策的意识

古人云："小智者治事，中智者治人，大智者治法。"把依法治党与依规治党有机地统一于党的建设之中，这既是对中国共产党执政 70 多年来经验的历史总结，也是全面推进依法治国、建设社会主义法治中国的时代要求。2015 年 10 月党的十八届五中全会进一步提出要"全面提高党依据宪法法律治国理政、依据党内法规管党治党的能力和水平"①。这表明以习近平同志为核心的党中央将依法治国的基本理念与思想内核有机融入党的自身建设和领导活动之中的决心。实践也充分证明，按照规章制度办事，是依法从严治党、加强党委班子能力建设最根本、最管用的招法。党委的能力和水平，主要体现在依照法规制度办事上。依法决策是任何一级党的领导干部必须树立的领导理念。对基层党委书记来讲，就是把带头增强依法办

① 《中国共产党第十八届中央委员会第五次全体会议公报》，人民出版社，2015，第 17 页。

事、依法决策的能力素质作为本级党委的一项重要而紧迫的任务来抓，树立依法决策的意识，不断提高依照法规制度指导和开展工作的能力。

在工作实践中，基层党委书记应自觉地把增强依法办事意识、提高依法办事能力作为一种新的领导观念、一种基本的领导方式和一项必备的领导素质来加以强化和提升，并要时刻明确：知法懂法是领导干部的基本素质，法规制度是实施党委正确领导的基本依据，依照法规制度办事是党委工作的基本方式，抓好法规制度的落实是领导机关的根本职责。同时，作为本级党委中的“关键少数”角色，基层党委书记还要清醒地意识到，在新时代背景下，依法办事就是讲政治，就是遵循社会发展规律，就是适应进一步深化改革的需求，从而在角色意识中真正提高对依法决策重要性的认识。

3. 学法用法的意识

随着改革开放的不断深入，社会生活发生了天翻地覆的变化，人们的观念也发生了深刻的变化，法律意识也越来越强，懂得用法律来维护自己的权益，用法律来评判事情的对与错。具备学法用法、执法守法的意识是当下对一名领导者的基本要求。基层党委书记作为本级党委工作的领导者、组织者，在学法用法上要走在普通党员、群众的前列。在开展各项工作的过程中，必须深刻认识到法规制度的重要性，始终具有学好用好法规制度的意识，只有将这种观念深深刻入自身角色意识的深处，才能树立起法纪意识，才能确保对各项工作的管理更具规范性、科学性及权威性。基层党委书记要始终明确，学法是为了更好地领悟党的依法治党与依规治党相结合的精神实质，增强依照法规制度决策的责任感和自觉性。

第三节　领导干部角色意识的培养途径

有人认为，在市场经济条件下强调培养个人自我修养的努力是无用的，对于领导干部中出现的种种不良倾向，只能靠外界环境的约束和控制；也有人把少数领导干部中出现的问题归结于个人因素，而忽略组织上、制度上的管理督导之责。这些观点都是片面的。强调组织途径的制约和影响，绝不意味着可以不讲领导干部自身的修养和追求；提高领导干部的角色意识和思想道德水平，也不能忽视组织和制度的规范作用。

主观努力与外界约束，是确保领导干部增强角色意识、提高领导能力的两个支柱，就如人之双腿、鸟之两翼。对此，古圣先贤早就有过鞭辟入里的论述。儒家孔子主张不仅要“免而无耻”，更要“有耻且格”，后代思想家则进一步提出主观努力是“禁于未然之前”，外界约束是“禁于已然之后”。今天，正确认识主客观两方面的不同功能，合理搭配，对于增强领导干部角色意识，提高其角色素养，最终提高其领导能力，仍然具有十分现实的意义。

外界约束作用的发挥，要以主观努力为基础。外界约束只能使人停留在“免而无耻”即不敢为非的状态，并不能真正消除党的领导干部的不良角色意识及倾向。只有在其思想上真正树立起通过主观努力不断提高自身修养的意识，才能使党的领导干部达到“有耻且格”即不愿为非的境界。同样，没有外界约束的支撑，主观努力也难以显示出最大能量，最终可能流于一种不求“兼济天下”，只求“独善其身”，对社会缺乏激励与示范的“个人修行”。因此，要增强基层党委书记的角色意识，提高其领导能力，应从个人途径和组织途径两方面入手。

一、增强神圣感

历史是社会发展规律的表现和展开，从历史中能够看到必然性，能够看到规律性，还能够看到人的主观能动性和创造性。基层党委书记要增强对自身角色的认同感，首先必须熟悉党的历史，了解党委制的由来，熟悉历史和时代赋予党委书记的角色特质和使命。

1. 熟悉民主集中制的由来

“民主集中制是我们党的根本组织原则和领导制度”①，也是马克思主义建党学说的主要内容，中国共产党从一开始就是按照民主集中制原则组织起来的。民主集中制是民主基础上的集中和集中指导下的民主相结合的制度，是马克思主义认识论和群众路线在党的日常生活和组织建设中的运用。民主集中制的民主，就是党员和党组织的意愿、主张的充分表达和积极性、创造性的充分发挥；民主集中制的集中，就是全党意志、智慧的凝聚和行动的一致。只有熟悉民主集中制，深入认识其作为党的根本组织原则和领导制度的科学性，党委书记才会对自身角色产生高度认同感，才能在培养角色意识的过程中更加积极主动，进而提升其扮演好党委书记角色的使命感、责任感、荣誉感，促进正确角色意识的成。

党委书记要在落实民主集中制的过程中形成正确的角色定位，需要带领党委一班人强化以下 4 个观念。一是平等观念。党内成员没有权力大小、资格新老和上下级之分，在政治上都是平等的，没有任何人有特权凌驾于党组织之上。二是群众观念。基层党委要实现正确的领导，离开集体的智慧和力量是行不通的。三是全局观念。要超脱个人职务和分工的局限，开阔思维视野，学会从宏观上把握全局、分析问题，站在工作全局角度来建言献策。四是职责观念。从党委书记到党委委员，对会议讨论的问题应直抒己见，要有充分行使自己民主权利的勇气和胆略，在党委集体领导中贡献自己的智慧，承担起应尽的责任。

2. 熟悉党领导一切的渊源

党的领导权的问题是马克思主义建党学说的一个重大问题，中国共产党的领导地位不是自封的，是由其性质决定的，是历史和人民的最优选择。基层党委书记要系统地学习了解党领导一切形成的来龙去脉、过程的曲折反复、创造的奇迹辉煌以及产生的经验教训，从而深刻认识到习近平总书记所说的“党政军民学，东西南北

---

① 中共中央宣传部编《习近平新时代中国特色社会主义思想学习问答》，学习出版社、人民出版社，2021，第 449 页。

中，党是领导一切的”[①]这句话的重要内涵。通过对历史渊源的了解，认识到党的领导制度是经过革命、建设、改革长期实践探索形成的根本制度结果；明确党领导一切的制度是在中国共产党带领全国人民革命、建设和改革开放伟大实践中产生、形成和发展的，是经过中国革命和建设实践反复证明的正确有效的根本制度。只有这样，才能对党领导一切的必要性有深切的感受，不断加深对党委制的认识和感情，才能从历史的天空中悟出深刻的规律和启示，才能形成对党委制的高度认可，从而对自身所承担的党委书记这一“关键少数”角色产生神圣感、使命感、责任感，自觉加强对自身的要求，自觉践行基层党委书记角色的使命和责任。

3. 熟悉党的历史

我们都知道，在一定的物质条件下，思想决定一切，意识对行动起主导作用。基层党委书记作用发挥的关键在于其角色承担者从思想上对这个角色具有高度认同感。习近平总书记认为，领导干部要“认真学习党史、国史，知史爱党，知史爱国。要了解我们党和国家事业的来龙去脉，汲取我们党和国家的经验教训，正确了解党和国家历史上的重大事件和重要人物。这对正确认识党情、国情十分必要，对开创未来也十分必要，因为历史是最好的教科书”[②]。因此，基层党委书记角色意识形成的首要途径是其角色承担者认真学习中国共产党党史、学习党在各个时期的路线方针政策，尤其是学习习近平总书记《论中国共产党历史》这本学习党史的指导性著作，使自己具备深厚的关于党的历史的知识素养，从而深刻认识到党的事业取得成功的来之不易，形成对党和人民的深厚感情，形成对基层党委书记角色的神圣感。通过学习无数革命先烈、志士先贤为党的事业抛头颅、洒热血的历史，产生对自身角色身份的无比珍惜和对党的事业的无比热爱。只有这样，基层党委书记才能深切地热爱自身的角色，高度地认同党委书记的角色使命，进而保持对党的忠诚、

① 中共中央宣传部编《习近平新时代中国特色社会主义思想学习问答》，学习出版社、人民出版社，2021，第 430 页。

② 习近平：《论中国共产党历史》，中央文献出版社，2021，第 7 页。

对中国特色社会主义事业的热爱，才能更加坚信党的领导的正确性，对党的执政能力充满信心。

二、增强使命感

习近平总书记强调："一个国家，一个民族，一个政党，任何时候任何情况下都必须树立和坚持明确的理想信念。如果没有或丧失理想信念，就会迷失奋斗目标和前进方向，就会像一盘散沙而形不成凝聚力，就会失去精神支柱而自我瓦解。"① 代表党领导一切的党委书记，要通过学习不断地强化自身的理想信念，形成良好的理论品质，增强对党委书记角色的使命感，只有这样才能履行好党和人民赋予的责任和使命，践行好党委书记这个重要角色。

1. 学好马克思主义经典理论

马克思主义及其中国化理论成果是我们中国共产党人的信念和力量之源，是我们奋勇向前的目标，更是我们认知和实践的根本。学不好马克思主义，就无法形成坚定的马克思主义信仰，在复杂的社会实践面前就没有坚强的世界观、人生观、价值观和方法论支持。习近平总书记强调："我们党自成立起就高度重视在思想上建党，其中十分重要的一条就是坚持用马克思主义哲学教育和武装全党。"② 基层党委书记保持自身立场坚定的最强大武器首先是加强自身的马克思主义理论素养，坚定对马克思主义及其中国化理论成果的信仰，这也是每一名党的领导干部的人生必修课。如此才能够熟练运用其方法论指导自己的角色行为，指导自己的工作、学习、生活，熟悉人类社会发展规律，理解我们党的共产主义远大理想这个长期奋斗目标，更加认清基层党委书记这个角色的重要使命和职责，将个人理想抱负与党委书记角色实践有机结合，将个人价值的实现与党委书记的角色使命结合，从而产生巨

① 习近平:《领导干部要树立正确的世界观权力观事业观》,《中国党政干部论坛》2010 第 9 期。

② 习近平:《推动全党学习和掌握历史唯物主义，更好认识规律更加能动地推进工作》,《人民日报》2013 年 12 月 5 日。

大的工作动力和角色成就欲望，进而更加积极、明确地形成正确的角色意识。

2. 学好马克思主义中国化的最新理论成果

任何一名党的领导干部，如果不了解马克思主义中国化的理论成果，就很难形成为党的事业奋斗终身的高尚情操，更不会有对社会主义现代化建设事业的神圣向往。毛泽东思想是马克思主义与中国革命实践相结合的产物，邓小平理论、“三个代表”重要思想和科学发展观都是马克思主义与中国特色社会主义现代化建设不断深入的国情相结合的产物，这些马克思主义中国化的理论成果是一脉相承、与时俱进的，是我们党在各个历史时期开展各项事业的最高理论指导。“领导干部学习马克思主义理论，首先要认真研读马克思主义中国化最新成果”，“把马克思主义中国化最新成果作为理论教育中心内容”①。在新时代，这个成果就是习近平新时代中国特色社会主义思想。习近平新时代中国特色社会主义思想，是对马克思主义、毛泽东思想、中国特色社会主义理论体系的忠实传承和创新发展，是当代中国的马克思主义，是 21 世纪的马克思主义。作为系统科学的理论体系，是经过实践检验的、富有伟大力量的强大武器，是新时代坚持和运用辩证唯物主义和历史唯物主义的光辉典范。

习近平新时代中国特色社会主义思想，运用马克思主义的立场、观点和方法，聚焦新的时代主题，凝结新的思想精华，总结出独具开创性的实践经验，形成了一个系统全面、逻辑严密、内涵丰富、内在统一的科学理论体系。其核心内容是“八个明确”和“十四个坚持”。新时代背景下，作为基层党委中的“关键少数”角色，基层党委书记要学好习近平新时代中国特色社会主义思想这个最新的马克思主义理论武器，只有结合新时代的历史背景，才能深刻理解习近平新时代中国特色社会主义思想的科学性，更加深刻地认识到历史发展的规律和世界潮流的脉动，将理论学习的效果内化于心、外化于行，从而自觉地用之指导自己的工作、学习和生活，真正将按照科学理论的指导来有效履行自己的角色使命，增强自身角色使命感，从而

① 贾高建：《用马克思主义科学理论武装全党》，《人民日报》2016 年 3 月 24 日。

形成正确的角色意识。

3. 学好党的路线、方针、政策

基层党委书记必须学好党的路线、方针、政策，并能用之指导自己的角色实践，带领本级党委班子结合工作实际，认真地贯彻落实。只有这样，才能在关键时刻做本级党委一班人的主心骨，坚定对中国特色社会主义必胜、中华民族伟大复兴必成的信念，坚定对党的领导能力和执政能力的信任，坚定对党领导一切及民主集中制的信服；才能确保各项工作有正确的方针、政策的指导，才能确保坚决听从党中央指挥，不断增强“四个意识”，坚定“四个自信”，做到“两个维护”。而有了党的路线、方针、政策来武装党委一班人的头脑，就一定能做到面对一切敌对势力的意识形态渗透和各种腐败思想的侵蚀不动如山，面对各色诱惑和欲望之海坚如磐石，在各项急难险重的任务面前无所畏惧。

三、增强归属感

基层党委书记作为党在各基层党委会中的代表，拥有坚定的组织素养是其角色特质要求。坚持民主集中制的领导制度，处理好少数与多数、民主与集中、首长办公会与党委会的关系，是党赋予党委书记这一“关键少数”角色的基本责任，而这也是提高其自身组织素养、增强对自身角色的归属感以提高角色意识的必然要求。

1. 处理好民主与集中的关系

个别党的领导干部自律不严甚至走上违法违纪的道路，除了个人思想蜕化变质外，十分重要的一点就是在领导工作中不能很好地贯彻民主集中制，处理不好民主与集中的关系，致使党组织的管理监督工作不严格、不经常、不落实。习近平总书记曾指出：“县委书记是一班之长，要带头执行民主集中制，不把“班长”当成“家长”。要按照程序进行决策……做到总揽不包揽、分工不分家、放手不撒手。要有胸怀，能容人容事，注意听取班子成员意见，带头增进和维护县委班子团结。”① 民主是集中指导下的民主，集中是民主基础上的集中。在党委的党内生活中，民主和集中是不可分割的两个方面：民主是集中的基础和前提，离开充分的党内民主，真正的集中就建立不起来；缺乏坚强有力的集中，就不能形成正确的党委决策，无法形成党委班子的统一意志。

基层党委书记要始终明确：依靠民主集中方法实现党委集体领导，是马克思主义党建理论的一个重要思想，是党的根本组织原则和领导制度。处理好民主和集中的关系，对基层党委书记来讲既有政治要求的高度，又有工作要求的实际。民主集中方法要始终贯穿于党委集体领导的全过程。在决策形成前，要充分开展民主讨论，广泛搜集建议，以有效地集中群体智慧，实现决策民主化和科学化；在决策执行过程中，要运用必要的集中方法坚决执行以保证党委决策的有效落实；在决策修正上，要运用民主和集中的方法不断调研反馈、纠正偏差；不充分发扬民主，没有民主基础上的集中，党委的集体领导就成为一句空话，就会严重损害党在群众中的威信，进而影响党的执政根基；就某个问题的会前充分酝酿讨论、会议决定通过的过程，如果不能充分遵循民主程序，就无法调动党委成员参与决策的积极性以确保决策的科学性，如果不能充分实施集中，就会导致议而不决、决而不行，影响本级党委的领导力。

同时，基层党委书记在角色实践过程中，还要注意把握民主与集中的尺度，不能将民主与集中割裂开来，必须从党委决策的整体效果上对其加以运用。努力做到民主讨论不能背离党的领导原则，以保证党委决策的正确方向；发扬民主不能脱离党委的集体领导，要在党的组织纪律的约束范围内进行；集中决策不能搞“简单多数”走过场，要重视真正实现党委班子成员思想认识的统一；落实党委决策不能仅靠个人分工负责，也要强调统筹协调、齐抓共管。通过坚持民主集中制，确保本级党委始终与党中央保持高度一致，坚决做到“两个维护”，始终保持党委班子的团

① 习近平:《做焦裕禄式的县委书记》，中央文献出版社，2015，第10-11页。

结，不断提高党委班子成员的素质，确保党委班子拥有坚强的党性原则。

2. 处理好少数与多数的关系

少数服从多数是党委集体领导的精髓，是实施正确领导的关键。少数服从多数并非只是党委决定问题的原则，还意味着党委书记同委员之间的关系也不能超出这个原则。基层党委书记在其角色实践中要善于处理好少数与多数的关系。在党委内部，任何成员，包括党委书记在内，均有可能是“少数”，也可能是“多数”。党委内部没有也不应该有固定的、一成不变的“少数”与“多数”。“少数”与“多数”之间的关系不是简单的部分与全体的关系，而是对立统一的关系。少数服从多数是民主的又是集中的，它要求尊重全体成员的意愿，尊重大多数人的意愿；要求依据大多数人的意见作出决定；要求持不同意见的人服从多数人的意志，不得在行动执行上有任何反对的表示，以形成决策执行上的统一思想和一致行动。正确实行少数服从多数，不仅有利于达到决策的高度集中统一，而且有利于形成又有集中又有民主、又有纪律又有自由、又有统一意志又有个人心情舒畅的一种生动活泼的党内民主氛围。

坚持少数服从多数，正确处理少数与多数的关系，应准确理解和把握以下问题。

（1）正确处理服从多数人意见与集中正确意见的关系。少数服从多数原则的必然要求是最大限度地集中多数人的意见，然而集中正确的意见才是民主集中制的根本目的。因此，科学的集中要求所集中的意见既要体现多数人的意愿，又能保证是基本正确且经得起实践检验的意见。在党委决策的实践过程中，由于受主客观条件的影响和制约，大多数人的群体心理有时也会发生主观和客观、认识和实践相脱节的现象。此时，基层党委书记应该不仅能够独具慧眼发现正确的意见，还要敢于引导群体认知和情绪以支持那些持正确意见的少数人，并尽可能去摆事实、讲道理以说服其他多数人，充分探讨、分析决策实施的利弊，引导多数人放弃错误的主张，从而确保形成的正确党委决策始终得到多数人的支持和认可。

（2）正确处理服从多数与尊重少数的关系。少数服从多数原则与尊重个别少数人的意见是对立统一的关系。基层党委书记不能片面地、机械地理解少数服从多数的原则，不能将其与尊重少数人的意见对立起来。只有重视这些意见，才能很好地对其加以纠正，帮助同志们改变错误认知。不能把少数人的意见坚持看作个别现象，要以非常审慎的态度去挖掘其背后的根源。要认真做好少数人的解释说服工作，以便求同存异、统筹全局，最大限度地推动党委决策的落实。同时，要为了党的领导权威敢于坚持原则，对不正确的意见要敢于果断否决，不能因为持有少数意见者是老同志或为人强势就放弃原则、屈从妥协。

（3）正确处理服从多数与充分发表意见的关系。基层党委书记要注意做到：党委讨论重要问题时要先出“安民告示”，提前把议题告知各位委员，让大家事先准备，以便充分调研并就问题展开思考，确保讨论时能正确发表意见；要让大家有充分发表意见的时间和机会，允许提出异议，让持不同意见者有充分阐述的机会，并通过充分讨论，形成党委统一认识，而不应仓促表决；要积极鼓励大家发表不同的意见，不管所提意见是否正确，都应当给予热情的鼓励和支持，使其知无不言，言无不尽，不能对持与自己不同意见者排斥和非难；对于所提意见未被采纳者，要耐心细致地做好说服和解释工作，既要充分肯定其良好动机和做好工作的出发点，又要使其不因意见被否决而丧失参与党委决策的积极性；对于那些由于认识或能力所限所提意见不太正确的同志，要注意启发他们多学习分析、多调查研究，以不断提升其自身思维格局，提高其参与党委集体决策的能力。

（4）正确处理服从多数与保留意见的关系。少数服从多数不仅是党委决策的法则，而且是决策执行的法则。意见被否决的党委成员，必须坚决拥护和执行多数人通过的决议。如果认为必须坚持自己的意见，可以申明保留意见，但不能在外散布不满言论和反对意见，更不能借口保留意见而拒绝执行多数人通过的决议。在实际工作中，应防止出现以下几个问题：不能把保留意见和执行决议对立起来，必须明确保留意见是权利，但执行决议是纪律；执行党委决议绝不能仅仅停留在会议讨论时的表态拥护上，而应当通过党委成员分工负责抓好落实；不能把执行党委决议与党委书记临机处置对立起来，必须明确基层党委书记在紧急情况下的临机处置不是独断专行，更非随心所欲，是抱着为党的事业负责的态度展现的一种担当精神；不能把执行决议与创造性地开展工作对立起来，要明确创造性地开展工作是党的实事求是思想路线的体现，是中国共产党人不断开拓进取、与时俱进精神的表现，没有创造性，工作就没有生气，就缺乏活力，但是创造性地开展工作不是离开党委决议另搞一套，而应以不违背党委决议的基本精神为前提。

3. 处理好与副书记及委员的关系

正副书记在党委集体领导中负有极其重要的责任。一个党委班子的集体领导水平，很大程度上取决于正副书记的素养和配合。实践证明，正副书记心往一处使，班子成员就能拧成一股绳，本级党委班子就能形成坚强的领导力，广大党员、群众就会觉得工作得心应手。基层党委书记要处理好与副书记之间的关系，虽然双方都有责任，但是党委书记担负更大的责任，对此基层党委书记要充分意识到正副书记之间建立的理解信赖关系和良好友谊的重要性，主动发扬风格，搞好与副书记之间的关系。这要求其做到以下几点。

（1）要珍惜共事机会，以诚相待。认识到无论是在党内，还是在行政工作上，正 记是平等的关系，只有工作责任大小之别，没有高低上下之分。

（2）要坚持换位思考，主动互谅互让。基层党委书记要认识到正副书记之间思想认识上的差异是客观存在的，对某些问题产生意见分歧是非常正常的，关键在于要有宽阔的胸怀和眼界，坚持从单位建设的大局出发，善于换位思考，能够站在对方的角度思考问题和处理问题。当出现明显分歧时，努力做到克制自己，坚持出以公心、冷静处事，尽量做到求大同、存小异。

（3）要敢于自以为非，注重取长补短。每个人由于成长环境和职业生涯、社会阅历不尽相同，性格、学识、才能也各自有别、互有长短。在与副书记相处过程中，基层党委书记应当多看对方的优点，多找自己的不足，做到“不以求备取人，不以己长格物，随能收叙，无隔疏贱”；积极适应，不过分苛求对方，做到尊所长、学所长，不轻所短，融洽共事，形成坚强的领导核心。

（4）关心爱护对方，不断密切感情。正副书记一起搭班共事，不仅要有密切的工作关系，还要有深厚的同志情谊。基层党委书记要做与副书记在思想上多交流、在工作上多通气、在生活上多关心。尤其是在对方个人或家庭遭遇实际困难、又不便开口求助时，能主动伸出援助之手表达同志的温暖，在不违背党的政策规定的前提下，创造条件积极帮助解决，有力促进同志之间的团结。

此外，基层党委书记还应明确：在党委内部，书记与委员的关系是平等的关系，不是领导与被领导的关系；在讨论问题时，书记和委员一样，必须平等地发表意见；表决问题时，书记和委员一样只享有一票，必须按照少数服从多数的原则决定问题；当书记个人的意见处于少数时，必须执行多数人通过的决定；书记要虚心听取委员们的意见，善于集中大家的智慧；要成为委员们的表率，要求别人做到的，自己先做到；要支持和帮助每个委员做好工作，主动搞好同委员之间的关系。当然，强调党委集体领导和书记与委员之间的平等关系，并不是弱化书记在党委会中的作用，这点基层党委书记必须心中有数，不能因此无所作为而损害党委集体领导的权威。

4. 处理好常委会与首长办公会的关系

基层党委书记作为本级党委中的“关键少数”角色，要分清常委会与首长办公会之间的区别与联系，处理好二者之间的关系。党委行使的是决策权，首长行使的是实施权。首长必须无条件地执行党委集体的决议、决定，但在工作过程中又可以在对党委负责的前提下充分地行使行政职权。基层党委书记要时刻清楚常委会与首长办公会之间的区别，在角色意识中对之有清晰的区分，以便能够灵活地进行角色转换。在常委会上，委员与书记都是平等的一员，不存在领导和被领导的关系；常委会主要讨论带方向性、全局性、政策性、根本性的大事，决策的原则是少数服从多数。而首长办公会主要是首长为贯彻执行上级机构的命令指示或本级党委的决议，组织所属机关和有关人员研究如何具体实施并听取有关方面意见的工作会议，议事原则是下级服从上级，由首长作出决断。混淆二者之间的关系，容易使基层党委书记产生角色混乱，容易在不自觉地情况下将行政作风带进党委会议中，以行政做派代替党委决策，从而破坏了党内民主。

四、增强道德感

角色实践与人生事业的成败，更多取决于角色承担者自身修养的高低，其中严以律己是根本。习近平总书记强调："严以律己，就是要心存敬畏、手握戒尺、慎独慎微、勤于自省，遵守党纪国法，做到为政清廉。"[①] 基层党委书记要不断提高自身修养，慎于持己，防微杜渐，克始敬终。无论何时何地，都应努力做到不为权所屈、不为名所惑、不为利所动、不为色所迷。如此方能在自我修养上达到一个较高的境界，养成良好的自律意识，做到"无欲而刚"，在群众中树立起较高的威信，凝聚力量，完成党和国家赋予的职责和使命，履行好党委书记的角色职责。

1. 养成"慎独"意识

千百年来，"慎独"被奉为中华民族道德修养的准则。《中庸》所谓："莫见乎隐，莫显乎微，故君子慎其独也。"其精微奥妙不因时代变迁而褪色，也不会因社会发展而消失，今天更是成为人们道德修养追求上的一种至高境界。在国内外政治经济形势日益复杂的今天，基层党委书记将"慎独"作为道德修养首要准则，具有重要意义。

古人所谓"慎独"，是指独处无人时，自己的行为更要谨慎自持。在此，理解"君子慎其独"不能仅仅局限于"慎于独处"的字面之意，更要看到"在无人监督的情况下，要能做到自律、谨慎自持"的内涵之意，即不要在没有监督的情况下就渐渐放松对自己的要求或放纵自己。对基层党委书记来讲，则是指在无人监督的情

① 习近平：《习近平谈治国理政》，外文出版社，2014，第 381 页。

况下运用党和人民所赋予的权力时更要严格自律，绝不能放松对自己的严格要求甚至放纵自己。这里强调的是不管有无人知道，有无人监督，都要一丝不苟地按照党委书记的角色规范、角色特质来做人做事。不因“不为人知”而为不当为之事，更不因“以为人知”而大做表面文章，做到“弃恶不因监督威力，行善不为得人赏识”，始终以高尚的道德规范克己自律，无论何时何地都力争做到表里如一、言行一致。古人尚有“杨子四知”[①]的佳话传颂，今天，我们中国共产党的党委书记们自然也应努力做到“人前人后一个样、台上台下一个样、领导群众前一个样、单位社会里一个样”。

2. 正确对待外界诱惑

从“食色性也”到“天下兴亡匹夫有责”乃至“先天下之忧而忧，后天下之乐而乐”，都是正常人所拥有的正确而层次渐进的欲望。正是有了这诸多不同层次的欲望，人类才能不断发展进步。面对欲望，我们不能再像封建的士大夫那样，强调“存天理、灭人欲”，因为我们党追求的是人的全面解放，是对人的正当需求的最大满足。但是，作为党的领导干部，基层党委书记要对欲望有正确而谨慎的态度，克服过分之欲，力戒不当之欲。面对社会上、工作中扑面而来的权、财、名、色上的诱惑，要能做到“思知足以自戒”[②]。

（1）要做到正确对待权力诱惑。一是有权要敢于用权，做到在位不失职。基层党委书记要认清党和国家赋予自身的角色使命，运用好手中的权力，在党委内部，发挥好“班长”角色。二是要用权而不争权。权力欲太强，官瘾太大，对人对事，都是大害。基层党委书记要认清权力的来源，做到“权为民所用”。利用好手中的权力，扎扎实实地为党为国为民做点实事。

---

① 《后汉书·杨震列传》中记载，杨震“性公廉，不受私谒”，任东莱太守时过昌邑，昌邑令王密为其举荐，“至夜怀金十斤以遗震”。杨震责之，王密称“暮夜无知者”。杨震叱之曰：“天知，神知，我知，子知。何谓无知？”后来，这件只为杨、王二人所知之事传遍天下，流传至今，即所谓的“杨子四知”。

② 唐代的魏征在《谏太宗十思疏》中对唐太宗进谏的首项便是“见可欲，则思知足以自戒”。如不知足自戒，则“以治身则夭，以治国则亡”。

（2）要正确对待钱财诱惑。基层党委书记在面对钱财时要懂得知足。对钱财的取舍之道，要分清楚。通过自己的知识、才华、劳动、奉献获得的钱财，那是应得的报酬，而将之再用于正当的地方，就更是锦上添花；通过贪污、索贿、巧取、豪夺等手段获取的钱财，则是“取之无当”，如再用于跑官行贿等，则更是罪不可赦。

（3）要正确对待名位诱惑。名声能给人带来体面和荣耀，好的名声甚至能促使人更加进取，为国为民多做贡献。但基层党委书记要认识到一个人的名声只有与能力、成就、贡献联系在一起，才能够长久；只有用来为群众谋利，为国家奉献，为社会做事，才能够永恒。为了追求名声而不择手段只会带来严重后果。有的人为了名声，弄虚作假，制造假信息，虚报假数据；有的人为了名声，好大喜功，讲排场，摆架子，搞形式主义；有的人为了名声，花钱买通各类媒体，做虚假宣传。通过这些手段得来的都是虚名。虚名不仅害人害己，更会损害大局。

（4）要正确对待美色诱惑。色之本意，乃爱美之心。古今中外，人世间充满了对美的歌颂与赞美。从我国历史上四大美女相关典故的流传到今天世界各地选美大赛的层出不穷，都说明了人对美的无穷遐想和追求。“窈窕淑女，君子好逑”，但是追求美要有一个正确的态度，这就是好而不乱。从以往落马的贪腐官员的行迹来看，领导干部面临的各色诱惑中，往往以色为先导，打开其拒腐防变的大门。结果必然是意志衰退、蜕化变质，直至触犯法律，沦为罪人。

3. 注意言行小节

古人云：圣人常慎其微也。所谓“慎微”，就是要注意小节。能否做到慎微，对领导干部来说极其重要。领导干部要充分认识到注意小节对提高自身道德修养的重要性。水珠甚小，积之成渊；微尘甚小，累之成山；跬步甚小，继之千里；小善甚微，终成大德。基层党委书记无论在提升个人修养过程中，还是在履行角色职责过程中，都要注意小节对全局的微妙影响，做到抓大不放小，顾大局且修小节。基层党委书记重小节应从两方面下功夫。

（1）要慎言。对此，中国传统文化诸家经典中皆以长篇重墨予以强调。而无论是历史还是现实，一些引起严重后果的冲突争端往往肇始于言语不慎。基层党委书记作为所属单位中的“关键少数”角色，一定要注意言无小事。在讲话时，要注意内容的选择、范围的把握、对象的区别。尤其是涉及对本单位人和事的评价上，不分时机、不择场合、不看对象而轻率出言，极易造成不良影响，降低党委书记角色的威信，进而影响自身角色实践。

（2）要慎行。领导干部在本单位担负着决策、用权、用人的重要职责，其行为具有表率作用，一言一行关系重大。因此，基层党委书记在培养自己果敢进取精神的同时，也要注意慎于决策、慎于用权、慎于用人，时刻注意克己正身，才能取信于人，得到拥戴。慎于决策要求其处理好“知”与“行”的关系，不断增强正确决策的能力。在决策时，必须要有责任意识。慎于用权要求基层党委书记首先有权要敢用。在党委决策时要敢于拍板，勇于担当。其次要会用权。手中的权力怎么用，用在什么地方，用到何种程度，要讲求方法，不可滥用，更不可以权谋私。慎于用人就是要知人善任，五湖四海，任人唯贤，不能搞“一人得道鸡犬升天”，更不能搞“顺我者昌，逆我者亡”。

4. 确保善始善终

能否一贯地保持对工作的激情、对党的忠诚、对人民的热心、对社会主义事业的热情及对自己的严格要求，是我们党的领导干部在提升自身修养的过程中应该始终追求的目标。古人认为，欲慎终，当慎始。宋代苏轼认为：“其始不立，其卒不成。”这是说没有好的开头就没有好的结尾。现实中，我们常见到“新官上任三把火”“踢好前三脚”的现象，领导干部们普遍都能善始。但是却有不少领导干部不能善终。这些年来，被揪出的一些贪官污吏中出现的“59 岁现象”“夕阳黑”等现象正是说明了领导干部要能善终的重要性。他们在十几年甚至几十年的时间内，一直兢兢业业，恪尽职守，可到了最后，却联想到掌权之日已不多，一些意志不坚定者或心理失衡者便开始放松对自己要求，不择手段，最大限度地为自己、家人、周围人谋取利益，腐败由此产生，在短短数年间身败名裂乃至锒铛入狱。“59 岁现象”并非特指已59岁即将退休的这部分领导干部，在现实中也可表现为，一些领导干部看到或想到自己再进一步提升无望，便把更多的心思放在考虑自己的后路上，不自觉地放松了对自己的要求，觉得为党和人民奉献了这么多年，拿点、吃点、要点，为家人、周围人谋点“福利”也是无可厚非的，最终贪腐之欲由小变大，导致堕落。可见，“慎终如始，则无败事”。其言简而意远，基层党委书记当深思铭记。

五、增强方向感

方向决定道路，道路决定命运。基层党委书记坚持什么方向，坚定什么立场，坚守什么原则，是影响党领导一切的问题。基层党委书记不能为了迎合某些社会群体或他人，而把一些不当的理论观点生搬硬套到党委决策中，这是典型的角色冲突。增强对党委书记角色的方向感，就要做到“两个维护”，保持自身政治坚定性，明确政治站位，在党委一班人中，有主张、有定力，能够起到本级党委在政治上的把关定向作用。

1. 善于统一党委成员思想

没有思想上的统一，党委一班人的认识就很难统一，就无法保证班子成员“心往一处想，劲往一处使”，更谈不上党委集体领导、行动一致的执行力了。基层党委书记要协调党委一班人，凝聚集体智慧，首先要统一党委成员思想，应着重抓好以下几个方面。

（1）统一对党的路线、方针、政策的认识。始终将习近平新时代中国特色社会主义思想作为本级党委开展工作的依据，作为党委一班人行动的准则，并将其上升到党委团结的政治基础的高度。对新时代党的路线、方针、政策，基层党委书记要带头学习、深刻领会，并善于结合本单位的实际情况研究贯彻落实的具体措施，要牢固树立“四个意识”，不断坚定“四个自信”，坚决做到“两个维护”。

（2）统一对党委工作目标的认同。一个经过党委集体充分讨论、得到大家一致赞同的奋斗目标，能把党委一班人的思想和行动引导到一个方向上去，会产生内在的工作动力，使大家心往一处想、劲往一处使。基层党委书记要善于把握上级党委的要求，从本单位实际情况出发，确定每个阶段的工作目标，以此统一党委一班人的心思，使大家把精力用在工作上，真正实现凝心聚力、干事创业。

（3）统一对工作形势的看法。由于种种主客观因素的影响，党委成员对单位工作形势的看法，难免存在分歧。基层党委书记要善于借助各种机会和场合，对党委成员分管的工作和完成的任务作出恰当的统筹和评价，以取得一致的看法。对工作形势的分析应坚持深入调查研究，以确保发言的权威性，对群众的思想形势、完成任务的进展状况以及工作中的重点难点问题要做到了如指掌。坚持把全面分析形势和有效制定措施结合起来，以切实解决好工作中遇到的问题。

（4）统一对重大问题的意见。对有关重大问题的看法分歧处理不当，不仅不能解决问题，还会造成党委成员关系紧张甚至产生隔阂，最终影响党委班子的团结。因此，在讨论重大问题时，基层党委书记要带头做到：工作出于公心而不掺杂私心杂念，追求当前利益与长远利益、局部利益与全局利益的统一，克服为了凸显自身政绩只顾当前不顾长远、只管局部不管全局的错误意识倾向，努力做到越是拿不准的问题越是要多倾听群众的呼声，越是要坚持广泛调研、充分论证、审慎决策。

2. 长于凝聚党委成员力量

长于凝聚党委成员的力量，使大家劲往一处使，保持行动一致，是基层党委书记决策素养中不可或缺的一项，是培养基层党委书记协调意识的途径之一。对此，基层党委书记应该注意以下几点。

（1）在工作上要“合力”。基层党委班子整体水平的发挥，在于由基层党委书记主导的班子内部的“优化组合”，在于工作上的“合力”。如果党委成员各自为政，势必影响党委整体水平的发挥，影响工作任务的完成。基层党委书记要善于统筹谋划，长于精心组织、周密安排，使每个成员都能各负其责，各显其能，齐心协力，为完成任务而努力。

（2）在感情上要“和弦”。要保持党委班子成员行动上的一致，实现成员间感情上的融洽也是必需的。班子的团结是一种集体的组合力、凝聚力，而思想感情则是增强这种凝聚力和保持行动一致的精神纽带。要做到感情上的“和弦”，基层党委书记应带头搞好思想交流，不仅做到工作上相互支持，更要做到生活上相互关心，“大事小事多商量、有事没事常来往”，以感情上的融洽来促进工作中的默契和行动上的一致，增强党委一班人的黏性。

（3）在行动上要“合拍”。要凝聚党委成员的力量，还需保持党委一班人行动上的合拍。如果成员之间行动上不合拍，没有工作上的协调，相互之间就容易产生摩擦和内耗，难以保持集体的合力。因此，基层党委书记要善于带领党委一班人做到能够围绕一个时期的中心工作做好各自负责的事情，不仅要心中始终装着全局，更要有吃亏让人的胸怀和容人容事的气度，使大家保持同一节奏。

3. 会调动成员积极性

习近平总书记曾经将一个单位的党委班子比喻成一支乐队，认为乐队需要指挥才能演奏出美妙的交响乐，而作为“一把手”的党委书记，就应该成为党委班子中的指挥，善于用民主集中制调动班子成员积极性，把“多种声音”协调成“一首乐曲”。加强民主集中制建设的作用不仅在于约束和规范党委一班人的行为，更重要的在于调动党委班子成员对党委决策的参与性，以此调动方方面面的积极因素。只有让全体党委成员在党委决策的过程中找到自我效能感和成就感，才能有效调动其参与决策的积极性以实现凝心聚力，确保党的领导的科学性和有效性。基层党委书记在党委决策过程中调动党委成员的积极性，可以从以下 3 个方面做起。

（1）从意识深处高度重视对党委成员积极性的调动，将之作为民主集中制发挥作用的基础因素，努力在班子内部营造充满生机和活力的环境氛围，以极大的创造性和感召力，去激发党委班子成员的参与感，创造出蓬勃发展的生动局面。

（2）善于通过多种措施凝心聚力，将班子成员的信念、期望和热情引导到党委决策的统一意志上来，增强集体领导合力以避免各自为政、精力分散，将民主集中制作为强化党委领导班子功能、强化党组织战斗力的实质所在。

（3）调动党委成员积极性。贯彻落实民主集中制本身就是一门政治艺术、组织艺术和领导艺术。基层党委书记要不断培养自己高超的领导艺术，不能仅满足于简单刻板的权力约束。基层党委书记只有在率领党委决策的过程中，真正领会把握民主集中制的精髓，使民主与集中的方法在生机勃勃的党委决策实践中有机融合，才能真正实现党的领导既有集中又有民主、既有纪律又有自由、既体现统一意志又确保个体舒畅的生动活泼的决策局面。

4. 能够维护班子团结

维护班子团结是基层党委书记必须锻炼和提高的一种重要能力。在基层党委书记的角色意识中，必须时刻绷紧"善于维护团结"这根弦，不能放松。能否统筹协调党委成员之间的关系，随时随地地化解党委一班人在思想上、工作上遇到的矛盾和分歧，不断增强党委班子的团结水平，是衡量基层党委书记角色实践成功与否的重要标准。这要求每一名基层党委书记，在其角色实践过程中，要努力做到以下几点。

（1）要有珍惜班子团结的责任意识。基层党委书记作为党委班子中的"关键少数"角色，要始终把维护班子成员间的团结作为自身角色实践的重要职责，作为党委班子建设的重要内容，理直气壮地要求，毫不松懈地抓紧，针对具体问题及时有效地提要求，不断增强党委一班人维护班子团结的自觉性。

（2）在维护团结上要有表率意识。每一名基层党委书记在角色实践之初，都应该首先针对团结问题约法三章，更要自觉带头落实执行；对于全面工作的规划、任务进程的掌握、重要人事的任免、重大经费的开支等涉及全局的问题，要善于协调沟通，经常通气，及时交流看法。

（3）要有时刻准备解决矛盾的危机意识。在实际工作情境下，由于班子成员的成长背景、整体素质、认识觉悟、思想水平和工作能力的差异，产生矛盾是必然的、正常的。对于这些矛盾的产生，基层党委书记要做好必要的心理准备，要有时刻准备化解各种矛盾的危机意识。有问题不可怕，应不回避问题、不掩盖矛盾，力求通过适时的协调沟通，将矛盾及时化解于无形或萌芽中。此外，基层党委书记要敢于正视矛盾的存在，及时发现问题征兆，从矛盾处于萌芽状态之时就要做到防患于未然，只有这样才能防止消极情绪的弥漫和扩散，保证党委一班人的团结协调。

六、增强成就感

党的十八大以来，习近平总书记对“怎样是好干部”“怎样成长为好干部”“怎样把好干部用起来”进行了深刻阐述，提出了一系列新要求、新精神。这些对党员领导干部的新要求归结起来就是要做到“忠诚、干净、担当”。因为德为才之帅，才为德之资。前面已经论述了基层党委书记的“忠诚、干净”的角色要求。这里我们来谈一谈基层党委书记在担当方面的能力基础。作为本级党委带头人的基层党委书记只有不断提高自身能力素养，才能提高自己应对各种问题的能力，增强基层党委书记角色的成就感，为基层党委书记的角色实践成功提供良好的互动。

1. 识人用人以增强统驭能力

秦末楚汉争霸之时，处于劣势的刘邦最终将曾经兵多将广、勇武过人的项羽逼得自刎于乌江，夺得天下。用刘邦的话说，其出谋划策不如张良，用兵打仗不如韩信，安抚百姓不如萧何，却能夺得天下，原因在于他能识人用人。仔细探究不难发现，对人才的统驭能力是优秀的领导者身上必备的一种综合素质，从广义上讲是“将兵”，即驾驭所有部属的能力；从狭义上讲就是“将将”，即驾驭“一班人”的能力。基层党委书记自然应当是“将将”之人，通过“将将”来“将兵”，进而统揽全局，把握本级党委前进的方向。

统驭能力的本质要求就是在工作中善于识人用人，统筹安排，调动人员积极性。首先，基层党委书记要善于“肩扛大旗、手拽风筝”，做到既抓住中心，又兼顾全面。对中心工作，基层党委书记要“肩扛大旗”，亲自挂帅，关键环节还要亲自上阵，冲锋在前，对党委一班人形成表率作用，这也是掌握情况的需要；同时还要能做到“手拽风筝”，在做好把关定向工作的同时，协调党委一班人，使其能够放开手脚，协作进取。当然，要能用好“一班人”，必须能够掌握“一班人”的气质特点、人格类型和能力差异，能够识人辨才。其次，基层党委书记要敢于做党委一班人的主心骨，能总揽全局。进行党委集体决策时，能够调动大家全面地考虑各种因素，找出联系，把握规律，综合考虑，形成对策。在需要决断时，能够抓住时机，权衡利弊，果断拍板。最后，基层党委书记要重视和关心班子成员的各种后顾之忧，尽量帮助解决问题，增进感情交流，增强党委一班人的凝聚力，调动其积极性，全力加强建设，搞好各项工作。

2. 学习提高以增强应对能力

建设马克思主义学习型政党是中国共产党解放思想、实事求是、与时俱进思想特质的内在要求。把党组织建设成为学习型党组织，是中国共产党把自身建设成马克思主义学习型政党的基础工程。马克思主义学习型政党、学习型党组织建设能否取得成效，一个关键问题是要看学习型领导干部的培养工作做得好坏。建设学习型党组织，党员领导干部是重点，党委书记是关键。基层党委书记作为基层党委中的“关键少数”角色，承受的压力和承担的责任必然超越常人，为了保证党的事业发展，必须拥有高瞻远瞩的眼光和面对各种困难从容不迫的气度，这就要求其必须具备不断学习提高的精神，通过持续不断地学习实践充实自己的内心，培养自己的高尚追求和兴趣爱好，明确党和人民赋予自己的责任和使命，做到不轻易受外界影响，更不为外物所役使。

由于基层党委书记身份的特殊性，其学习提高除了是个人不断自我完善、自我提升的需求外，还是其承担起带领广大党员、群众从容应对复杂党情、国情、世情，全面增强“四个意识”、坚定“四个自信”、做到“两个维护”的重任的必然要求。因此，面对新情况、新问题，善于解放思想，不断学习提高，对于基层党委书记不断增强对复杂形势的应对能力来说显得尤为重要。只有不断学习提高，才能把握时代的脉搏，认清喧嚣背后的实质，从而增强自身综合素质，提升对复杂局势的把握能力，提高对各种急难险重任务的应对能力，拥有“纵使风吹浪打，我自闲庭信步”式的自信，最终促进其角色意识的培养。

3. 情绪自控以增强适应能力

所谓“猝然临之而不惊，无故加之而不怒”，基层党委书记的情绪自控，就是指基层党委书记通过不断地锻炼和修身，做到对自己的各种情绪主动进行掌控，善于缓解压力，实时调控情绪，在挫折面前能调动起积极的情绪，及时消除消极情绪的不良影响，进而纠正自身的错误角色意识和认知，用最好的心理状态来实现领导干部职能和领导目标的一种心理调节活动。基层党委书记的自我控制能力不仅对自己的成长发展具有重要意义，而且对加强领导班子建设和领导工作具有重要意义。自我控制既是一种能力，更是一个人的修养和品德。基层党委书记自我控制能力，既体现了他的德行，也反映了他的才能。作为本级党委中的“关键少数”角色，其一言一行都受到关注。所以，需要有很强的自我控制能力，使自己在任何时候、任何场合都言行有素，不失其应有的党代表的形象。

通过不断地学习，基层党委书记应该探索出适合自己的充实提高自我、化解消极情绪的方法，提高平衡内心失调的能力，在面对外界人、物、事的干扰时，面对各种突发事件时，能够很快走出困境，保持良好的精神状态。党委书记处于党领导一切的党委制中的“关键少数”，其与一般人身份地位和责任的差异，决定了他们要受到更多的负面情绪的影响。这就要求基层党委书记要通过不断的修炼，使自己具备多种情绪和情感品质，能够调控各种情绪，使自己的情感表达更富于为主观目的服务的色彩，以克服冲动、感情用事以及受忽冷忽热的情绪的干扰。基层党委书记在角色实践中，如能做到善于情绪自控，能够始终用一种稳定、平和的积极情绪来主导自己的心态，那么这种心态便会与其角色意识形成一种良性互动，增强其角色意识，而其角色意识的不断增强，则会使其在角色实践中最大限度甚至超水平发挥自己的能力，犹如运动员在兴奋时进入最佳状态一样，思维活跃，决策正确，协调顺畅，指挥得当，最终取得角色实践的成功，使角色行为越来越符合角色期望。

七、加强外部环境对角色意识的保护

谈到基层党委书记角色意识培养的外部环境，人们往往只想到上级党组织对基层党委书记角色意识培养的监督、规范作用，却容易忽视对其良好的角色意识的保护和引导，而这是从外部培养基层党委书记角色意识的首要途径。首先，上级党组织要牢固树立按制度办事、用制度管干部的思想，明确基层党委书记的权责，避免使之无所适从；其次，在对基层党委书记的考核中，要注意保护其创新意识及创造力，不能简单生硬地搞量化指标或民主测评的“一刀切”；最后，要关注基层党委书记的心理健康，保护其健康心态。

1. 重视制度建设

大力推进已有各项“刚性”工作制度机制，进一步完善和落实党的各项制度，明确党委书记的权利义务，使任何一个人走上基层党委书记岗位后都能很快明确自己的权责范围，避免在对基层党委书记的考核过程中政出多门，使之无所适从，从而走出一条靠制度来加强对其进行角色评价和监督的路子来。通过组织的途径，从外部营造增强基层党委书记角色意识的环境，从而保证党委建设全面、协调、可持续发展。

基层党委书记的上级领导要摆脱具体事务的干扰，克服重工作指导轻自身监督的现象，针对基层党委书记的工作特点，认真研究解决各项制度落实中存在的问题。在党委工作制度上，要以有利于保证党委决策能最大限度地体现多数人的意志、有利于党委高效地作出正确决策为目的，在坚持民主集中制、党委会制度、报告工作制度的基础上，进一步坚持党委议事规则等具体的程序性工作制度。对普遍关注的敏感问题，要作出明确规定，能量化的要尽量量化，切实使党委领导工作程序化、规范化、明确化。在发扬党内民主上，要以有利于保证党内生活健康为目的，在坚持民主生活制度、提高民主生活会质量的同时，注重制定一些能够落实的配套措施，切实发挥制度的效能。在廉政制度建设上，要以有利于保证权力的正常行使，有利于党的领导干部秉公办事为目的，建立和健全一系列具体的操作规程。要通过完善和坚持这些制度，切实把对基层党委书记的角色监督具体地落实到每一个方面、每一个环节，真正形成靠制度抓管理、按制度办事情、用制度管理人的局面，用制度的强制力推动其正确角色意识的形成。

2. 鼓励创新意识

基层党委书记是实现党领导一切的“关键少数”角色，坚持马克思主义及其中国化理论成果的指导，严格贯彻党的路线、方针、政策及上级党委的命令、指示和决议是其必须具备的角色意识，这种要求具有一般性。而创新是推动社会变革的积极力量，是大到一个国家、一个民族，小到一个单位发展进步的根本动力，基层党委书记是否具有创新意识决定了所属单位有无发展前景。上级机关在对其进行考核时，一定要明确，对基层党委书记进行角色评价的客观标准是：能否将上级指示精神与本单位实际相结合，是否客观反映群众意愿、体现党委集体领导的创造性智慧。而不能死搬教条、闭门造车，没有调查研究就盲目按照考核监督人员自己构想的评价标准来对基层党委书记的业绩搞“一刀切”，符合考核要求的，不管群众反映如何平平，都算优秀；不符合考核标准的，不论民意呼声有多高，都不过关。这样会严重挫伤有创新意识、对工作独具创造力的基层党委书记工作的积极性，最终使其变得应付了事，成为一个平庸的执行者。

要杜绝上述问题，保护基层党委书记的创新意识，上级对其进行角色评价和监督时就要立足于其作为本级党委各项工作开展的带头人，能否正确处理服从意识与创新意识的冲突，恰到好处地处理二者之间的关系这个基点。具体的考核标准应考虑：具有灵活机动地搞好上下结合、实事求是地灵活开展各项工作的意识；对于上级的指示，既不能机械地执行、照搬照套，又不能片面地强调本单位的特殊性、另起炉灶，而是要从意识深处深刻把握政策主旨、领会上级精神、摸清单位实际，拿出切实方案、贯彻办法；在角色意识中，正确处理服从与创新的关系，在实际工作中找到上级指示与单位实际的最佳结合点，选准切入口，从而达到“吃透上面的、摸清下面的、形成自己的，变成大家的”的最佳效果。

3. 关注角色心理健康

良好的身心素质是从事领导工作的必要条件。俗话说，身体是革命的本钱。没有良好的身心素质，即使有再高的革命斗志，也只能对病自叹“壮志未酬身先死，长使英雄泪满襟”。当今社会已是名副其实的信息化时代，随着工作压力的加大和生活节奏的变快，人们的心理变得越来越脆弱。相对于普通人来讲，领导干部因为自身角色丛的复杂性，自然要面临比常人多上数倍甚至千百倍的压力。他们整天处于高度紧张的应激状态，兢兢业业、如履薄冰，生怕工作中出现一丝纰漏而发酵成突发事件、造成责任事故，身心时刻处于紧张状态，随时准备应对各种复杂的突发事件和处置急难险重的任务，紧张情绪长期积压得不到适时缓解和调节，最终导致“强弩之末不能穿鲁缟也”。

虽然基层党委书记角色，在社会群体或他人眼里是权威角色，对内管理有一锤定音的权力，但其内心深处有着太多的压力和责任、太多的烦恼和困惑、太多的酸甜与苦辣。在众多的压力下，很多基层党委书记角色承担者对自身作为众人眼中的强者角色的自我暗示心理会导致其不找人倾诉，而是选择把苦楚埋在心里，不能声张、不敢表露，久而久之不断累积，便形成了沉重的心理负担。这些问题持续下去得不到缓解，必将影响其角色实践。基层党委书记的角色心理状态好坏，关系到其所在党委班子的风气建设的好坏，更关系到党的事业在基层的兴衰成败和普通人民群众的利益得失。要知道病夫理政，危害万千。人类历史上，因为领导者心理不健康导致的嫉妒、排斥、陷害、攻击甚至于挑起战争等恶性事件所带来的巨大损失，实在是数不胜数，对人类群体利益造成的危害更是难以估量。此外，古今中外官场中许多歪风邪气、不良现象乃至诸多贪腐案件的发生，绝大多数都与领导者不良的心理状态有着千丝万缕的联系。

基层党委书记保持心理健康对其角色效能的发挥，具有极其重要的作用。在社会环境日益复杂、人民群众要求日益多样化、工作生活压力日益繁重的今天，身处重要位置的基层党委书记在层出不穷的困难面前、在纷繁复杂的工作面前、在各种各样的监督面前，更要保有良好的心理调适能力，确保自身心理健康，才能完成党和人民交给的责任和使命。关注基层党委书记心理健康，既是对基层党委书记的必要保护，也是确保党领导一切的要求在基层得以实现的必要环节。

第四章　领导干部的角色行为

拉尔夫·林顿认为，个体在社会中占有的是地位，扮演的是角色。基层党委书记作为党在基层党委中的“关键少数”角色，是一级党委集体领导的班长，无疑成为一种特定的角色。在党委制和民主集中制日益成熟完善的过程中，其特定的角色规范逐渐形成，包括党赋予其的职责和使命，上级组织对其寄予的厚望，党委成员、普通党员群众对其的殷切期望，等等。从角色意义上说，基层党委书记是党委书记角色的扮演者，其中有角色实践成功的为党和人民的事业呕心沥血的优秀领导者，也有角色实践失败的腐化堕落之徒，更不乏信奉“无过即是功”的平庸之徒。其具体表现就是角色行为。

第一节　领导干部角色行为的内涵

角色行为是角色心理的外显环节。没有角色行为这个外显环节，再全面的角色认知、再正确的角色意识，都是空谈。明确的角色规范、充分的角色期望、适时的角色评价也都是以角色承担者的角色行为为落脚点的。

一、角色行为的定义

角色行为也称角色扮演，是指角色承担者在社会互动中的实践过程或活动，是角色认知在实践中的进一步发展。提高角色行为水平的途径不外乎两种：一是增强角色行为能力，一是提高角色认知水平，关注角色规范和社会他人的角色期望。角色实践能否取得成功，一方面取决于角色承担者的角色行为能力的高低；另一方面取决于角色承担者对社会他人的角色期望的把握是否准确、对角色规范是否遵守，事实上也就是取决于角色认知的正确与否。从理论和逻辑上讲，角色认知是角色实践的基础和前提；而角色行为则是角色实践的行动过程。

角色行为是角色理论的重要环节，是承担者角色与社会群体或他人之间有效互动的联结点。乔治·米德把角色行为作为角色理论的一个重要内容来研究和阐述。他认为，角色行为是角色承担者与社会群体或他人互动得以进行的基本条件，并提出一个简单而十分深刻的观点，即具体的社会环境塑造了个体心智与角色自我，而后者又反过来影响社会的运行。当然，这一论点需要在具体语境中进一步补充说明。事实上，角色行为和社会互动之间是密不可分的，角色行为是社会互动关系产生的基本途径。因为任何社会中的个体总是通过角色行为来参与并进行社会互动的。如此方能使社会群体或他人互相认识对方并预判对方反应以便彼此适应，以节省社会交际成本。乔治·米德把这一基本能力称为角色扮演，“即一种能看到别人的态度和行为的能力……同时个体与他人、群体、社会之间的交互作用、互动过程，均是通过角色扮演来实现的。换句话说，角色扮演是一切互动状态中参与者之间的一个持续发展的过程”①。

在角色理论的发展过程中，乔治·米德和埃文·戈夫曼均对现实社会互动情境中的角色扮演做了较为深入的研究和分析。乔治·米德认为，社会个体之间之所以能够有效互动，是因为人们能够辨认和理解社会他人的语言和行为符号，识别对方所使用的社会交往符号的意义，从而作出有效的互动反应。乔治·米德把这些基本能力称为“扮演他人的能力”，这是一种能够看到他人态度和行为的能力。这种能力至少包括：①理解他人常规姿态的能力；②运用这一姿态去扮演社会角色的能力；③想象并演练各种行为方案的能力。如果社会中的个体具备了这种能力，也就

① 奚从清：《关于建立角色社会学的几个问题》，《中共长春市委党校学报》2004年3期。

具有了与社会群体或他人进行有效互动的基础。也就是说，个体只有在具备扮演他人角色的潜质的前提下，才能在社会互动中有效地承担并扮演好自身角色。

如果说乔治·米德对角色扮演的论述立足于抽象的理论的话，那么埃文·戈夫曼则对角色扮演进行了具体的形象化研究。他从角色概念出发，将社会环境与戏剧舞台进行了广泛的比较，从而提出了“拟剧论”。埃文·戈夫曼几乎把现实生活中的情境完全比作戏剧舞台上的表演，把社会中的成员看作舞台上的演员，以此来着重研究角色行为在社会中的符号形式。他在角色研究中引入了“观众”“门面”“前台”“后台”等一系列舞台术语。所谓“观众”是对个体角色扮演产生影响的其他人，“门面”由周围社会环境、角色承担者的个人形象以及行为表现组成，“前台”与“后台”根据角色承担者在与“观众”互动中所处的位置予以划分，在“前台”角色与承担者“观众”发生直接互动，而在“后台”角色承担者所表现出来的行为虽然可能与角色扮演有关，但通常不为“观众”所直接感知，因而可以看成与“观众”的间接互动。对于角色承担者来说，在“前台”其要严格按照角色规范的要求开展行动，而在“后台”则没有这种要求。埃文·戈夫曼的这种对角色理论的分析探索对于后来者用“角色扮演”来解释社会现象显然具有较大的操作价值。

当今，我们所接触到的角色扮演的定义分为两大类。一类是课堂教学中的角色扮演，其含义为一种模拟真实情景的教学活动，学生在活动中扮演不同人物角色，并把在那一情景下可能发生的事情用语言和动作表达出来。另一类便是社会心理学中的角色扮演，即角色行为。本书探讨的是后者，即社会心理学意义上的角色扮演。该角色扮演有广义和狭义之分。

广义的角色扮演，是指个人具备了扮演某种角色的条件，而承担和再现角色的过程与活动。其包括以下内容。

1. 角色确定

社会舞台上的个体不能随心所欲地扮演角色，角色承担者首先要有一个被社会确认身份的过程，或者说需要经过社会他人的认同，以证明其实际地位、身份等与其承担的角色相匹配。角色确定是在长期的社会互动中完成的。角色确定也常有失误的情况，如不能胜任角色、未承担合适的角色、选择了不适合的角色等。角色确定是否有效，最终是由社会确定的，但角色确定与角色承担者的个人努力也密不可分。

2. 角色距离

角色距离是指角色承担者与他所承担的角色之间存在着差距的事实。表现出角色距离者，包括那些行为、能力、品质达不到角色规范的要求的人，如未遵守军纪的士兵、名实不符的教授，也包括那些素质等远在角色规范之上的人，如大材小用者。当一个人不承担某种角色时，便不存在角色距离的问题。角色距离的存在表明：个体自我与理想的角色模式是分离的，它会妨碍一个人有效进入角色。

3. 角色再现

社会角色的表现需要一系列手段。与舞台上的表演需要装饰一样，社会角色扮演也需要“布景”和“道具”，所不同的是社会舞台需要的是真景实物。一方面，它们起着象征作用，既作为角色扮演的标志，也是角色活动的场所；另一方面，其具有实用性。与角色承担者关系更密切的是仪表和言谈举止。前者是角色的外部表现，后者是角色内在品质的反映。角色扮演有台前、台后之分，台前扮演指人们正在扮演某种角色，台后扮演指正式扮演前的准备活动。把这两种情况区分清楚具有实际意义。如宾馆、饭店的服务人员随时都要避免混淆两种情况。要使角色承担者有出色的行为表现，还必须要实现角色之间的配合，否则某一个角色的失误就可能导致整个角色实践的失败。

4. 实践过程

当社会中某一个体具备了扮演某种角色的条件，去承担这一角色并按其角色特质所要求的行为规范去进行社会活动的过程，就称为社会角色的扮演。角色扮演的实践过程通常要经历 3 个阶段。一是对角色的认知。人们在承担某一角色时，首先必须关注社会群体或他人对其所承担角色的角色期望。人们通过了解自己所承担角色的角色期望和角色规范来加深对角色特质的认识和理解。在角色认知阶段，角色承担者应尽力了解社会群体或他人对该角色的要求与期望。二是对角色的领悟，角色领悟是指角色承担者本人对自身所承担角色的认识、理解和掌握。在角色领悟阶段，我们应该尊重社会绝大多数人的看法，努力缩小自身对角色的领悟与角色的社会期望之间的差距。三是对角色的扮演，即角色行为，是角色承担者的实际行动表现。人们在角色实践的过程中也常常会进行自身对角色的构建。这是指“人们在实践角色时，遇到了很多事前未曾预料到的困难、挫折或新情况，导致角色的扮演者不得不随机应变地创造出一些过去为这一角色所不具有的行为规范”①。这是角色期望与角色领悟的进一步发展，是个人在角色实践中表现出来的角色行为。

人类学家拉尔夫·林顿认为:“地位是权利与义务的集合，角色体现了地位的动态一面。个体被社会性地置于某一地位，并通过与其他地位的关系实现对它的占据。当个体行为构成地位的权利与义务时，他就是在扮演角色。”② 因此，我们将狭义的角色扮演——角色行为定义为：个人根据角色期望调节自己的行为以承担某社会角色的过程。角色行为是个体在社会互动过程中实际地履行角色的过程，受角色认知的指导与制约，但更受社会环境、个人素质及能力水平的影响。一般而言，角色行为的成功程度取决于个体对所处地位和社会期望的内在解释、传递与选择，取决于个体行为受社会期望调节的程度和角色行为的技巧与能力，取决于角色行为的社会环境和情景状况等等。角色行为过程不仅表现为社会中人们之间相互作用的过程，也是个体社会化的过程。

角色行为指的是角色按照一定的角色规范作出具体行为的阶段。这个阶段的结果在某种程度上反映了角色领会、心智调适的水平并深受其影响。研究符号互动论的社会学家们进一步对角色行为进行了论述，他们提出了“角色形成”的概念，意指在社会互动过程中形成和修改所期待的角色行为的过程。他们认为角色形成并不

① 库利:《人类本性与社会秩序》，华夏出版社，1998，第118页。

② R. Linton，*The Study of Man*，(New York：Appleton-Century-Crofts，1936)，p.28。

仅仅是简单的角色扮演，角色形成意味着个人不是被动地承担角色，而是积极地参与撰写和修改其人生脚本。

二、角色行为影响因素分析

行为是人们受思想和心理支配而表现在外的各种反应、动作、活动和行动。人的行为受思想和心理支配，思想和心理是在长期的社会实践中逐步形成和发展的。角色行为同样也是个体内部力场和情景力场相互作用的结果，而决定性因素是个体内部力场的心理张力。

1. 内部因素

角色行为的成功要求个体首先要具有成为一名优秀角色承担者的动机。动机是能引起、维持一个人的活动并将该活动导向某一目标以满足个体某种需要的念头、愿望、理想等。根据功能主义理论的研究，角色承担者扮演角色的动机有家庭的影响、对角色的热爱、崇高奉献精神、天赋、后天发掘、个人事业的实现、受榜样人物影响等。动机可分为内化动机和外化动机。内化动机是因内部原因激发而产生的动机，表现为角色承担者因向往某一角色而扮演该角色，他们追求的角色目标一旦实现，这种实现本身就是一种奖励和强化，使之在心理上得到极大的满足，从而能够始终以饱满的热情投入角色实践当中，并以昂扬的斗志、稳定的情绪、顽强的意志、必胜的信念参与角色实践，即使这种实践是艰苦的、充满挑战的。

2. 外部因素

角色承担者为了追求角色所具有的地位与身份，获得社会中现实的奖励和赞扬而履行角色行为，此时其动机是由外部因素引发的。一旦外部因素消失，其动机很可能立即消失，因此这种动机具有不稳定性。当然，这些外部因素可以作为强化物来强化角色承担者的角色行为，满足其内在心理需要。在现实中，为了降低这种动机的不稳定性，往往从角色承担者的思想意识入手启发或引导其形成坚定的理想信念和价值观，促使其将正确的行为动机积极内化，将角色价值吸收、理解，随之转化成自己的动机和意识，最终外化为角色行为。角色承担者在扮演社会角色的过程中，应该将自身角色实践与对人生价值的追求有机结合起来，以求最大限度地满足社会群体或他人对角色的期望，达到自身角色实践的“应然”状态。因此，角色行为是角色承担者人生价值实现的载体和途径。

外部因素还包括社会大环境的影响。任何角色都是社会大舞台中的角色，因而都脱离不了社会环境的制约。社会角色也是个体社会化的结果，同时也是个体实现社会化的载体。而个体角色扮演的最终成果，从社会学的角度而言则是培养出符合社会大环境发展要求的社会成员，使其在社会生活中承担一定的社会角色，并按照社会正常运转所需要的功能履行一定角色的义务并享有相应的权利。角色所处社会的运作模式、经济状况及各种环境都会从外部影响角色行为。如当代信息社会中大众传媒对角色的塑造，经过媒体的大肆渲染，就会成为大众逐渐认可的角色实践模式和路径，进而影响社会大众的角色行为选择，这是一种定向的行为塑造。

此外，朋辈群体也有重要影响。由于角色是社会身份和地位的外在表现，处于同一社会地位、具有相似身份和地位的个体自然而然地倾向于选择相同的角色，同类角色的承担者之间必然会有横向比较，许多角色承担者的行为和思想都会受周围人的影响，所谓“近朱者赤，近墨者黑”就是对此很好的注脚。

三、领导干部角色行为的意义

角色行为的过程不仅是个体参与社会化的过程，也是一个体现角色承担者自身主观能动性和创造力的过程。虽然每一个角色都承载着一定的由社会期望演化而来的角色规范，但这种角色规范并没有为角色承担者规定扮演某种角色必须遵循的固定不变的行为模式。角色期望对角色规范的限制仍然为个体角色行为的创造性留下了较大的自由空间。而且，不同角色承担者对同一角色的社会期望的理解也不可能整齐划一。所以，角色规范只为角色行为提供了一个大体框架，角色承担者必须在角色学习中加上自己的理解和创造，从而构建出自我角色行为模式。

基层党委书记的角色行为，是其在中国共产党带领全国人民全面建设社会主义现代化国家的时代背景下为满足党和人民对角色的期望，采取适当角色行为履行党和人民所赋予的党的领导干部这一党内“关键少数”角色的角色规范的实践过程。

1. 角色行为与人生价值的关系

基层党委书记在其角色实践中，深入学习习近平新时代中国特色社会主义思想，广泛汲取各种马克思主义及其中国化的理论成果，不断提高理论思维能力、实践操作能力以及探索创新能力，在坚持以马克思主义经典理论为指导的前提下，能使其政治素养、道德品质得以提高，能力知识体系和思维架构越来越完善。基层党委书记角色行为的过程也是其不断探索马克思主义世界观、人生观和价值观，在为实现中华民族伟大复兴奋斗的过程中实现自己人生价值的过程。其应该珍惜党和人民赋予的角色使命，认真承担好自身的角色，完成党和人民赋予的光荣使命，将自身人生价值的实现建立在为党和人民的事业献身的基础上。就像习近平总书记强调的那样：“共产党人无论是想问题、搞研究，还是作决策、办事情，都必须站在党和人民立场上，而不能把个人利益放在第一位。”①

2. 角色行为与安身立命的关系

在纷繁复杂的新媒体社会和机遇与挑战并存的时代背景中，基层党委书记的角色承担者在党的伟大事业中实现自身的人生价值是其角色实践的最终目的。基层党委书记在自身角色位置上积极参与党的事业、维护人民的利益，敢于在角色实践中磨炼自己的意志、锻炼自己的能力、提高自己的境界，可以为更好地履行领导干部角色使命奠定基础。在自身岗位上，运用马克思主义及其中国化理论指导自身角色行为并创造性地开展角色实践，做好党在党委会中的代表，做社会主义现代化伟大

---

① 中共中央纪律检查委员会、中共中央文献研究室编《习近平关于严明党的纪律和规矩论述摘编》，中共文献出版社、中国方正出版社，2016，第 38-39 页。

建设中各基层单位干事创业的带头人，把党和人民对领导干部的角色期望变为现实，从而能够在社会舞台上找到自己的位置，准确进行角色定位，找到自己的人生价值，谋取自身在社会组织体系中的发展，在领导岗位上更好地适应党和人民的要求，并且满足社会发展与人民利益的需求。

3. 角色行为与家庭幸福的关系

基层党委书记的角色承担者必然也有自己的家庭，其领导干部角色的实践也与家庭幸福有着紧密的联系。基层党委书记在父母面前扮演着子女的角色，要尽孝道，赡养老人；在妻儿面前扮演着丈夫、父亲的角色，要担起家庭责任。那么，其对领导干部这一角色的成功扮演，则有利于其在较短时间内定位、学习和领悟自身角色丛中的其他社会角色，顺利进行角色转换，避免因诸多社会角色之间的期望不同所带来的困惑和烦恼。理论和实践均已证明，一个角色的成功实践会带动其他角色实践的成功。基层党委书记对自身角色的成功实践，既能带来正向的心理暗示，也能给其带来社会资源的奖励，有利于其他角色的行动开展。而家庭的其乐融融、成员的相濡以沫也会促进领导干部角色的扮演，便于其集中时间和精力去投入基层党委书记的角色实践中。

4. 角色行为与人际交往的关系

每个人在社会关系体系中都承担着各种角色处于角色丛中，基层党委书记同样如此。在单位这个角色情境中，他承担着首长、领导、带头人、下属和同事等各种社会角色，在个人生活的角色情境中，他又承担着儿女、父母、兄弟和朋友等角色。在不同的社会环境、场合扮演不同社会角色，这就涉及角色转换的问题。如果不能顺利进行角色转换，就会影响其正常的社会人际交往。基层党委书记应根据所交往的对象不同，适时准确地定位自身的社会角色，根据不同的社会场景及时转换角色，遵循社会角色规范，采取适当的角色行为，以满足不同社会群体或他人对其不同的角色期望，促进人际关系的和谐发展及社会角色的成功扮演，而和谐的人际关系能够促进个人的全面发展和人生价值的实现。如果不能及时进行角色转换，就会造成角色固化，带来角色冲突，最终影响角色实践。

综上所述，基层党委书记的角色行为与其人生价值实现的关系是社会化的途径与角色实践目标之间的关系，其人生价值是在其对自身社会角色的成功扮演中得以实现的，也是其顺利实现社会化的结果。基层党委书记在社会角色扮演的过程中，应正确定位和领悟社会群体或他人对自身的角色期望，在不同的角色环境中适时进行恰当的角色转换，不断学习、提高自身角色扮演的技能，在领导干部角色实践中得到社会的尊重和认可，实现自身的人生价值。

第二节　领导干部角色行为的优化途径

要优化领导干部角色行为，提高其角色扮演水平，克服其角色实践中出现的作风和腐败问题，除了制度建设、组织建设、干部队伍建设等外部保证外，从领导干部本身来讲，最重要的是要加大其思想建设、作风建设、能力素质建设的力度，以优化其角色实践效果。

一、加强党的干部队伍建设

无产阶级历来重视干部队伍建设，马克思、恩格斯在共产主义者同盟时期和第一国际时期，曾培养了大批工人运动骨干和政治活动家。列宁在创建俄国新型无产阶级政党的过程中就提出，要培养造就一批职业革命家。十月革命胜利后，他特别强调:“要研究人，要发现有才干的工作人员。”[①] 斯大林在干部问题上也有许多精辟论述，其中最具代表性的名言，就是“干部决定一切”。

在长期领导革命、建设和改革的实践中，“我们党历来高度重视选贤任能，始

① 中共中央马克思恩格斯列宁斯大林著作编译局编译《列宁全集》第 42 卷，人民出版社，1987，第 392 页。

终把选人用人作为关系党和人民事业的关键性、根本性问题来抓。”[①]干部队伍建设在中国共产党的组织建设中处于核心地位，是实现党领导一切目标的决定性力量。1938年10月，毛泽东同志在中国共产党的六届六中全会的报告中指出：“政治路线确定之后，干部就是决定的因素。”[②]党的十一届三中全会之后，邓小平同志多次论及组织路线和干部队伍建设，指出：“政治路线确立了，要由人来具体地贯彻执行。由什么样的人来执行，是由赞成党的政治路线的人，还是由不赞成的人，或者是由持中间态度的人来执行，结果不一样。”[③]世纪之交，江泽民同志把建设一支高素质的干部队伍作为一项战略任务来抓，指出：“党领导的事业要取得胜利，不但必须有正确的理论和路线，还必须有一支能坚决贯彻执行党的理论和路线的高素质干部队伍。”[④]这些都从组织路线与政治路线关系的角度，深刻阐述了干部队伍建设在党的建设中的重要地位和作用。

党的十八大以来，习近平总书记多次强调：“面对复杂多变的国际形势和艰巨繁重的国内改革发展任务，实现党的十八大确定的各项目标任务，进行具有许多新的历史特点的伟大斗争，关键在党，关键在人。关键在党，就要确保党在发展中国特色社会主义历史进程中始终成为坚强领导核心。关键在人，就要建设一支宏大的高素质干部队伍。”[⑤]基层党委书记是党的路线、方针、政策在基层的带头执行者，是基层广大人民群众进行革命、建设和改革的领导者和组织者，是党密切联系群众的桥梁和纽带。基层党委书记的素质如何，直接关系到党和国家的长治久安、社会的和谐稳定。习近平总书记强调，新时代加强干部队伍建设要紧紧围绕“何为好干部”“怎么成为好干部”和“怎么用好干部”这三个方面来展开，并提出“信念坚

① 习近平：《建设一支宏大高素质干部队伍，确保党始终成为坚强领导核心》，《人民日报》2013年6月30日。

② 《毛泽东选集》第2卷，人民出版社，1991，第526页。

③ 邓小平：《邓小平文选》第2卷，人民出版社，1994，第191页。

④ 江泽民：《论党的建设》，中央文献出版社，2001，第217页。

⑤ 习近平：《建设一支宏大高素质干部队伍，确保党始终成为坚强领导核心》，《人民日报》2013年6月30日。

定、为民服务、勤政务实、敢于担当、清正廉洁”[①]新时期好干部的五大标准。因此，要想把真正让党放心、让人民满意的人选拔到基层党委书记岗位上，并增强其角色行为效果，最根本的还是要把“宝”押在党的干部队伍建设上，这是多少年来革命和建设实践所证明的。党的干部队伍建设得到全面加强，会为基层党委书记角色群体注入新鲜血液，为党的事业的发展和稳定提供人才支持，在推进社会主义现代化强国全面建设上体现出成效。

新时代，党的干部队伍建设要着重抓好以下几个方面。

1. 要保证党对干部队伍的绝对领导

首先，要坚决维护党中央的领导权威，一切活动都要按照中央的路线、方针、政策来办。其次，要保证始终忠于党、忠于人民、忠于祖国、忠于法律。再次，要抛弃小团体、个人利益思想，不能把党的组织变成小团体、个人的，干工作、办事情要始终做到出于公心。最后，要做到个人利益服从党和国家的利益需要，特别是每个干部的使用调配都要从党和国家的利益来考虑，坚决服从上级的命令。

2. 要切实发挥好党委的领导作用

党委在党的建设中处于非常关键的位置，一支队伍有没有战斗力，能不能完成任务，关键在于党委领导作用能不能发挥。基层党委书记要带头坚持在党的领导下开展工作，切实把党中央的路线、方针、政策不折不扣地予以贯彻落实。要坚持集体领导，重大事项集体研究决定，有分歧的问题不要急于决策，要深入调研沟通，讨论问题要充分听取意见，鼓励畅所欲言，坚持党内民主，党委决议形成后要坚决执行。

3. 要充分发挥各级党组织的战斗堡垒作用

每一级党组织都要成为战斗堡垒，放在哪里都能够团结带领全体党员、群众贯彻党的指示，落实党的路线、方针、政策，自觉地按照党中央的决策部署去开展工

① 习近平:《建设一支宏大高素质干部队伍，确保党始终成为坚强领导核心》,《人民日报》2013 年 6 月 30 日。

作。基层党委书记要带头加强党内生活的原则性和战斗性，从思想上解决为什么过组织生活等问题，通过规范严肃的组织生活使党组织建设充满活力，使党员、群众能够时刻感受到党组织的存在。要切实加强党组织自身建设，使之能够自我净化，产生内在发展动力，不断发挥战斗堡垒作用。

4. 要始终坚持做好思想政治工作

做好思想政治工作是团结带动群众、发挥党组织战斗堡垒作用、保持党的领导干部的马克思主义世界观及党的宗旨意识的一个重要途径。思想政治工作应当是活的，不能一成不变，要立足于时代和社会实际，开展形式多样的思想工作。思想政治工作应当是结合实际的，要结合本单位人员实际思想情况，针对工作任务特点，针对各种不良思想倾向来开展。思想政治工作应当是有效的，真正把工作成效体现在激发队伍内在活力上，确保党委内部生动活泼、纪律严明。

二、加强领导干部的理想信念教育

中国共产党历来重视领导干部的理想信念教育，大多数情况下绝大多数领导干部的理想信念是坚定的。但也要看到，新时代我们党面临的党情、国情、世情不断变化，国内外形势复杂多变，世界经济渐趋疲软，国际政治环境不断恶化，意识形态斗争激化，网络虚假信息充斥，人类正面临百年未有之大变局。在这种情况下，如何不断加强对党的领导干部的理想信念教育，增强“四个意识”、做到“两个维护”，必须引起我们党的高度重视。事实证明，理想的滑坡是最致命的滑坡，信念的动摇是最危险的动摇。坚定的理想信念，是基层党委书记正确角色意识的根基。

1. 培育崇高的理想信念

崇高的理想信念，历来是中国共产党人坚强战斗力形成的坚实思想基础，是推动党的事业不断前进的强大力量宝库。科学的理想信念能让一个人矢志不渝、自强不息，坚定的理想信念能让一支队伍前赴后继、勇往直前。习近平总书记多次指出："理想信念就是共产党人精神上的'钙'，没有理想信念，理想信念不坚定，精神上就会'缺钙'，就会得'软骨病'。"[①] 他强调，"坚定理想信念，坚守共产党人精神追求，始终是共产党人安身立命的根本"。在对党的领导干部的管理中，抓住了大力加强理想信念教育这个核心，就抓住了根本和关键。

2. 坚持科学理论的支撑

基层党委书记正确理想信念的培育，需要科学理论的支撑。大力加强理想信念教育，还要着眼于用科学理论武装头脑。马克思主义及其中国化的理论成果尤其是习近平新时代中国特色社会主义思想是中国共产党人科学的世界观和方法论，是基层党委书记认识世界、改造世界的强大思想武器。只有用这一科学理论指导自身角色实践，基层党委书记才能做到"不畏浮云遮望眼"，深刻认识社会历史发展的客观规律，把握世界形势发展的本质，而不会"一叶障目，不见泰山"。基层党委书记在自身角色实践中要带头学好马克思主义、毛泽东思想、中国特色社会主义理论体系和习近平新时代中国特色社会主义思想，真正搞清楚在新时代的历史背景下"为什么要坚定理想信念、坚定什么样的理想信念、怎样坚定理想信念"的问题，通过持续系统的学习，不断打牢自身理论根底，从根本上解决好精神支柱问题。

3. 注重角色实践效果

理想信念不仅是思想认识的问题，更是实践探索的问题。大力加强领导干部的理想信念教育，必须在付诸实践、见诸行动上下功夫。这不仅是 2016 年 2 月党中央开展"两学一做"学习教育活动的根本目的，也是检验教育活动成效的重要标志。基层党委书记要引导广大党员把理想信念教育的成果转化成为实现党的理想和事业而奋斗的实际行动，把理想信念建立在对马克思主义及其中国化理论成果的精神认同上，建立在党章对党的百年历史实践和社会发展规律的正确认识上，建立在习近平新时代中国特色社会主义思想对当下基本世情、国情和党情的准确把握上，

① 习近平：《紧紧围绕坚持和发展中国特色社会主义，学习宣传贯彻党的十八大精神》，《人民日报》2012 年 11 月 19 日。

建立在党在基层各项事业的发展实践的基础上；要掌握运用马克思主义的立场、观点、方法去思考、分析和解决问题的能力，真正做到对党的事业和理想虔诚而执着，至信而深厚；要把个人理想融入党和人民群众的共同理想当中，把个人追求融入中华民族伟大复兴的共同奋斗当中；要用工作和任务的完成来巩固和深化教育的效果，使自己在履行自身角色使命的实践中，进一步坚定对马克思主义的信仰，对建设中国特色社会主义现代化强国的信念以及对改革开放的信心和对党的信任。

三、加强领导干部的作风建设

欲正民风，先正党风；欲正党风，先正官风。党的领导干部的作风建设体现着党为人民服务的宗旨，关系着党在老百姓心目中的光辉形象和党在未来人心向背的执政基础，关系到党和国家的生死存亡。领导干部的作风好坏，是衡量一个政党是否具有较高的执政能力的重要标志，也是人民群众评判一个政党是否值得信赖的重要依据。领导干部作风方面存在的问题有着复杂而深刻的社会根源和思想根源。在中国共产党七十多年长期执政、社会长期处于和平环境的背景下，一些党的领导干部产生了脱离群众的倾向，四十多年以经济建设为中心的大环境带来的腐朽落后思想观念也使一些领导干部受到侵蚀，一些领导干部放松了世界观的建设，革命理想信念动摇，为人民服务的斗志弱化，甚至经不住外界各种诱惑的考验。

切实抓好以基层党委书记为主体的领导干部作风建设，使其始终保持昂扬振奋的精神和良好的作风，始终坚持党同人民群众血肉联系的根本宗旨，是我们党在新时代必须面对的考验。对如何保持执政党同人民群众血浓于水关系的考验，不仅存在于国内国外，也存在于过去、现在和将来。随着革命、建设、改革的推进，党的执政环境必然会逐渐发生变化，领导干部队伍的状况也会随之发生变化，在国内国际、党内党外、历史现实、利益奉献等各种因素的综合作用下，加强对党委书记这个“关键少数”群体的作风建设比以往任何时候都显得更为迫切和重要。所以，面对复杂多变的党情、国情和世情，加强基层党委书记这个“关键少数”角色群体的作风建设，要站在事关党和人民事业的兴衰成败的高度，从坚持和巩固党领导一切的全局出发，充分认识加强党的领导干部作风建设的紧迫性和重要性。2014 年 3 月 9 日，习近平总书记在参加十二届全国人大二次会议地方代表团审议时提出了“领导干部都要树立和发扬好的作风，既严以修身、严以用权、严以律己，又谋事要实、创业要实、做人要实”① 的“三严三实”新要求，概括精炼，内涵丰富，把党的作风建设提高到一个新高度。

1. 走群众路线

加强和改进基层党委书记这个“关键少数”群体的作风建设，核心问题是保持党与人民群众的血肉联系，“能否保持党同人民群众的血肉联系，决定着党的事业的成败”②。要抓好基层党委书记的世界观、人生观、价值观、权力观、利益观、地位观教育，使之牢固树立党的全心全意为人民服务的宗旨，确立“权力是考验、权力是义务、权力是责任、权力是动力”的观念，提高其思想道德素质。要用制度规范来选人用人，规范基层党委书记的角色行为，形成强有力的角色监督机制，把权力关进制度的笼子里。

基层党委书记要牢固树立马克思主义及其中国化理论成果的群众观点，始终坚持党的群众路线，在工作中时刻摆正自己与群众的位置，克服高高在上的官僚主义作风，做到在任何时候、任何情况下与人民群众血浓于水的立场不能变，中国共产党全心全意为人民服务的宗旨不能忘，马克思主义关于人民群众是历史的创造者的历史唯物主义观点不能丢；要注意保持同广大人民群众的联系，要深入基层了解实情、体察疾苦、汲取智慧、获得力量；要坚持从群众中来、到群众中去，把广大人民群众的愿望和要求作为决策的基本依据，使各项决策既维护群众的现实利益又促

① 《习近平、李克强、张德江、刘云山、王岐山、张高丽分别参加全国人大会议一些代表团审议》，《人民日报》2014 年 3 月 10 日。

② 习近平：《习近平谈治国理政》，外文出版社，2014，第 367 页。

进党和人民事业的长远发展，既反映大多数群众的普遍愿望又照顾特殊群体的具体需求。

2. 修身是基础

为官者德不配位，必有灾殃。对于基层党委书记来讲，“严以修身，就是要加强党性修养，坚定理想信念，提升道德境界，追求高尚情操，自觉远离低级趣味，自觉抵制歪风邪气”①。党内存在形式主义、官僚主义、享乐主义和奢靡之风问题的根源就在于一些党的领导干部缺乏精神之“钙”而信仰缺失、精神空虚。因此，基层党委书记要努力做到德才兼备，始终坚守共产党人精神家园，筑牢拒腐防变的思想道德防线，要切实做到“慎权、慎独、慎微、慎友”，要牢固树立“四个意识”，坚定“四个自信”，要补足精神上的“钙”。总之，基层党委书记在进行角色实践的过程中要时刻谨记，不断加强党性修养，坚定理想信念，自觉带头做到讲党性、讲政治、讲官德，只有这样才能始终站稳政治立场，抵御住外界各种不良诱惑，真正维护党在群众心目中的光辉形象，才能确保自身角色实践的成功。

3. 用权是关键

习近平总书记多次强调，“严以用权，就是要坚持用权为民，按规则、按制度行使权力，把权力关进制度的笼子里，任何时候都不能搞特权、不以权谋私”②。因此，基层党委书记心目中要时刻树立为官一任造福一方的角色意识，明确手中的权力是党和人民赋予的。在进行角色实践行使权力时，首先要树立党章意识，坚决遵守党章、贯彻党章，自觉用党章规范自身言行，在思想上、行动上自觉地同党中央保持高度一致，坚决做到“两个维护”，自觉遵守和执行民主集中制的原则。其次要有底线意识，要知道无规矩不成方圆，要把讲规矩尤其是政治规矩作为自己立身、干事和创业之本，自觉成为讲规矩的带头践行者。什么事该做、什么事不该做，心中始终要有一把尺子。在工作上用规矩促进步，精益求精；在生活上用规矩

① 习近平：《习近平谈治国理政》，外文出版社，2014，第 381 页。

② 习近平：《习近平谈治国理政》，外文出版社，2014，第 381 页。

树形象，坚守底线。最后要有做表率的意识。基层党委书记作为本级党委中的“关键少数”角色，要以比要求别人更高的标准来要求自己，不断提升自身道德素养，自觉用社会主义核心价值观规范自己，努力做班子成员保持先进性与纯洁性的表率、做守纪律懂规矩的表率、做廉洁自律的表率。

4. 律己是保证

“严以律己，就是要心存敬畏、手握戒尺，慎独慎微、勤于自省，遵守党纪国法，做到为政清廉。”[①] 在新时代的党情、国情、世情下，基层党委书记严以律己就是要做到固守党性不滑坡、淡泊守志不越轨、约束权力不滥用、端正品行不失范，始终要有“举头三尺有纲纪”的党章意识，始终绷紧廉洁自律这根弦，自觉做到“自重、自省、自警、自励”，自觉做到“慎权、慎欲、慎微、慎独”，从各个方面严格要求自己，始终保持共产党人的政治本色。要坚持“两个维护”，严格遵守党的政治纪律，“不能合意的就执行，不合意的就不执行，不能把纪律作为一个软约束或是束之高阁的一纸空文”[②]。

5. 务实是核心

党的实事求是的思想路线要求基层党委书记的角色实践要一切从实际出发，做到理论联系实际。习近平总书记在“三严三实”要求中提出党的领导干部谋事要实，就是要求党的领导干部在为党谋事业、为人民谋发展的角色实践过程中，要在充分发挥自身角色影响力的基础上，紧密结合新时代党情、国情、世情的实际，掌握中国特色社会主义历史发展的客观规律，遵循马克思主义辩证法开展工作，脚踏实地、真抓实干，勇于直面矛盾、善于化解矛盾，勇于发现问题、善于解决问题，创造出能够经得起实践检验、经得起历史和人民进行角色评价的工作实绩。在党、人民和历史面前，“做老实人、讲老实话、办老实事”，使自身角色行为越来越符合

---

① 习近平：《习近平谈治国理政》，外文出版社，2014，第381页。

② 中共中央宣传部编《习近平新时代中国特色社会主义思想学习纲要》，学习出版社、人民出版社，2019，第236页。

党、国家、人民的角色期望。

6. 廉洁是自爱

党委书记的角色是党和人民赋予的，其因承担角色而拥有的权力也只能用来为人民谋利益，而不能用于其他。每一名基层党委书记的角色承担者都要经常想一想自己手中的权力从哪里来、应该为谁谋利益这个重要问题。基层党委书记要有“常修为政之德，常思贪欲之害，常怀律己之心”的角色意识，真正做到一身正气、一尘不染，始终保持中国共产党人的高尚品格和坚定气节；自觉遵守党的纪律和国家的法律法规，严格执行领导干部廉洁从政的各项规定，时刻警惕权、钱、色、名的诱惑，防止手中的权力商品化、庸俗化，绝不能把权力变成个人或小团体以权谋私的工具。首先，基层党委书记要规范好自身角色行为，还要注意营造一个好的家庭环境，把家庭这个角色环境经营好，有效地在党委与家庭两个角色情境间进行适时的角色转换。有的领导干部作风好，与其家庭的支持分不开。有的领导干部犯错误，同家属越线、子女越轨、亲朋霸道的行为是密切相关的。其次，还要加强对身边工作人员的教育、提醒、约束，勿让他们成为导致自身角色实践失败的“蚁穴”。最后，基层党委书记在社会交往上也要慎重，要防止被别有用心的人利用，心中要清醒地认识到社会他人对自己的逢迎是冲着自己的领导干部角色而非自身，不能为所谓的朋友谋取不正当的利益，更不能用手中的权力与其进行交易，防止自身角色冲突的产生。

7. 情趣要健康

基层党委书记的生活情趣，不仅关系到其自身角色实践的效果，而且关系到党在基层群众中的影响力，还关系着其对角色压力的有效调适，影响着其角色心理健康。大量事实表明，一些领导干部的腐化变质，往往都是从生活情趣这些看似不起眼的小事开始的，别有用心者往往针对其生活情趣投其所好，使其久而久之形成依赖而欲罢不能。所谓“千里之堤，溃于蚁穴”，加强党的领导干部作风建设，必须把倡导健康的生活情趣作为一个重要方面。如果基层党委书记在生活情趣上有了缺口，就很难做到洁身自好。基层党委书记要注重培养健康的生活情趣，保持高尚的精神追求，正确选择个人爱好，要慎重对待朋友交往，坚持择善而交，多同普通群众交朋友，多同基层干部交朋友，多同先进模范交朋友，多同专家学者交朋友，注意净化自己的朋友圈，对那些怀着个人目的、拉拉扯扯的人要保持高度的警觉。总之，基层党委书记要时刻检点自身角色行为的方方面面，做到“台前”和“台后”不同角色情境一个样，工作时间和业余时间不同角色丛中一个样，有角色监督和没有角色监督一个样，始终保持党的领导干部的政治本色，如此方能有效承担自身角色。

四、加强领导干部的能力建设

从主体构成来看，党委班子能力属于中国共产党组织能力的范畴，是党的领导活动在党委中的表现形式及党委的综合行为能力特征，其体现的是整体功能性。党委班子能力，关键取决于对党委班子成员个体能力的整合程度和转化水平。这其中，党委书记的能力对党委班子能力的影响是关键的。基层党委书记的能力是个体能力，是基层党委书记角色承担者的经验、知识内化的本领，体现的是基层党委书记在领导活动中表现出来的方式和个体特征，其主要表现为主导性。党在基层各界的领导活动，都是以基层党委书记等领导角色为物质载体的，离开了他们的角色实践，党的领导活动就成了无源之水、无本之木。能力对党的领导干部的这种依附性，导致它在社会互动过程中，必然要先以党的领导干部的个体能力的面目出现。基层党委书记个体能力的自身特点，决定它在领导活动中处于支配的地位，发挥着主导作用。因此，基层党委书记的能力建设至关重要，不仅能够增强其自身角色行为的效果，还关系到党的组织能力的建设，而党的组织能力的建设又反过来影响和促进着基层党委书记能力的发展。新时代，习近平总书记认为党的领导干部要重点培养“统筹兼顾的能力，开拓创新的能力，知人善任的能力，应对风险的能力，维护稳定的能力和同媒体打交道的能力”[①]。下面，我们对此一一展开论述。

1. 统筹兼顾的能力

毛泽东同志曾说过：“党委要完成自己的领导任务，就必须依靠党委这‘一班人’，充分发挥他们的作用。”“如果这‘一班人’动作不整齐，就休想带领千百万人去作战，去建设。”[②]这里强调的即是统筹协调的重要性，党委一班人要想有效发挥作用，党委书记需要具备统筹兼顾的能力，能够协调党委一班人步调一致地去完成党和人民赋予的各项任务。坚持马克思主义辩证法的统筹观，加强对基层党委书记统筹兼顾能力的培养，既是提高其角色行为水平的必然要求，也是新时代坚持党领导一切的基本保证，更是党的建设面临的长期课题。

实践中我们往往会发现，有些党委班子，其成员个体的素质不低、能力不弱，但党委班子整体的战斗力却没有达到应有的水平，甚至内耗严重，导致党委班子集体软弱涣散。而另一些党委班子，其成员个体的素质并不是很高，能力也并不是很强，但党委集体功能却能超水平发挥，能够形成较强的领导力。其要诀就在于党委班子内部实现了优化组合，即党委书记用这个“乐队指挥”手中的能用“指挥棒”把各党委成员凝聚成一个战斗集体。系统论观点认为，整体的功能要大于各要素功能之和。基层党委书记的统筹兼顾能力是形成基层党委战斗力的组织基础。对内统筹，团结一切可以团结的力量；对外协调，求同存异以建立统一战线。团结是马克思主义政党的基本原则，人心不同，一如其面，人们的智慧、才能、性格各不相同，相互之间总会有矛盾的。钢铁和水泥是性质不同的物质，把它们结合起来形成的钢筋混凝土则具备坚固性，将有不同见解和脾气的人统筹协调起来，取长补短，也能形成坚强的领导班子。基层党委班子作为一个系统，其优化组合的程度直接决定着其功能发挥的水平。其优化组合很大程度上就是提高党委集体的团结性，这主要靠基层党委书记的统筹兼顾能力。所谓基层党委书记的统筹兼顾能力，是指基层

① 陈宝生：《新形势下做好领导工作的强大思想武器》，《光明日报》2014 年 9 月 1 日。

② 《毛泽东选集》第 4 卷，人民出版社，1991，第 1440 页。

党委书记按照马克思主义的党建原则，通过贯彻落实民主集中制把党委成员的思想感情、精神状态调动起来，聚合形成同心同德、向心和谐的有机整体的本领。基层党委书记的统筹注重原则性、战斗性、广泛性，其主要是解决党委成员原则上不同认识的矛盾、利益上不同需求的矛盾、心理上不同个性的矛盾、分工上权责不明的矛盾，但这并不意味着要无原则地当和事佬，仅满足当一个泥瓦匠去和稀泥以维护表面的和谐。

以统筹兼顾能力推进班子的团结建设，基层党委书记需要从以下几方面着手。

（1）构筑班子成员共同的思想基础、政治基础和组织基础。党委的团结是建立在马克思主义原则基础上的团结。共同的理想信念是党委一班人团结的思想基础，它反映了共产党员同志间互相信任、互相支持的纯洁而高尚的关系而非拉帮结伙；党的纲领规定了党员、领导干部的奋斗目标及其行动路线，共同的奋斗目标是基层党委书记统筹本级党委班子工作、推进团结建设的政治基础；民主集中制是党的根本组织原则，也是正确处理党委内部关系、不断增强党委内部团结性的根本保证，健全的民主集中制是党委团结的组织基础。因此，一个基层党委班子要想同心同德、和衷共济，除了具有牢固的思想基础和政治基础外，基层党委书记还必须自觉地带头贯彻民主集中制原则，谋求对重大问题的共识，打牢班子团结的组织基础。

（2）深入开展批评与自我批评，增强党委团结的战斗性。实现党内真正团结和谐的途径不是否认和隐瞒党内的一切争论，而是通过党内斗争很好地统筹不同的人员和思想认识，真正的团结应体现在敢于对错误思想展开不留情面的批评上。开展党内的积极思想斗争，进行批评和自我批评，是在维护原则基础上的基层党委班子团结的必备武器和根本途径，也是衡量基层党委书记统筹兼顾能力的重要标志。基层党委书记要从关系党的事业兴衰成败的高度，深刻认识开展党内思想斗争的重要性、必要性和长期性，增强政治责任感和紧迫感。弄清“党内批评是坚强党的组织、增加党的战斗力的武器”① 的科学结论，认清党内批评的功能不是单纯地揭短亮

① 《毛泽东选集》第1卷，人民出版社，1991，第90页。

丑，而是要通过批评坚强党的组织、增强党的战斗力，因此要敢于带头进行批评与自我批评。在具体实践中，要敢于正视矛盾和问题，严格遵守“团结—批评—团结”的方针，坚决克服患得患失的个人主义，彻底摒弃片面的“一团和气”思想，在基层党委内部带头弘扬正气，加强自身修养。

（3）增进党委成员间的友谊，架起班子团结共事的桥梁。加强基层党委班子的团结建设，离不开对同志间友谊的重视。基层党委书记在党委内部讲同志式友谊的前提条件是党委成员要志同道合，即胸怀共产主义的远大目标，脚踏实地建设社会主义的共同志向，在观察、分析、处理重大问题时，都能运用习近平新时代中国特色社会主义思想的立场、观点和方法。也就是说，基层党委成员之间的友谊，是在共同的事业追求中不断培养、发展的，是在共同的战斗、工作、学习、生活中经受考验而不断升华的。只有这样的友谊，才是伟大而纯洁的友谊，才是维护原则基础上的团结所需要的友谊。基层党委书记要认识到强调友谊的共同理想信念基础的重要性，强调友谊的党性原则的重要性，但不能排斥和否定友谊中包含的人情味。因此，基层党委书记在维护党委成员友谊的过程中要营造善于理解人、善于信任人、善于谅解人的良好氛围。

（4）要发挥正副书记的模范带头作用，提高党委团结的质量。基层党委书记在提高本级党委班子团结质量的实践中，要注意与副书记一起发挥模范带头作用。首先，基层党委书记要带头做顾全大局、和衷共济的表率。一些正副书记不团结，往往是名利思想在作怪，没有完全把心思用在党的事业上。因此，正副书记要搞好团结，必须克服名利思想。一是不搞个人名利之争，防止把小事当成大事；二是不搞意气之争，防止把小事闹成大事；三是不搞面子之争，防止因小事牵连大事。其次，正副书记是党委班子的正副“班长”，对党委班子的团结具有导向作用、协调作用、凝聚作用，是搞好党委班子团结的关键因素。

2. 开拓创新的能力

所谓创新能力就是打破陈旧的、延续下来的模式或路径，创造出符合社会或事物发展客观规律的新事物的能力。创新能力有狭义和广义之分，狭义的创新能力是指领导主体在探索未知的领导活动的过程中，能推出新思想，提出新理论，发明新方法，制定新战略的思维能力。创新思维不仅强调思维成果的独创性，而且还特别重视思维成果在整个社会发展过程中产生的影响。但这种创新一般只存在于少数高层次的领导者群体当中，只能由那些被称为“领导干部”的人们来完成。广义的创新能力，是指领导干部主体在角色实践过程中，在没有前人模式可以直接套用，没有既定路径可供遵循的情况下，卓有成效地开展各项工作的能力。在领导干部角色实践过程中，凡是领导干部主体勇于除旧立新的创新，均属于领导干部主体的创新能力范畴。其强调的是能克服常人、前人所克服不了的困难，解决常人、前人所解决不了的问题，在领导干部角色实践活动中有新的见解、新的发现、新的突破。历史告诉我们，创新是人类社会不断进步和发展的工具，每一个时期社会进步和发展的快慢都取决于当时人们的创新能力的高低。因此，基层党委书记要时刻谨记创新是进步的灵魂，是党和人民社会主义现代化建设事业兴旺发达的不竭动力，是保持党的领导自身优势的关键。因此，作为基层党委内部的“关键少数”角色，基层党委书记的创新能力对于增强其角色行为效果、保持基层党委班子的生机和活力至关重要。

基层党委书记的创新能力，主要是就广义的创新能力而言的，一般是指基层党委书记在工作中，尤其是在非常规性的工作中，能想别人所未想，见别人所未见，做别人所未做，提出新见解，发明新办法，卓有成效地开展党委各项工作的能力，包括自身创新能力和领导创新的能力。

要提高创新能力，基层党委书记应从以下几个方面下功夫。

（1）提高观念创新能力。观念的转变是最深刻的转变，观念的创新是最重要的创新。因此，观念创新能力是创新能力的灵魂。基层党委书记必须从思维定式中跳出来，密切跟踪新时代党情、国情和世情的变化发展，按照新时代人民的发展需求，站在实现民族伟大复兴的高度，以习近平新时代中国特色社会主义思想为指导，对可能面对的工作环境及面临的机遇与挑战作出科学的、前瞻性的预测，从而推动本单位全面建设的发展。提高观念创新能力是一个长期的、复杂的、艰苦的过程。观念创新要着重突破旧的思想观念的束缚：一是冲破坐享其成观念的束缚，树立知难而进的发展观；二是冲破抱残守缺思想的束缚，树立开拓创新的发展观；三是冲破约定俗成观念的束缚，树立勇攀高峰的发展观。

（2）提高思维创新能力。思维创新能力，是指基层党委书记在角色实践中开拓新认识的思维能力，是使思维具有发现新事物、揭示新规律、打开新思路、发明新方法、创造新成果的能力。提高思维创新能力，需要基层党委书记正确把握马克思主义哲学思维和辩证法的特征，保持思维的独立性、多向性、跨越性、突破性和综合性，在实践中做到：善于激活学识结构的兴奋点，构建知识化思维框架，保持非对称思维动力，勇于打破思维定式，善于捕捉创新灵感、培育立体思维能力、催生网络思维方式。

（3）提高方法创新能力。方法是人类实践和认识活动的方式、途径、程序和手段的统称。科学的方法，能反映和遵循事物的本质联系，揭示人类认识活动的发展规律，可以有效地达成实践目的。方法创新能力，是指基层党委书记为实现党的路线、方针、政策在基层的有效贯彻落实寻找途径和方法的能力，即为党在基层的领导活动创造和提供最新、最科学、最具有生命力的方法的能力。大力加强方法创新，注重解决实际问题，是适应新时代潮流的必然要求，也是基层党委书记要孜孜以求去实现的目标。基层党委书记要提高方法创新能力，从哲学层面来看，要着重掌握以下几个方法：一是实事求是的方法；二是主观能动的方法；三是普遍联系的方法；四是动态考察的方法；五是矛盾分析的方法。

3. 知人善任的能力

基层党委书记知人善任的能力，是其角色行为能力中的重要内容，是决定基层党委书记角色实践活动成败的关键能力，也是衡量基层党委领导水平高低的重要尺度。知人善任的能力包括识人用人和决策任事两部分。要从根本上保证党领导一切，关键在于对基层党委书记知人善任的能力的培养。

（1）在识人用人方面。这主要涉及如何用好人才的问题。习近平总书记认为："要加大改革落实工作力度，把《关于深化人才发展体制机制改革的意见》落到实处，加快构建具有全球竞争力的人才制度体系，聚天下英才而用之。要着力破除体制机制障碍，向用人主体放权，为人才松绑，让人才创新创造活力充分迸发，使各方面人才各得其所、尽展其长。要树立强烈的人才意识，做好团结、引领、服务工作，真诚关心人才、爱护人才、成就人才，激励广大人才为实现'两个一百年'奋斗目标、实现中华民族伟大复兴的中国梦贡献聪明才智。"① 要采取"打破干部部门化，拓宽选人视野和渠道，加强干部跨条块跨领域交流"② 等一系列制度和措施，让优秀的领导干部大量涌现出来，并真正把想干事、能干事、干好事的领导干部选出来、用起来。对于习近平总书记的识人用人思想，基层党委书记要认真学习领会揣摩，真正做到内化于心、外化于行，落实到能力建设中去，从而提高自身角色实践水平。

（2）在决策任事方面。早在公元前二百多年，我国的《孟子》《韩非子》等典籍中就有了"决策"这一概念。《孟子》中提到"权变、乘势、决策之道"，其意思大体是正确的决策在于遵循客观规律，善于审时度势。现代意义上的决策是指人们在改造客观世界的活动中，依据对事物规律性及主客体环境等各种条件的认识，借助一定的理论、手段和方法，对预定目标及行动方案进行优化设计、选择并付诸实施的行为过程。要提升基层党委书记等党的领导干部的决策能力，应从以下几方面入手。一是要优化决策思维。党委决策的过程，就是借助思维确立目标，研究相关因素，拟定决策方案，实现决策目标的过程。党委书记是在党委决策中占主导地位的思维主体，其思维品质的优劣，对本级党委决策水平的高低具有重要的影响。基层党委书记要提高自身决策水平，就要着力摒弃思维陋习、优化思维品质，使自己

① 《加大改革落实工作力度，让人才创新创造活力充分迸发》，《人民日报》2016 年 5 月 7 日。

② 《中共中央关于全面深化改革若干重大问题的决定》，《人民日报》2013 年 11 月 16 日。

拥有一个善于发现、分析、解决问题的头脑。应努力跳出思维定式，善于全方位、多角度地寻求解决问题的途径，善于透过现象洞察本质、发现规律，善于独立自主地思考问题，善于换位思考、推己及人，善于因地制宜、通权达变，善于突破定式、不落俗套。二是要健全决策心理。心理因素对基层党委书记的决策行为具有直接影响。决策无能的深层次原因在于受到了不良的决策心理的支配，所以要警惕不良心理的影响。影响基层党委书记决策能力的不良心理主要有：求全心理、虚荣心理、逆反心理、自以为是心理、从众心理、盲从心理、求同心理、偏执心理。三是积极投身决策实践。决策能力的提高，离不开决策实践。基层党委书记要提高决策能力，必须在决策实践中倾注热情、勇气和理性，当好 3 种角色——决策实践的热切关注者、决策实践的勇敢探索者、决策实践的科学总结者。要在决策实践过程中，经常及时地停下来总结经验教训，以随时提高决策水平。四是防止决策偏差。良好的预防措施，也可以提高决策能力。首先，防止因权力干扰而导致决策偏差。其次，防止因私欲膨胀而导致决策偏差。最后，防止因人情困扰而导致决策偏差。当然除了提高基层党委书记的决策素养外，还要建立、健全、完善党的领导干部决策监督检查制度，建立互相制衡的权力约束机制，营造一种法大于情的党内决策氛围，以避免决策偏差或失误的产生。

4. 应对风险、维护稳定的能力

党情、国情、世情愈发错综复杂，国内外诱发突发事件的因素不断增多，基层党委书记在工作中面对突发事件的可能性越来越大，这是对基层党委书记应对风险、维护稳定能力的直接、具体、现实的检验和考验。因此，基层党委书记要想提高自身角色行为效果，必须做好充分的准备，随时准备带领本级党委克服和战胜一切可以预见的和难以预见的困难和风险，不断提高自身应对风险、维护稳定的能力。

突发事件在日常工作中较少发生，一旦出现则难以预料其发展，是必须立即处理的事件。因为人们在心理和行为上准备不足，突发事件发生时往往会措手不及，比如台风袭击、地震突发等自然灾害，重大传染性疾病等公共卫生事件，群体性事件等社会性事件，具有突然性、利益性、聚众性、破坏性的特点。本书认为党的领导干部应对风险、维护稳定的能力主要体现在应对突发事件、维护社会正常运行秩序方面。从新媒体信息时代背景下难以预见的突发事件处置的干扰因素增多的客观事实来看，提高基层党委应对突发事件的能力，具有很强的紧迫性；从确保社会稳定特别是实现社会主义现代化建设宏伟蓝图和中华民族伟大复兴来看，提高基层党委应对突发事件的能力，具有特殊的重要性；从当前一些领导干部的角色素质和行为能力的差距看，提高基层党委应对突发事件的能力，具有现实的针对性。这其中，提升基层党委书记这一“关键少数”角色的维稳处突的行为能力是关键。

处理突发事件时，基层党委书记需要具备以下能力。

（1）具备超前预判的能力。虽然突发事件受诸多不可控因素影响，但并非一点前兆都没有，也非毫无规律可寻，只要有心，还是能够发现那些可提前预判的因素和蛛丝马迹的。基层党委书记要在做好本级党委经常性工作的同时，时刻注意思考和研究党情、国情、世情中那些动态性、倾向性的问题，努力使自己做到见微知著、未雨绸缪，善于从各种事件的蛛丝马迹中查找端倪，不断增强自身对难以预测的突发因素的认识和了解。要积极利用新媒体时代舆论引导理论和信息网络传播技术，运用社会学、心理学、人类行为学、新闻传播学的最新研究成果，加强对国内外形势演变对社会影响的预判，关注社会大众的群体心理、对互联网上公众情绪进行动态分析，从中找出规律性的东西，把握党情、国情和世情发展趋势。要坚持以习近平新时代中国特色社会主义思想对新时代及未来发展趋势的判断为指导，充分相信和依靠广大人民群众的智慧和觉悟，善于从群众中获取最新信息、了解社会倾向性问题、查找党的基层工作中存在的薄弱环节，不断提高自身对突发事件发生演变的预判能力。

（2）具备讲政治的能力。面对突发事件，基层党委书记首先要具有强烈的政治意识，保有敏锐的政治眼光和清醒的政治头脑，以防止被个别无良媒体和别有用心的社会利益群体或他人所裹挟。如果基层党委书记做不到这一点，对遇到的突发事件，就不能从政治大局上进行正确分析和认识，更谈不上从增强“四个意识”、坚定“四个自信”、做到“两个维护”的高度去进行及时有效的处置。基层党委书记要强化自身从政治高度观察、思考和处理问题的观念，经常深入基层、深入群众、深入舆情，掌握第一手资料，搞好对社会整体动态和公众情绪演变的研究分析，在一些带有倾向性的复杂性、关键性问题上保持高度的政治警觉。在突发事件面前，要用敏锐的政治眼光观察问题，用清醒的政治头脑思考问题，用强烈的政治意识处理问题，注重把握方向性、全局性、战略性的问题，明确自己这个基层党委内部“关键少数”角色所承担的政治责任。要认真分析突发事件包含的政治因素，充分考虑其可能产生的政治影响和社会冲击，切勿简单草率地处理问题。

（3）具备抗冲击的能力。在经常性、基础性工作上存在薄弱环节，就容易导致在安防事故、干群党群关系等方面出现问题。基层党委书记提高维护稳定和应对突发事件的抗冲击能力，要在做好平时经常性、基础性工作的基础之上进行。一是要打牢思想政治基础。要始终把思想政治建设摆在党的建设的首位，不断强化党领导一切的意识，确保本级党委在任何情况下都永远保持政治上的坚定性和思想道德上的纯洁性，保持高度稳定和集中统一。二是要打牢安全稳定基础。基层党委书记要带头重视基层党组织的建设，夯实基层基础工作建设以筑牢应对突发事件的基础。解决好基层存在的热点、难点和敏感问题，及时治理潜在的倾向性问题，把潜在的矛盾化解在萌芽状态。三是要筑牢心理防线。除了加强对党员、群众的心理训练，做好防范难以预见因素的影响的精神准备之外，在物质条件上也要努力做到有备无患，以便在突发事件发生时做到拉得出、联得上、打得赢。

（4）提高快速反应的能力。突发事件的突然性、扩散性、快速性要求基层党委书记要具备快速反应的能力以维护大局稳定。具体要做到以下几点。一是做到快速发现。要密切关注新时代党情、国情、世情的发展变化，判明难以预料因素的影响力，力争在突发事件刚露头时就能洞察其发展苗头。二是要做到快速报告。要加强对抢险救灾、群体性事件、人员伤亡、公共卫生事件、社会动乱等突发事件的值班备勤，要以高度的政治责任感及时按程序报告，绝对不瞒报。三是要做到快速调整。一旦受到难以预见因素的影响要果断决策，适时地转换本级党委当前工作的重心，必要时全力以赴加以处置，避免事态扩大、失控或恶化。四是要做到快速处理。对属于自己职权范围内的问题要敢于果断临机处置，对于超出职权范围的问题，要在及时上报的同时，注意控制事态的横向扩大，最大限度地降低突发事件的不良影响。五是要做到快速落实。要紧跟上级部署指示精神，克服困难，创造性地抓好工作落实。同时，要在控制好局势的基础上，做好后续检查反馈工作，防止社会连锁问题的发生。

（5）具备兴利抑弊的能力。基层党委书记要善于在错综复杂的千头万绪中抓住事关全局的主要矛盾，统筹谋划突发事件的处置方案，利用多种手段全力化解突发事件的消极影响，力争从事件的消极影响中找到积极因素。当受到难以预见因素的影响而发生突发事件时，往往是广大群众在思想上迷惑、在行动上彷徨的关键时刻。在这个关键时间节点上，更需要基层党委书记这个“关键少数”角色带领大家做好澄清舆论、稳定民心、把关定向、兴利抑弊的工作。此时，基层党委书记要平复社会大众的紧张激动情绪，确保坚持党的正确舆论导向，不为任何敌对势力的宣传蛊惑所动摇，相信党中央能以正确的策略作出应对，以实际行动做到“两个维护”；要引导广大党员，从党的全局和民族发展的角度看问题，防止感情用事和随波逐流；要引导广大人民群众认清党的领导和国家的强盛是根本利益所在，处理好个人利益与国家和集体利益的关系，自觉维护社会的稳定和发展。同时要加强对个别自觉性差、政治觉悟低的群众的纪律约束，坚持用法律法规统一意志，统一行动。

5. 同媒体打交道的能力

2016 年 2 月 19 日，习近平总书记深入人民日报社、新华社、中央电视台实地调研，并主持召开党的新闻舆论工作座谈会。这一天是二十四节气中的雨水节气，正好对应了新闻媒体润物无声的特质。会上，习近平总书记强调："做好党的新闻舆论工作，要始终把政治方向摆在第一位，坚持党性原则，坚持党管宣传、党管意识形态、党管媒体。"① 这是党和国家最高领导人针对近十几年来移动互联技术改变了传统媒体舆论传播格局，导致媒体生态、舆情格局、信息传播方式发生重大深刻变化，党的新闻舆论工作面临很多新情况、新问题、新挑战的现实而发出的振聋发聩之声。基层党委书记要充分认识到习近平总书记关于"坚持党管宣传、党管意识形态、党管媒体"论断的重大现实意义，增强自身同新媒体打交道的意识和能力，决不为错误的思想言论提供传播渠道，自觉地在思想上政治上行动上同以习近平同志为核心的党中央保持高度一致。

（1）正确认识媒体的作用，敢于主动去做舆论引导。曾经有一段时间，一些别有用心之人大肆鼓吹绝对的"新闻自由"，打着公共利益的旗号，不顾基本的是非黑白，指鹿为马，误导社会认知，颠倒是非、善恶、美丑等基本的价值判断，造成了许多影响恶劣的舆情事件，给社会稳定造成了不良影响。习近平总书记2016年在党的新闻舆论工作座谈会上的讲话起到了驱除阴霾、重现光明的效果。广大领导干部要认真学习领会，认识清楚：新闻传播事业必须作为党的领导事业的一部分；坚持党管媒体，是坚持马克思主义新闻观的内在要求，是牢固掌握新闻舆论主导权、占领意识形态主阵地的根本要求。领导干部在面对媒体尤其是新媒体时，不仅要讲党性原则和党的主张，还要大张旗鼓地讲、理直气壮地讲，不能躲躲闪闪、扭扭捏捏，坚持正面宣传为主，唱响主旋律，弘扬正能量，主动设置议题，做好舆论引导工作，掌握意识形态斗争的话语权，不能被国外媒体或国内无良媒体牵着鼻子走。

（2）勇于面对互联网，占领新媒体话语权阵地。互联网引领了社会信息传播模式的变革，创造了人类生活新空间，拓展了国家治理新领域，也给我们的经济、政

① 中共中央宣传部编《习近平新时代中国特色社会主义思想学习问答》，学习出版社、人民出版社，2021，第311页。

治、文化生活带来了诸多新挑战。可以说，移动互联时代，谁掌握了互联网，谁就把握住了时代的主动权；谁轻视了互联网，谁就容易被时代所抛弃。习近平总书记反复强调："过不了互联网这一关，就过不了长期执政这一关。"[①]这是对基层党委中的"关键少数"角色——基层党委书记振聋发聩的提醒。因为互联网领域是意识形态斗争中没有硝烟的战场，我们能否在其中站住脚、确保红旗飘扬，直接关系到我们党能否长期执政，关系到国家能否长治久安。这几年，在一些重大突发事件上，一些西方国家利用网络混淆是非、颠倒黑白、造谣生事，企图抹黑中国、扰乱人心，妄想给我们党对中国特色社会主义现代化事业的领导和国家的正常治理秩序制造混乱，已经很好地说明了互联网意识形态阵地的重要性。因为互联网是社会舆论的放大器，一旦应对不当，一件鸡毛蒜皮的小事就可能被别有用心之人掐头去尾放到网上，引发网络暴力，酿成舆情事件，放大社会风险，影响社会稳定。所以，基层党委书记要充分认识到互联网的特性，不回避、不放弃，要敢于利用各种网络新媒体平台，弘扬正能量，坚持党对一切的领导，加强对互联网新媒体平台的治理，善于和敢于引导舆情议题，让舆论的东风压倒西风。同时，应做强"两微一端"和公众号服务平台，凝聚人心，鼓舞士气。同时，加强对自身和群众的要求，严肃网络新闻媒体宣传纪律，严格落实新媒体管理纪律，不信谣、不传谣、不造谣，不断探索利用网络自媒体工具，占据新媒体平台话语权阵地。

① 中共中央宣传部编《习近平新时代中国特色社会主义思想学习问答》，学习出版社、人民出版社，2021，第 324 页。

第五章　领导干部角色行为的外部环境

对于领导干部角色实践的成功，除了其自身的主观努力之外，外部环境的推动作用也不可忽视，尤其是社会群体或他人对其的角色期望的引导作用及角色评价的监督作用。对二者的研究有助于我们从外在制度设计的完善上来推动领导干部的角色认知，提高其角色行为水平，强化其角色实践效果。

第一节　领导干部的角色期望

角色期望是否能够正确表达，从根源上在于角色的承担者的角色认知是否全面。角色期望是角色实践的外部引导力量，能够对角色实践起到引导、督促、修正的作用。

一、角色期望的概念

角色期望是社会组织或他人对不同社会角色职能的要求和规定。戏剧中的角色的职能是由剧本规定的，生活中的角色的职能则是由社会组织或他人的角色期望及社会正常运转所需要的法律制度、公序良俗等对角色特质的规定决定的。如哥哥的角色是由弟弟、妹妹的期望和做弟弟、妹妹表率的父母等权威角色的期望决定的。角色期望在不同文化、不同民族中虽然有共同的一面，但也有许多不同的方面，如性别方面的角色期望在不同文化和民族中具有明显的不同，了解这些异同有助于开展跨文化研究。角色期望不是一成不变的，是随着时代的变化而变化的。如“今天的人们对于妇女角色的期望与过去相比就有了很大的不同”[①]。角色期望是社会群体或他人对于某种角色应表现出哪些特定行为的预期，这种预期会促使一系列具体的行为规范要求的产生。如人们可能认为领导干部应该是政治立场坚定、道德素养较高、为人处事公道、工作能力突出的。其中，社会对一定角色所持的角色期望就是角色规范[②]。社会是由人构成的社会，人是生活在社会中的人，社会生活中的任何人都必然承担一定的社会角色，而社会个体的角色实践又往往与角色期望存在较大的关联性。社会心理学认为，从社会互动的意义上讲，角色期望的表达构成了社会结构与社会中诸多角色行为之间的桥梁。

一般认为，角色期望是指社会群体或他人对某一社会角色应具有的心理和行为表现的预期。它是由对某一社会角色权利、义务和责任的规定所构成的人们的心理期望，往往是在个体选择承担某一社会角色之前就存在的，但需要被承担角色的个体所认知、理解方能发挥作用。如果社会对某一角色的角色期望不一致，个体会感到无所适从。当个体的角色行为遵从角色期望并表现出较好的角色技巧时，其角色扮演就是成功的[③]。

社会角色期望的形成是一个社会互动的过程，不是一朝一夕就能完成的。因此，每个时代的社会角色都具有许多相同的内容。这种内容上的继承性既是角色稳定性的表现，也是社会组织架构稳定的需求。由于角色期望具有稳定性，角色的形成与实践才是可能的、有序的，否则人们将无所适从。

角色期望可以分为不同的层次。一是对角色的一般期望。例如，对领导干部来说，人们对他的一般期望是多谋善断、领导有力，能够统筹协调，善于团结下属等。二是对角色的特殊期望。人们对领导干部不仅有共同的或一般的要求，而且有

---

① 林崇德等主编. 李春生分卷主编《中国成人教育百科全书　心理·教育》，南海出版社，1994，第 137 页。

② 中国百科大辞典编委会编《中国百科大辞典》，华夏出版社，1990，第 110 页。

③ 车文博主编《当代西方心理学新词典》，吉林人民出版社，2001，第 168-169 页。

着特殊的期望。处于不同的部门、不同的级别甚至不同的岗位的领导干部，其角色期望也有所不同。

在现实生活中，人们正是依据社会群体或他人对自身所承担角色的期望以及由此产生的角色规范来学习和把握自己的行为，同时也按照角色期望来预测和评价社会他人的角色行为，以决定采取何种行为与其进行有效的社会互动的。基层党委书记作为基层党委中的“关键少数”角色，面临着上级党组织、本级党委成员、下级单位及普通党员、群众的期望和要求，这是基层党委书记进行角色实践的前提。

所谓基层党委书记的角色期望，是指党和人民等社会群体和与基层党委书记角色相关联的社会他人对处于基层党委书记角色地位上的人所规定和期待的一整套权利义务和行为规范，以及对其赋予的使命和期望，是党和人民对基层党委书记行为规范的外在要求，构建起了我国政治权力架构和社会治理结构与基层党委书记角色行为表现之间的桥梁。一个基层党委书记的角色行为是否符合其所处的地位和所具有的身份，在很大程度上要看其角色行为是否符合党和人民对其赋予的角色期望以及是否遵从了由此而形成的角色规范。基层党委书记的角色期望是由每个具有基层党委书记社会身份和地位的人所拥有的权利、义务和职责所规定的，往往以角色规范的方式对其角色实践提出要求，它不仅规定了基层党委书记角色行为准则，而且规定了其角色实践的行为模式。

二、角色期望的特点

角色期望具有以下特点。

1. 社会性

由于角色期望是社会群体或他人对某一社会角色的期望和要求，因此，它是一种社会观念的集中反映，而这种观念的形成是一个动态生成的社会历史过程，即一方面它不是某一个体的特殊期望和要求，而是社会上大多数人所共同期待的部分，是众多期望的交集。虽然前面提到角色期望分为一般角色期望和特殊角色期望，但特殊角色期望却不等于特殊社会群体或他人对角色的期望；另一方面，角色期望的形成不是短时间内的过程，而是要经过一段时间的萌芽、成长乃至逐渐明确的过程。角色期望是社会需要的产物，如人们对基层党委书记的角色期望就是社会群体或他人对基层党委书记的要求，是基层党委书记的责任，是其完成党的领导干部角色使命应具备的素质。因而，角色期望具有社会性，是不以角色承担者个人意志为转移的。

2. 变动性

角色期望的明确性和稳定性只是相对的。对于同一个角色来说，角色期望会随着社会环境、人们的心理以及社会生产力发展水平和生产关系结构等方面的变动而发生变化。这种变化或者是对以往的角色期望的否定性的变化，即激变；或者是对以往的角色期望的肯定性的完善与发展，即渐变。不论哪一种变化，都是角色期望稳定性与变动性的统一。只有角色期望具有稳定性，人们才有可能承担角色，否则人们将无所适从，个体的角色实践活动也将会陷入混乱之中，整个社会也将无法维持下去，而且我们对角色的研究也就失去了可能的标准和意义。同时，只有角色期望具有变动性，个体才有可能不断地提高自己的能力素质以适应角色期望的变化，创新也才会不断发生，社会才能保持变化与进步。也就说，人类的发展与社会的整体进步在这里得到了有机的统一。

3. 外在性

这是针对角色承担者个体来说的。对于具体的个人而言，他总要面对各种角色的社会期望。当个体承担一定的角色时，也就意味着他被寄予了相应的角色期望，后者对角色承担者来说是一种外在的约束力量。一般来说，不存在没有角色期望的角色承担，也不存在没有角色承担的角色期望，二者互为必要条件。角色期望是外在于角色承担者的，即其不因为角色承担者个体的差异而发生变化，因此其外在性也表现为一种客观性和持续性。角色期望虽然是外在的，却不是可有可无的，一旦角色承担行为发生，角色期望就演变成一种表现为责任和义务的角色规范，后者是角色期望的具体化，即只有针对具体明确的角色承担者时，角色期望才会转化为角色规范。此外，角色期望还具有综合性、模糊性等特点。

三、领导干部的角色期望的作用

角色承担者对社会角色期望的认知领悟和角色意识是其实现角色价值的主观条件。社会群体或他人对角色的期望是角色行为的应然状态，是角色承担者实现自身人生价值的外在表现。个体承担角色后要进行角色实践，必须深刻领悟社会群体或他人对角色的期望和要求，并将其内化为角色学习的动力及个人的奋斗目标。

不过，角色期望也会有出现不一致的时候，它会使承担同一角色的人们在角色行为上产生差异，也会使一些社会个体在承担特定角色时感到无所适从。研究表明，当个体在工作中面临多种角色期望时，往往会导致角色失调现象的产生，具体表现为角色冲突、角色模糊、角色超载等。

一般来说，角色期望往往反映的是社会上大多数人对角色的普遍看法，但是也不能排除少数人的一些错误的态度会在角色期望的表达渠道中显示出来。例如，受西方资本主义各种腐朽思想和不良思潮的影响，社会上有些人总是对自己周围那些在党内和政府中担任一定领导职务的亲人、朋友、同学等怀有一些畸形的角色期望，希望其角色所附带的权力能为自己谋取利益。在这种情况下，如果领导干部的角色承担者不能在诸多角色丛中有效进行适时转换，无法正确处理工作与生活的关系，就会违反领导干部的角色规范，逐渐产生角色失调，甚至走上违法犯罪的不归之路。

特别要指出的是，在党的领导干部的各种角色期望中，配偶或家人的期望尤为重要。“清官难挡枕边风”。古人云，“修身”“齐家”“治国”“平天下”。今天，不少领导干部正是因为忙于“治平”而疏忽了自身“修齐”的努力，而最终导致了角色失调进而影响了角色实践。要预防和治理腐败，还应在领导干部角色期望的正确表达渠道的建设上多下功夫，努力树立正确的价值取向和社会期望，营造反腐倡廉的良好政治氛围。

四、基层党委书记的角色期望的内涵

基层党委书记作为我们党在基层党委中的“关键少数”角色，是维护党在人民群众心目中治国理政权威的重要代表角色，因而其角色期望也具有丰富的内涵。习近平总书记认为：“好干部的标准，大的方面说，就是德才兼备。”[①] 从这个角度看，对基层党委书记的角色期望也可以从“德”“才”和“绩”这 3 个方面来划分，但是从具体内容来讲，基层党委书记的角色期望有其独特的内涵。

1.“德”的角色期望

对基层党委书记“德”的角色期望首先表现在政治素养上。第一，基层党委书记作为党在基层各行各业中的代表，要代表中国共产党领导一切，在纷繁复杂的国内外形势下，保持崇高的政治使命感、坚定的政治立场和深切的政治忧患意识；第二，基层党委书记作为本级党委中的“关键少数”角色，要坚决贯彻民主集中制，发扬党内民主，发挥集体领导的优势，形成基层党委集体领导合力；第三，基层党委书记要带头维护党内团结，发扬党的三大作风，带头维护党的优良传统；第四，基层党委书记还要加强自身修养，严格自律，提高自身防腐拒变的能力。

2.“才”的角色期望

增强才能，是时代的发展、国内外局势的演变对基层党委书记的必然要求，更是党和人民群众对党的领导干部的殷切期望。归纳起来，对基层党委书记的能力的期望包括：战略决策能力、理论思维能力、团结协作的能力、统筹协调的能力、维护稳定的能力、应对突发事件的能力、跟媒体打交道的能力、学习能力、管理能

① 习近平：《习近平谈治国理政》，外文出版社，2014，第 412 页。

力、识人用人的能力、抓基层建设的能力、加强思想政治建设的能力、心理调控能力等。

3.“绩”的角色期望

党的领导干部要树立正确的政绩观，“德”与“才”既是党和人民对基层党委书记的角色期望，也是基层党委书记角色承担者的必备素质，而对其的种种要求必然会落实到对基层党委书记角色承担者“绩”的衡量上，这也是党中央和人民群众对基层党委书记角色期望的最终落脚点，是不可或缺的内容。对此，基层党委书记进行角色实践要从巩固党的执政地位的大局着手，把抓好本级党委班子自身建设作为最大的政绩。基层党委书记“绩”的角色期望主要体现在增强“四个意识”、坚定“四个自信”、做到“两个维护”上；体现在团结党委一班人、发挥集体合力，正确进行党委决策上；体现在善于对内统筹、对外协调，为党和人民的事业的发展创造有利的外部环境条件上；体现在善于以思想政治教育工作统一班子成员思想，加强党内团结稳定上；体现在加强领导管理、调动积极性，不断增强本级党委的战斗力上。

第二节　领导干部的角色评价

为了促使角色承担者正确扮演角色、有效实践角色，仅畅通对角色承担者表达外界社会群体或他人对其的角色期望的渠道是不够的，因为即使角色承担者充分认识领悟了角色期望，但却不去履行角色期望的规范和要求，也是枉然。在角色实践中，角色承担者在明了社会群体或他人对自身角色的角色期望的情况下，大多数角色承担者都会为不辜负角色期望而努力去尽心尽职，但是也有少数人会无视甚至辜负众望，这不仅与角色意识不足或错误有关，还跟外界的角色评价甚至监督缺位有密切关系。因此，角色承担者认识领悟了角色期望后，仅仅依靠其自觉性承担角色还不够，还要有角色评价的相关制度对其发挥强制的监督促进作用。角色期望得以顺畅表达后，我们还要严格按照党规国法来对党的领导干部进行角色监督，推进党内民主以实行民主决策、民主管理、民主监督，实行党务、政务公开，既要支持领导干部依法决策、依法管理，又要对其行使权力的过程和结果进行有效的角色监督。

一、角色评价的概念

评价是“评定价值”的简称，它是指人们对某一事物或某种行为作出的价值判断，伴随着人类一切有目的的社会活动，本质上是一种人们主观的价值判断活动。因此，对角色行为的评价本质上也是一种对角色行为是否对社会群体或他人产生价值或价值大小的评判活动。它是以角色承担者的行为表现满足社会群体与他人需要的程度作为价值判断的准则的，其最终的目的是更好地规范和引导角色承担者的角色行为，增强角色实践效果。实践证明，为了使角色评价更加客观公正，有必要根据人类活动的规律和特点及人类社会发展进步的需求确立基本的框架，以作为有效开展角色评价的指导思想和实施的基本准则。

因此，所谓的角色评价，是指社会群体或他人根据社会角色规范和现实发展需求对个体所承担的社会角色进行的价值评判活动。鼓励、表扬、奖励、赞颂等，是对角色行为的肯定性评价；批评、训斥、惩罚、制裁等，是对角色行为的否定性评价。角色评价对影响和制约人们的行为具有重要意义，其划定了角色行为的边界，正确的角色评价会使人们的行为更加理智和规范。强化角色评价功能，必须明确不管是对角色的肯定性评价还是否定性评价，都要力争做到客观公正、及时明确，虽然评价都难免带有主观色彩。角色评价，一方面体现了社会群体或他人对角色承担者过去的角色实践活动的肯定或否定；另一方面，将影响和指导角色承担者以后的角色实践。社会群体或他人要以对角色理解和负责的态度做好评价工作。对角色承担者取得的具体成绩要及时予以褒扬，对其错误的思想动向、存在的能力差距和不足要采用适当的方法予以批评纠正，这样无疑对角色的发展具有积极意义。

二、角色评价的原则

要建立合理的角色评价体系，对角色进行科学合理的评价，必须坚持以下基本原则。

1. 客观性原则

客观性原则是指在对某一特定社会角色进行角色评价时，从评价者自身所持的态度到评价的实施，乃至最终的评价结果，都应符合社会发展的客观规律和社会群体利益的基本需求，不能掺杂个人的主观臆断或掺入个人情感的成分。角色评价如果有失客观，则评价对角色实践就毫无积极意义，甚至还会形成错误导向，导致角色承担者产生思想上的起伏或行为上的错误，因此在进行评价时首先要注意保证评价的客观性，尽量克服评价者本身主观因素的影响，坚决杜绝评价的随意性，做到客观评价，尽量不带有主观倾向。

2. 全面性原则

这一原则是指在进行角色评价时，应对角色行为表现的各个方面做多角度、全方位的考虑和评价，不能“一叶障目，不见泰山”，犯以点带面、以偏概全的错误。由于角色行为表现具有复杂性和个体差异性，要想客观地反映角色承担者行为上的状况，就必须从角色实践的整体效果出发开展角色评价，而不能断章取义，拿某一具体角色行为说事。角色评价的全面性原则要求角色评价主体在考察和判断时要从事物的整体上去把握矛盾的各个方面，不能“只见树木，不见森林”，更不能带着有色眼镜专找问题。作为评价对象的角色承担者的角色行为是动态多变的，对之进行评价时坚持全面性原则尤为重要。在角色评价过程中，固然要着眼于当前，但也不能孤立地看问题。一般来说，要想全面了解一个角色，就不能只关注现在而忽略过去，或只关注过去而忽略现在；更不能只看枝节不看主流，以偏概全。全面了解一个角色是正确地开展角色评价的前提。如果只是抓住某一件事就轻率地下评价结论，往往容易搞错，甚至影响角色承担者的成长和发展。

3. 指导性原则

进行角色评价时不能为了评价而评价，而应把评价和相应的指导结合起来，追求角色评价对角色实践的监督、导向作用。不仅应使被评价的角色承担者了解自身角色行为的成绩和不足，还应提出有益于角色进一步发展的指导性建议，充分发挥角色评价的导向作用。贯彻这一原则时，首先必须把指导建立在充分而翔实的评价资料基础之上，作出的评价和建议应能使被评价者信服并外化于行，不能毫无根据地随意评论，更不能带有不当目的去评价；其次要力争做到指导明确，反馈及时，切忌提供的角色评价内容含糊其辞、上纲上线、大而无当，使被评价者无所适从；最后评价应有启发性，给被评价者思考和角色实践留有余地，不能搞“一刀切”的武断作风。

4. 科学性原则

进行角色评价时，不能任由评价者主观随意地、不负责任地胡乱指摘与批评。要正确看待角色评价对领导干部角色实践所具有的作用，认识到在现实社会实践中的一些角色评价活动往往掺杂着评价者主观主义色彩的局限，要尽量克服这种局限。不仅要在角色评价的过程中坚持科学性原则，而且还要在对评价结果的使用上坚持科学性原则。因此，在开展角色评价之初就要在评价标准的科学性上下功夫，努力避免不良影响。

5. 方向性原则

坚持方向性原则能使角色评价的指标体系有利于规范领导干部角色行为的养成。角色评价者须明白，要培养角色承担者高水平的角色行为能力，进行角色评价时不仅要注重角色特质，更要重视相关影响因素，以便有利于角色承担者提高综合素质和角色行为能力。

三、角色评价的功能

个体参与社会活动的理想状态是合目的性与合规律性的统一，这种统一在角色评价中的表现就是目的的确定是以角色评价所制定的价值评判标准为基础和前提的。只有通过角色评价，才能对领导干部的角色实践活动进行有效调控，进而强化有价值的角色行为，消除无价值甚至会带来负面影响的角色行为。角色评价的目标是使角色承担者逐渐摆脱盲目被动的状态，从而使其角色行为更加具有合目的性，使角色实践逐渐走向自觉能动的正向循环。

1. 展示、激励功能

所谓展示功能是指通过角色评价活动所搜集的角色行为的信息为被评价者提供一个自我展示的机会，让社会群体或他人可以据此了解被评价者作出的成绩和努力。所谓激励功能是指通过对角色评价的正确应用，能够激发被评价者的内在驱动力，发掘他们的心理潜能，增强其角色行为的积极性等。在角色实践过程中，表现的优劣、自身成长的快慢、外界的毁誉始终是角色承担者内心最关心的问题。这种渴望了解自身在社会群体或他人眼中的形象的心理驱力本身就具有激励作用。一般来说，当角色承担者得到奖赏、褒扬等正面评价时，其行为的积极性会提高；当角色承担者得到惩罚、贬低等负面评价时，其角色行为的积极性会降低。同时，公正客观的角色评价又对角色承担者角色行为的选择具有激励作用。在社会群体中，人们总是会自发地与自身角色情境中的相关社会群体或他人进行比较，在社会比较中实现自身角色的修正和完善。

2. 检查功能

该功能是指进行角色评价时对被评价者的实际情况与评价标准或角色期望的符合程度的衡量与判断。依照预设的规范标准开展角色评价，可以有效评判角色承担者的实际表现，找出其角色行为存在的问题，进而诊断发生问题的原因，得出角色行为现实表现与理想角色的吻合度，从而对角色承担者实践角色的现状作出基本判断。进行角色评价时可以通过角色承担者的实际表现与评价标准或角色期望的符合程度来判断角色行为是否偏离角色期望，从而发现问题并及时进行角色评价或监督以便角色承担者进行角色行为调控，督促其朝着理想状态不断努力。

3. 导向功能

价值观对人的行为具有导向作用，在面对某一特定问题时具有不同价值观的人会作出不同的价值判断。没有哪一个角色承担者愿意承认自己无所作为，他们都有渴望了解自身角色实践效果的心理驱动力，并会自发地与周围的社会群体或他人进行横向比较，与角色期望所给定的角色规范或理想角色标准进行对照，从而激励自己不断地改进角色行为的水平。角色评价可以为角色承担者提供评估自身角色行为优劣的手段，帮助其针对角色实践中存在的不足明确未来的努力方向，以不断提高自身角色实践水平。

四、领导干部的角色评价

对领导干部的角色评价对于影响和指导其角色行为具有重要意义，正确的角色评价会使其角色行为选择更加理智和规范。在新时代的全面从严治党背景下，强化对党的领导干部的角色评价是必然趋势，但在加强角色监督的同时，必须使参与角色评价者树立正确的角色评价观念，不管是对基层党委书记角色承担者的肯定性评价还是否定性评价，都要力争做到客观、公正、及时、明确。对领导干部进行角色评价，一方面体现出社会群体或他人对领导干部角色承担者过去活动的肯定或否定；另一方面，将影响和引导领导干部角色承担者之后的角色行为选择。因此，相关社会群体或他人要以对领导干部角色承担者理解和负责的态度做好评价工作。对他们取得的成绩要及时褒扬，对他们的不当思想动向、存在的差距和不足要采用适当的方法予以批评纠正，这样一来可以做到防患于未然，二来可以起到防微杜渐的作用，对领导干部更好地履行自己的职责无疑也具有积极意义。上级组织对基层党委书记角色承担者开展角色评价时要体现组织对个人的爱护。

角色评价既有社会他人对角色承担者角色实践的肯定、夸奖和赞扬，也有对其的否定、指责和批评，二者在作用上不是正面与负面的关系，都会对角色承担者角色行为效果和角色实践水平产生影响。只不过前者起的是鼓励、推进的作用，后者起的是鞭策、斧正的作用。由于文化传统、社会环境及利益纠葛等的关系，现实中在对领导干部进行角色评价时，并不缺少赞扬声，可能到处都是“好声一片”，较难听到批评的声音，这就容易使领导干部丧失角色判断标准，被赞扬遮住了眼睛，从而不能正确判断自身角色实践状况，不能了解自身真实的角色行为效果，无法作出有效判断自身角色行为效果，不能正确对待自己，导致角色失调甚至角色扮演失败。因此，关于基层党委书记角色评价的研究，我们应该侧重于对其的角色监督，主要从落实对党的领导干部的各种监督制度入手，规范基层党委书记的角色行为，因此对基层党委书记角色评价的研究重点是角色监督问题。

第三节　领导干部角色行为的环境建设

角色行为的外部环境建设主要是角色期望表达体系的建设、角色监督制度的落实及确保二者落实的环境建设。领导干部角色实践的外部环境建设越是完备，其角色情境中的相关社会群体或他人就越能感受到一种良好的氛围，其对领导干部的角色期望就越可能得到更有效的表达，角色监督就更能够发挥其应有的作用，从而对领导干部角色行为起到良好的促进、引导、规范作用。下面我们通过基层党委书记这个“关键少数”角色来探讨一下领导干部角色行为的外部环境建设。

一、推进党内民主

党内民主的推进，可以在本级党委内部为针对基层党委书记的角色期望的表达、角色监督的落实提供良好的外部氛围。中国共产党的发展历史反复证明：党内民主建设开展较好的时期，党就风清气正、充满生机活力，党的事业发展就会比较顺利；党内民主建设不好的时期，各级党组织内就会矛盾重重，党的事业发展就会面临各种风险和挑战。党的十八大报告明确指出："党内民主是党的生命。"[①] 这表明我们党对党内民主重要性的认识达到了新的高度，这是中国共产党在新时代的背景下对党内民主高度精确、凝练的表述。

党内民主是党的生命主要体现在以下几个方面。第一，党内民主是党的先进性的重要体现。中国共产党不但是为人民民主而奋斗的马克思主义政党，而且它本身就是按照民主集中原则组织起来的。党内充分发扬民主是中国共产党作为先进的马克思主义政党的内在本质规定，离开了党内民主，就谈不上党的先进性。第二，发展党内民主是增强党的活力、巩固和发展党的领导的必要条件。广大党员积极性的发挥，对大批能人志士的吸引，党的领导和治理水平的不断提高以及党的全部工作的高效落实，都有赖于党内民主的发扬。第三，党内民主对人民民主具有重要的示范和带动作用。建设社会主义民主政治，是我们党始终不渝的奋斗目标。没有人民民主就没有社会主义，就没有社会主义现代化建设。我们党是执政党，是中国特色社会主义事业的领导核心，党内民主的状况必然决定和影响国家政治生活的民主状况。因此，发展党内民主，不仅是建设社会主义人民民主政治的一条重要途径，也可以为基层党委书记角色实践提供良好的外部环境。

近些年来，我们党在党内民主方面有了长足发展，为基层党委书记角色实践创造了越来越好的外部环境。在新时代的历史条件下，要坚定不移地推进党内民主建

---

① 胡锦涛：《坚定不移沿着中国特色社会主义道路前进，为全面建成小康社会而奋斗——在中国共产党第十八次全国代表大会上的报告》，《人民日报》2012 年 11 月 18 日。

设，首先要严肃党内生活，坚持和落实民主集中制。习近平总书记明确指出，“严肃党内生活，最根本的是认真执行党的民主集中制。其次要充分利用好批评和自我批评这个法宝。“批评是为了更好的团结，增强党的凝聚力。积极开展党内批评能够促进党员的健康成长，拒绝别人的批评，就是拒绝自我进步。”[①] 最后要尊重党员的主体地位，切实保障党员在党内行使民主权利。“要以改革创新精神积极推进党内民主建设，切实尊重党员主体地位。”[②]

（一）保障党员民主权利

推进党内民主，其实质是高度尊重党员主体地位、切实保障党员的民主权利。要知道，广大党员才是党的事业的主要承担者，要实现党在各个历史阶段的奋斗目标，必须依靠全体党员同志的同心同德、凝心聚力。党内的关系在本质上是以“志同道合”的同志式关系为内涵、以党内权利一律平等为基础的关系，是全体党员为着共同的理想目标而自愿团结奋斗的关系。党内政治生活中的充分民主与组织行动中的充分集中是有机结合的生态关系，是党中央带领全党同志团结奋斗关系的基本形态。因此，充分实现党员参与党内事务、监督制约党内“关键少数”角色权力运用的民主权利，是党内民主的本质与核心，更是加强对基层党委书记角色期望与角色监督的必要途径。

习近平总书记对保障党员民主权利曾多次进行论述，要求“领导干部要大力发扬民主，切实尊重和维护广大党员的知情权、参与权、选举权、监督权”，“坚决反对搞‘一言堂’、个人专断”[③]。要按照党章和相关条例规定保障广大普通党员的基本权利，进一步落实普通党员行使权利的配套措施，切实保障普通党员的权利不受侵犯，营造党内不同意见平等讨论的环境，鼓励和引导普通党员讲真话、讲心里话，如此方能构建起对基层党委书记进行角色监督的良好内部环境。

---

① 习近平:《之江新语》，浙江人民出版社，2007，第 113 页。

② 习近平:《关于中国特色社会主义理论体系的几点学习体会和认识》,《求是》2008 年第 7 期。

③ 习近平:《领导干部要树立正确的世界观权力观事业观》,《中国党政干部论坛》2010 年第 9 期。

保障党员民主权利，最基本的是要实现广大普通党员的知情权、参与权、选举权和监督权。充分落实对普通党员基本民主权利的保障，可以有效防止和纠正党员遭受侵权的各种问题，更可以从外部环境建设促进基层党委书记的角色实践。要保障党员主体地位和民主权利，应从以下几个方面做起。

1. 增强党员主体意识，强化党内民主建设的思想基础

增强基层党员的主体意识，是发展巩固党内民主的思想基础。随着社会的不断发展，年轻党员的民主素质日益增强，但由于社会阶层结构变动、人员流动加速、基层党组织管理缺位等因素的影响，一些普通党员权利主体意识淡薄、义务主体意识缺失，这种主体意识的淡化在很大程度上影响了基层党内民主建设的推进。针对这一情况，一方面要抓基层党委书记等领导干部的民主作风，另一方面还要加强对广大普通党员的教育和启迪，以增强其主体意识，以求上下互动，整体推进。首先要进一步增强普通党员的民主权利意识，特别是强化其党性观念，采取多种形式将普通党员民主权利意识的培养与其工作、学习活动联系起来，与其切身利益联系起来，以增强其参与党内事务的动力和维护自身正当权利的自觉性。其次要进一步改进党的基层领导干部的民主作风。加强对基层党委书记等“关键少数”角色的管理和教育，培养和增强其党内民主观念，使其改变特权思想和家长制作风，通过作风建设、“三严三实”等活动的常态化，促进其进一步改进纪律作风，为党内民主创造良好的条件。最后是进一步营造基层党内民主氛围。利用各种形式的宣传，在基层党组织内部开展群众路线主题教育实践活动，努力营造尊重和维护普通党员民主权利的浓厚氛围，为发展基层党内民主奠定坚实的思想基础。

2. 发挥党员主体作用，增强党内民主建设的动力

增强基层党内民主建设的动力需要创新载体、拓宽渠道，既要发挥普通党员在党内事务中的主体作用，又要发挥他们在日常管理工作中的主体作用，两者紧密结合、相互促进。一是要注重发挥普通党员的主力军作用。结合经常性工作为广大普通党员发挥先锋模范作用积极创新活动载体，搭建其积极参与党内决策活动的平台。二是要注重拓宽普通党员参与党内事务的渠道。积极开拓民主途径，多层次、多角度、多渠道地创设普通党员参与党内事务管理的载体，组织普通党员对基层党委内部重要事务建言献策；利用“两微一端”等新媒体平台开办网上论坛、党务热线等，使普通党员随时可以对党内事务提出意见和建议；建立普通党员意见建议办结反馈制度，党组织对党员来信来访、意见建议要做好登记、记录，及时处理反馈。三是注重为普通党员发挥主体作用创造条件。普遍建立党内互助机制，加大对困难党员的物质救助，建立老干部、老党员、困难党员救助帮扶基金，增强广大普通党员对党的认同感和向心力，促进党员主体作用的发挥。

3. 保障党员主体地位，形成党内民主建设的长效机制

衡量党员主体地位的重要标志是其在党内权利的实现和得到保障的程度。尊重党员主体地位，发挥党员主体作用，必须把党内民主制度的建设放在基层党的建设的关键位置，确保党章中规定的党员各项权利切实得到落实。要着力在建立健全保障党员民主权利的工作机制上下功夫，加快推进以民主选举、决策、管理、监督为重点的基层党内民主制度体系建设，切实做到用民主科学的制度管权、管人、管事、管物。一是要以健全党务公开制度为重点，落实和保障普通党员的知情权。二是以改革党内选举制度为根本，落实和保障普通党员的选举权。三是以完善党员意见表达制度为基础，落实和保障普通党员的参与权。四是以创新党内监督制度为关键，落实和保障普通党员的监督权，拓宽广大党员参与对基层党委书记的角色监督的渠道。

（二）推进党务公开

随着我国社会主义政治文明建设的推进，基层人民民主范围的不断扩大，党务公开、政务公开、厂务公开、村务公开、校务公开等办事公开制度逐步建立健全。中国共产党作为执政党一直走在社会前列，在实行党务公开方面做得更加扎实，如党内重大决策制定、干部人事任免、重大经费开支等重要事务，都会让广大普通党员充分了解和广泛参与。具体来说，推进党务公开就是不断完善党内情况通报、情况反映、重大决策征求意见制度，完善重大决策的规则和程序，建立和完善人事任免、评选先进的公示制度以及党内事务公告和反馈制度等，以增强党的工作的透明度。

积极推进党务公开，对于不断健全党内民主制度，对于改进基层党委领导方式，对于强化对基层党委书记的角色监督，具有十分重要的意义。在实践中，推进党务公开，必须强化基层党委书记这个基层党委内部的“关键少数”角色的民主意识，抓住党委决策运行的关键环节，确保取得对基层党委书记进行角色监督的扎实效果。

1. 积极营造推进党务公开的良好氛围

推进党务公开，首先要求基层党委书记角色承担者的民主意识要强，广大普通党员对党内事业的参与积极性要高。在实践中，很多党的基层领导干部对推进党务公开还存在模糊认识：有的认为党务工作涉及党内机密，不便于公开也没有必要公开；有的认为把政务公开制度落实了就行了，党务公不公开无所谓；有的认为党务公开只是走形式，公开了普通党员、群众也不会关心；还有一些嫌麻烦、有顾虑，甚至不愿、不敢公开。总之，党的基层领导干部的角色意识中的党内民主意识不强是推进基层党务公开的主要思想障碍。为此，要强化基层党委书记的民主意识，使之深刻认识到党务公开的重大意义，帮助其澄清模糊认识，切实把思想统一到党中央关于推进党务公开的决定和党章的精神上来。同时，要加大对基层党务公开的宣传力度，营造浓厚的舆论氛围，引导广大普通党员、群众了解和熟悉党务公开的基本原则、内容和方法，以便于他们积极参与、关注党务公开，以加大对基层党委书记的角色监督的力度。

2. 切实提高党务公开的规范化水平

党务公开应该通过规范的程序实现对基层党委决策的最大监督效果，其出发点要以保障基层党委的领导力为目标。一是科学确定公开的内容。应当依据党章研究设计一定的标准，从党的事业和民族复兴的大局出发，确定基层党务公开的内容，凡属党章要求公开的内容，凡是广大普通党员关注的重大事项和热点问题，只要不涉及党和国家的秘密，都要按照规定在适当范围内以合适的方式公开。二是采取灵活多样的形式。在实际操作中，要坚持灵活多样、简便实用的原则，合理确定公开的形式，以求最大限度推进党内民主建设。三是严格规范党务公开的程序。严格限定党务公开事项审批责任人和公开工作执行人，根据党务公开的内容，严格区分事前公开、事中公开和事后公开，并限定公开的范围和时限。四是明确公开时限。公开时限要符合党章党规的要求，充分体现党务公开的经常性、动态性和及时性。

3. 着力增强党务公开的可操作性

党务公开工作，要围绕加强对基层党委书记的角色监督这个出发点，根据各部门情况区别对待，实行分层次规范和分层次指导，切实增强党务公开的可操作性。一般应由较高级别的党委会制定整体工作方案，明确党务公开的指导思想、基本原则、内容和工作要求，在符合宏观指导要求的基础上，各下级党组织根据工作实际，制定出具有本单位特色的切实可行的党务公开实施细则，把党中央的路线方针政策、上级的意见和要求进一步具体化，提出本级党组织党务公开的内容、形式、程序、时间、范围、责任和要求。这样就可以有效地避免“一刀切”“一锅煮”“一阵风”的形式主义，使基层党务公开切实做到规范到位、指导到位、落实到位。

4. 确保党务公开的制度完善

党务公开作为推进党内民主、强化对基层党委书记的角色监督的一项基本制度，必须有健全的机制及与之配套的一系列具体制度来保证其顺利推进。一是要健全领导工作机制。推进党务公开要按照“党委统一领导、部门各负其责、纪委协调监督、党员广泛参与”的要求，加强对基层党务公开工作的组织领导。二是要健全责任制。把任务分解落实到各级党组织和部门，落实到具体的岗位和个人，严格责任追究，对工作不力、搞形式、走过场的，要严肃批评；对违背党务公开原则、弄虚作假的，要严肃处理。三是要健全监督机制。上级党组织、本级组织、纪委要加强对所属单位的党务公开工作的检查监督，着重检查公开的内容是否全面、程序是否规范、范围是否恰当、制度是否健全、执行是否到位、效果是否明显。四是要健全评议制度。对党务公开工作进行群众评议，广泛征求和听取党员、群众的意见建议，不断改进以切实形成特色鲜明、简便易行的党务公开成效评估体系。

二、加强制度建设

任何社会、任何组织、任何政党都离不开制度的保障。制度是社会有序运行的根本保证，也是实现社会公平正义的根本保证，对于中国共产党这样的世界第一大执政党来说，更具有特殊的重要意义。学习党史会发现，制度建设始终贯穿于党的建设的方方面面，是党的建设的重要载体和机制保障。党的制度建设作为重大的理论问题和实践问题，在党的自身建设中占有越来越重要的地位，发挥着不可替代的作用。加强制度建设，是新时代全面从严治党的必然要求，也是建设良好的党的领导干部角色实践的外部环境的必经途径。

（一）制度的作用

"制度"一词在我国古籍中早有记载，传统意义上是指约束人们行为的规则、规矩、法度、章程等。《现代汉语词典》对其有两种解释：一是要求大家共同遵守的办事规程或行动准则，如工作制度、领导制度；二是在一定历史条件下形成的政治、经济、文化等方面的体系，如社会主义制度、封建宗法制度[①]。制度的含义也是相当广泛的，从国家和社会层面讲，可以指国家的政治制度，也可以指国家的经济制度，具体来说包括政党制度、立法制度、司法制度、行政制度、选举制度、财政制度、分配制度、社会保障制度等。我们的人民代表大会制度、中国共产党领导的多党合作和政治协商制度、民族区域自治制度，都属于国家政治制度的范畴。

制度具有约束、引导、激励和惩处的作用，一种好的制度设计往往可以起到规

① 中国社会科学院语言研究所词典编辑室编《现代汉语词典（2002 年增补本）》，商务印书馆，2002，第 1622 页。

范行为、扬善抑恶的作用。要知道好的制度会使坏人做好事，坏的制度也会使好人做坏事。习近平总书记明确指出："我们党要履行好执政兴国的重大历史使命、赢得具有许多新的历史特点的伟大斗争胜利、实现党和国家的长治久安，必须坚持依法治国与制度治党、依规治党统筹推进、一体建设。"①

（二）党的制度建设的历史

党的制度是指以党章为依据，以民主集中制为基础和核心的党内一整套法规制度的总称，包括党内法规、条例、体制、规则、程序等。制度建设是党的建设不可或缺的重要组成部分。

回顾我们党成立 100 年来的历史，可以发现党的制度建设一直在不断加强。建党初期，主要是制定和执行党章，没有比较完善的规章制度可以遵循。当时，党内出现的陈独秀的右倾错误，瞿秋白、李立三的"左"倾错误，王明先"左"后右的错误，除了当时我们党尚处于幼年时期、政治上还不够成熟之外，与党的制度不健全也有关系。真正意义上的制度建设是在 1935 年遵义会议之后。1938 年 9 月中共中央政治局决定成立中央规则起草委员会，负责起草《中央委员会工作规则和纪律的规定》《关于党部规则和纪律的规定》《关于党委暂行组织机构的决定》等 3 个党内法规。从此，党的领导体制和运行机制、工作规则和纪律正式确立下来。1942 年 9 月，中共中央政治局又作出了《中共中央关于统一抗日根据地党的领导及调整各组织间关系的决定》。解放战争时期，毛泽东同志为中共中央起草了《关于建立报告制度》《关于健全党委制》《党委会的工作方法》等党内文件，对党的领导方式和领导方法做了明确规定。上述做法可以说是中国共产党在执政前对制度建设的探索。

1949 年我们党执政后，最初沿用的是革命战争年代已经实践探索出的行之有效的制度。1956 年三大改造完成后，原有制度中一些不适应执政现实发展变化的问题慢慢显露出来，党的八大在制度建设方面开始有所注意。1980 年 8 月，邓小

① 习近平：《论坚持全面依法治理》，中央文献出版社，2020，第 169 页。

平同志在《党和国家领导制度的改革》中指出：“……制度好可以使坏人无法任意横行，制度不好可以使好人无法充分做好事，甚至会走向反面。……领导制度、组织制度问题更带有根本性、全局性、稳定性和长期性。这种制度问题，关系到党和国家是否改变颜色，必须引起全党的高度重视。”① 这是对制度建设重要性的精辟阐述。江泽民同志在党的十五大报告中指出：教育是基础，法制是保证，监督是关键。继续推进党的制度建设。2005 年 7 月，胡锦涛同志针对党内制度不够健全的现状，明确提出要探索建立保持共产党员先进性的长效机制，探索建立加强和改进党的建设的长效机制。

2012 年党的十八大以来，以习近平同志为核心的党中央领导集体加快建立健全党内法规制度体系，不断改进和完善党的领导方式和执政方式，以提高党的科学执政、民主执政、依法执政水平。“先后组织制定修订 200 多部中央党内法规，注重党内法规同国家法律的衔接和协调，初步形成以党章为根本，以民主集中制为核心，以准则、条例等党内法规为主干的党内法规制度体系。”② 2013 年 11 月颁布的《中央党内法规制定工作五年规划纲要（2013—2017 年）》确定了党内法规建设要坚持“宪法为上、党章为本”的原则，党的十八届四中全会又从制度层面对“依法治党与依规治党”做了部署，提出要“建立重大决策终身责任追究制度及责任倒查机制”，“健全党领导依法治国的制度和工作机制”，“建立领导干部干预司法活动、插手具体案件处理的记录、通报和责任追究制度”③ 等一系列新举措。这都充分体现了以习近平同志为核心的党中央选择依法治党、依规治党的坚定决心和鲜明态度。

（三）党的制度建设的措施

党的制度建设的目的，就是按照党章的根本要求，建立起规范各种党内外关

---

① 邓小平：《邓小平文选》第 2 卷，人民出版社，1994，第 333 页。

② 中共中央宣传部编《习近平新时代中国特色社会主义思想学习问答》，学习出版社、人民出版社，2021，第 217 页。

③ 《中共中央关于全面推进依法治国若干重大问题的决定》，《人民日报》2014 年 10 月 29 日。

系，保证党内正常组织生活、有利于党的领导作用实现的制度和机制，使党的建设和党的工作逐步规范化、科学化、制度化。

1. 坚持以党章为依据

党章是政党内部最基本和最高的政治行为规范，是一个政党政治态度、组织形态、理论水平和运动水平的集中体现，是完备的政党组织所不可缺少的。无产阶级政党的党章是无产阶级政党区别于其他政党的显著标志，是党的性质和党的整体意志的集中体现，是具有最高权威的党内法规。习近平总书记明确指出："党章就是党的根本大法，是全党必须遵循的总规矩。"① 可见，党章在党内的地位是至高无上的，是最具权威性、稳定性、严肃性的根本大法，是立党、治党、管党的总章程。加强党的制度建设，必须以党章为依据，不能与党章相违背，一切党组织和全体党员、干部都必须无条件地、不折不扣地按照党章办事。

基层党委书记要通过不断学习党章，养成党章意识，约束自身角色实践，不断提高自身素质以提升党性修养，进而增强自身角色实践的效果。在基层党的制度建设中集中体现党章精神，要求基层党委书记这个基层党委内的"关键少数"角色做到以下 3 点。第一，要全面掌握党章的基本内容。习近平总书记要求，"要把党章学习教育作为经常性工作来抓"，"使全党同志对党章内化于心、外化于行"。第二，要牢固树立党章意识。党要管党、从严治党，一个重要的前提条件就是党的领导干部要有较强的党章意识。"要牢固树立党章意识，真正把党章作为加强党性修养的根本标准，作为指导党的工作、党内活动、党的建设的根本依据，把党章各项规定落实到行动上、落实到各项事业中"②。第三，要切实维护好党章的权威性和严肃性。党的领导干部要以党章为基本标准严格要求自己，决不允许任何党员或组织有超越党章的特权和违反党章的言行，对于违背党章的个人或组织要按照党章严肃处理。

① 习近平：《认真学习党章，严格遵守党章》，《人民日报》2012 年 11 月 20 日。

② 习近平：《认真学习党章，严格遵守党章》，《人民日报》2012 年 11 月 20 日。

2. 加强领导干部的制度修养

党的领导干部的制度修养，是指党的领导干部对制度重要性的认识以及自觉遵守、维护制度的意识和素养，包括党的领导干部对党的制度的基本看法和态度、对党的制度的了解和对制度规则的掌握，党的领导干部自觉遵守党的制度的意识和按制度办事的能力等。党的领导干部的制度修养是加强党的制度建设的基础和前提，应予以重视。习近平总书记强调："对每个领导干部，都要加强民主集中制的教育培训，使他们熟悉民主集中制的规矩，懂得民主集中制的方法。"① 由于历史和现实的原因，部分党的基层领导干部的制度意识比较薄弱，按制度规则办事的能力不强，习惯于盲从，按领导的意图办事，这就给封建家长制、个人崇拜提供了土壤和条件。基层党内曾经存在着"从众"心理、"法不责众"心理，凡事喜欢靠关系、找熟人，而一些领导干部则乐于搞个人专断，随意破坏党的制度，违反议事规则，尤其是在一些党组织内部通行的"潜规则"，严重侵蚀着党的健康肌体，这些都极大地干扰和妨害着基层党的制度建设。

提高党的领导干部的制度修养，首先要加强对广大党员和领导干部的党章意识的培育、制度意识的教育、民主法治观念的教育，使广大党员特别是领导干部充分认识到制度建设的重要性，提高其遵守党章和维护制度的自觉性。其次要加强对广大普通党员的制度知识培训，使他们熟悉党内有哪些制度，其主要内容是什么，有哪些具体要求，如何按照制度规则处理党内的各种关系和事务。最后还要加强对违反制度行为的追究，确立制度的高压线，把权力关进制度的笼子里，不能随意触犯制度底线，触犯了就要受到惩罚，这样做不仅能够维护制度的权威性，而且能够树立正确的价值导向，使人们能够明辨是非、规范行为。只有使每个党员和领导干部都牢固树立制度意识，积极投身制度建设，党的制度建设才能有广泛而坚实的基础，才能营造出对领导干部进行角色监督的外部良好环境和氛围。

---

① 中共中央纪律检查委员会、中央文献研究室编《习近平关于严明党的纪律和规矩论述摘编》，中央文献出版社、中国方正出版社，2016，第 97 页。

3. 明确各部门落实制度的责任义务

（1）上级党委要把执行制度作为基层党委书记义不容辞的责任来要求。要求基层党委书记既要带头执行已有的制度规定，又要在角色实践中认真组织落实，还要负责检查、监督其他同志的贯彻落实情况，并将之作为对其考核评定的一部分。一旦发生不落实党章党规甚至违反党的制度规定的问题，要首先追究基层党委书记的责任。

（2）明确党委委员监督的职责。要使党委委员清醒地认识到自身负有的责任，克服对基层党委书记角色权威的心理障碍和“随大流”的不作为心态，不在集体研究时自觉或不自觉地把“下级服从上级”的原则带到党内生活中，看党委书记眼色行事，对有些事情，明知不对也开口叫好，使党委会议不知不觉中成为“一言堂”，致使基层党委书记的角色认知产生偏差，干扰其角色行为选择。党委委员应该明确：在党内，无论是书记还是委员，其发言权、表决权、监督权都是一样的，不是谁职务高谁说了算、谁资历老谁说了算，绝不能有“人微言轻”的观念，更不可作壁上观、说风凉话、当局外人。

（3）严格落实纪委作为党的专职监督机关的职责。纪委对同级和下级党委及其成员执行民主集中制、遵守党规党纪的情况以及思想作风状况进行检查和监督。基层党委成员特别是党委书记要自觉接受纪委的监督。纪委工作人员也要明确党委和纪委虽然是领导与被领导的关系，但是党委成员与纪委则是个人与组织的关系，个人必须接受组织的监督。纪委要敢于履行职责，及时了解掌握基层党委班子及其成员贯彻民主集中制、加强党的建设以及党领导一切等方面的贯彻落实情况，大胆对党委成员尤其是基层党委书记进行检查、监督，发现问题及时指出纠正，必要时可以直接向上级纪委报告。

4. 完善领导干部选拔任用制度

“面对复杂多变的国际形势和艰巨繁重的国内改革发展任务，实现党的十八大确定的各项目标任务，进行具有许多新的历史特点的伟大斗争，关键在党，关键在人。关键在党，就要确保党在发展中国特色社会主义历史进程中始终成为坚强领导核心。关键在人，就要建设一支宏大的高素质干部队伍。”[①] 新时代，加强干部队伍建设要紧紧围绕“何为好干部”“怎么成为好干部”和“怎么用好干部”这3个方面来展开。领导干部选拔任用制度，是选拔、录用、任免干部的原则、程序、方式、方法等的总称，是党的干部人事制度的主要内容，更是建立优秀人才脱颖而出的用人机制的关键。用什么人，不用什么人，怎样选人用人，不仅具有重要的导向作用，而且直接关系到预防和纠正用人上的不正之风。解决这些问题的最好办法是发展党内民主，走群众路线，扩大普通党员和群众对干部选拔任用的知情权、参与权、选择权和监督权。

有必要进一步推进领导干部选拔任用提名方式的改革，拓宽选人用人渠道。在领导干部的选拔上，要力争避免“以分取人”和“以票取人”的不良现象，该党委决定的党委必须有所担当，要坚持党管干部的原则，充分体现党委主张，以确保党领导一切在基层的落实。严格执行选拔任用干部程序，切实按照民主推荐、组织考察、党委集体讨论决定、任前公示、上级党委审批的程序选拔任用干部。进一步改革对拟任人选的考察方式，对考察人不应由领导个人指定，而应随机产生，对被考察人应由等额定向考察改为差额不定向考察，广泛征求干部所在部门、单位的党员和群众的意见。严格落实党委会票决制，杜绝临时动议，防止以公开、合法的形式行“少数人说了算”之实。

5. 完善领导干部考核制度

干部考核制度，是组织人事部门定期对领导干部的思想品德、工作态度、工作能力、工作实绩等进行考察和鉴定的制度，它是干部管理的重要组成部分和加强党的干部队伍建设的重要措施。建立健全科学的干部考核制度，不仅有利于正确地选拔和任用干部，而且对调整干部的价值取向，转变干部的工作作风，激励干部脚踏

---

① 习近平:《建设一支宏大高素质干部队伍，确保党始终成为坚强领导核心》,《人民日报》2013年6月30日。

实地为人民建功立业起着积极的导向作用，同时也是建立严格的奖惩淘汰机制、解决干部能上不能下问题的重要途径。

要按照科学政绩观的要求，根据不同层次、不同岗位、不同职务的不同特点，制定合理的干部考核评价标准，严格执行干部考核程序。不断改进干部考核的方式，采取定性考核与定量考核相结合、平时考核与定期考核相结合、党组织固定考核与群众随机参与考核相结合等方法，客观公正、实事求是地对领导干部进行考核，以正确开展对领导干部的角色评价。要正确运用干部考核结果，将干部考核与干部奖惩、升降挂钩，建立合理的领导干部激励机制。要细化领导干部不称职、不作为的认定标准，增强考核评价结果对领导干部角色实践的指导性。要把实行干部考核制度与实行领导干部的免职、辞职、降职制度结合起来，及时调整不称职、不作为的领导干部。

三、完善角色期望的表达渠道

所谓完善角色期望的表达渠道，是指要进一步强化领导干部的角色期望的功能，完善党组织、党员和群众表达对领导干部的角色行为的期望和要求的渠道、平台和机制。在现实社会中，我们每一个人的角色都是由社会地位和身份规定了的，角色是社会地位和身份的动态表现。当某人承担基层党委书记这一角色时，党和人民群众就会对其角色行为表现加以限定。其就要按照党和人民群众对基层党委书记角色的期望和要求行事，这是基层党委书记角色承担者必须要面对的问题。当然，最为紧迫的是，要强化角色承担者对基层党委书记角色的认同并内化角色期望的意识，使广大党员、群众牢固地确立适时而恰当地表达角色期望的观念，正确地向基层党委书记表达正确合适的角色期望，帮助基层党委书记角色承担者不断修正角色行为以达到理想角色的状态。我们要懂得，角色期望是一种推动力，可以促进基层党委书记角色承担者积极向上地践行角色规范和要求。值得注意的是，提出角色期望应实事求是，要符合基层党委书记角色行为及角色环境的实际，使角色承担者能够通过自身的不懈努力，逐步达到或接近党和人民群众所期望的理想角色目标。

角色期望对角色意识的培养有重要的促进作用，是角色意识形成的外部力量之一。如果本级党委成员、普通党员、广大人民群众对基层党委书记的角色期望，都能像基层党委书记的上级组织和领导那样有自己顺畅的角色期望表达渠道，那么对基层党委书记正确角色意识的培养就会起到良好的引导作用。现实中，除了上级领导对基层党委书记的角色期望的表达比较顺畅之外，本级党委成员、普通党员、广大人民群众对基层党委书记角色期望的表达的渠道还有待于进一步畅通。

（一）落实分工负责制，坚持党委集体领导

集体领导和个人分工负责是党委领导制度不可分割的两个方面。没有集体领导，就难以保证党委意志的统一，无法形成正确的集体决策；没有个人分工负责，党委决议就不能得到有效的贯彻执行。坚持分工负责制，需要注意以下两个方面的原则性问题：一是用权不越位；二是分工不分家。制定党委班子内部良好的议事原则，能为基层党委书记养成正确的角色意识提供良好的外部环境。

用权不越位要注意做好两点。第一，书记不专权。基层党委书记不能大事小事都想自己说了算，要通过严格贯彻党内分工制度来开展工作，在工作中严格落实按级负责、分工负责的组织原则，使班子成员都有自己的职权范围。在分工时，确定谁主管、谁落实，基层党委书记负总责，可以检查指导，但不包揽包办。要有意识地做到对相关负责人员敢于放心、愿意放手。第二，党委委员不擅权。党委委员要做到对于超越自身职责范围内的事情，不乱加干涉、擅作主张，努力使自己做到不争权、不争功，多干事、多尽责，做到配合不搅合、到位不越位，真正当好基层党委书记的助手和配角。

分工不分家要求基层党委班子内部既要明确分工、各负其责，又要密切协作、互相支持，做到分工不分家、补台不拆台。党委正副书记作为主官，无论是布置工作还是强调问题，都要从全局出发，互相配合。当对方工作遇到困难时，要主动关

心帮助，做到共同排忧解难；当对方工作出现失误时，要互相提醒，共同研究纠正的办法；当双方工作发生冲突时，要主动磋商，交换意见，力争求同存异，及时化解矛盾。要防止和克服只讲分工不讲支援、争功诿过、“各吹各的号，各唱各的调”的不良倾向。

（二）提高民主生活会的质量，关注党委成员的期望

民主生活会主要通过开展批评和自我批评的方式来改进党的领导干部的工作作风。召开民主生活会，“红红脸、出出汗”，有利于加强对党委书记等“关键少数”角色的监督，增进党内民主，以同志式的关心、批评求党委内部的真正团结。民主生活会制度，是党内政治生活的一项重要制度，是严格落实党内监督、解决党委班子自身矛盾和问题的有效途径，对发扬党内民主、调节和解决党委内部矛盾、提高党的领导干部的思想水平和党性修养、其他党委成员表达对党委书记的角色期望、正确引导基层党委书记角色意识起着十分重要的作用。要使民主生活会制作真正成为党委成员互相监督、互相砥砺，党委成员充分表达对基层党委书记的角色期望的重要机制，必须认真坚持，按照规定时间和规定动作，严格规范党组织生活，抓住党委建设、党委领导工作的大事，认真开展批评和自我批评。要始终明白召开民主生活会的目的在于通过开展批评和自我批评，沟通思想，加强团结，互相监督，共同提高。

召开民主生活会，必须有三分之二以上党委班子成员参加，书记、副书记不能缺席，并要做好民主生活会的组织者和主持人。在民主生活会召开前，注意做好征求意见的环节。采取多种形式，听取机关和下级党组织的意见和建议，并如实反馈给党委班子成员。通过民主生活会中党委成员之间的批评与自我批评，基层党委书记作为党组织内的一员可以平等地和党委成员之间进行开诚布公的沟通。同时，按照党章要求，上级党委须派委员参加下级党委的民主生活会，这就有效地确保了在民主生活会上，本级党委成员能够畅所欲言，充分表达自己对基层党委书记的角色期望。此外，上级党委、基层党委书记在民主生活会进行指导、主持的过程中，要

注意把党委内部的批评和自我批评同党委外部对基层党委书记的角色监督有效结合起来。

（三）贯彻重大决策征求意见制度，关注下级党组织和党员的期望

重大决策征求意见制度，是指基层党委研究决定重大问题时应当广泛征求下级组织和广大党员的意见和建议，切实了解党内同志的呼声和愿望的制度。通过该制度的贯彻落实，普通党员也可以表达对基层党委领导集体尤其是党委书记的角色期望，有效地引导基层党委书记的角色认知。发扬党内民主要求进一步建立涉及党内重要事务、干部人事、重大利益的重要决策征求意见的制度，建立重大决策征求专家意见建议的制度，健全党务公开机制，进一步加大在干部选拔任用、表彰奖励、经费开支等问题上的公开度、透明度，落实和保障广大党员的民主权利。

基层党委书记在带领党委班子成员进行各项决策时，应该严格贯彻落实征求意见制度，对与下级党组织有关的重大问题作出决定时，应当征求下级党组织的意见；对涉及全局性的工作和关系普通党员切身利益的事项，应当充分听取下级党委、党组织和普通党员的意见建议；对专业技术性较强的问题，还应当咨询相关领域专家的意见。重大决策征求意见的过程，也是保证基层党委决策不断完善以得到更多有效反馈信息的必经之路。作为基层党委中的“关键少数”角色，基层党委书记一方面要本着对党的建设负责、对普通党员利益负责的态度，深入研究决策执行过程中反映上来的新情况、新问题，并认真梳理，及时提出修订党委决策的建议和意见；另一方面，要注意倾听广大普通党员的意见反馈，多采取问卷调查、座谈讨论、基层调研、来信来访等方式，广泛征求广大普通党员对党委决策的意见和建议，特别是要征求专家学者的意见，以及时发现决策执行过程中暴露出的问题和不足，使党委决策不断得到修订完善。同时，也要千方百计地鼓励广大党员、群众在执行党委决策过程中，以主人翁的意识，积极主动地向党委反馈信息，特别是对于一些群众意见大、呼声高、亟待解决的问题，要实时寻求反馈，以随时掌握情况，及时对党委决策进行调整。

（四）拓宽调查研究的范围，关注普通群众的期望

调查研究是实现实事求是的根本途径，是我们党的优良传统和基本的工作方法。坚持调查研究制度，是做好基层党委工作的重要基础。党委筹划工作、作出决策、部署任务，应当事先进行调查研究。党委每年应当对调查研究工作作出安排，领导干部的调查研究必须深入群众，深入基层，掌握第一手材料。领导干部还应当自己动手撰写调研报告。委员的调研报告应当报本级党委，书记、副书记的调研报告和决策建议还应当报上级党委。习近平总书记曾强调："基层一线是领导干部了解实际、向广大群众学习的好课堂，也是领导干部磨练作风、提高素质的大考场。到地方和基层一线工作，同基层干部和群众一起摸爬滚打，对于领导干部特别是年轻干部增长领导才能、积累实践经验、加快政治成熟至关重要。"① 在实际工作中，领导干部必须认真贯彻落实调查研究制度，只有这样才能深入基层、深入群众，倾听群众呼声，了解群众疾苦，明确群众对其的角色期望，才能认清自身所担负的责任，从而推动自身正确角色实践的开展。

在调查研究过程中，领导干部必须全身心地深入实际、深入群众。要知道，调查研究贵在"身"入，难在"心"入。下基层开座谈会、听汇报、看材料、蹲点等，都是"身"入实际、调查研究的有效形式。但如果"身"入"心"不入，获得的情况也有可能掺有水分，据此得出的认识就会有片面性，作出的决策就可能有失误。只有做到"身""心"皆入，才能真正掌握第一手材料，了解到真实情况。要坚决防止"下去听汇报，蹲点挂个号，走时带材料"，"材料到手，拔腿就走"等不良作风的出现。调查研究的关键是"心"入群众。毛泽东同志曾指出："如果没有满腔的热忱，没有眼睛向下的决心，没有求知的渴望，没有放下臭架子、甘当小学生的精神，是一定不能做，也一定做不好的。"② 领导干部在调查研究中要直接到基层蹲一蹲，和普通群众聊一聊，到工作现场看一看，切实在"亲知亲为"上下功

① 习近平：《在地方和基层历练中锤炼党性增长才干》，《领导文萃》2010年第12期。

② 《毛泽东选集》第3卷，人民出版社，1991，第790页。

夫。要深刻认识到，与普通群众之间的感情交流别人不能替代，对实际情况的切身体验别人不能替代，与基层的直接接触所引起的思考别人更不能替代。只有这样，才能通过调查研究真切地感受到基层人民群众的呼声和期望，才能真切感受到自身角色使命和责任，才能形成深刻的角色意识。

在开展调研前，基层党委应专门进行蹲点调研动员，通过学习我们党坚持群众路线的优良传统，结合工作实际需要，确立调研课题，由领导带领机关精干人员深入一线蹲点调研，与基层群众“面对面”接触、“零距离”交流。调研中，要坚持依靠群众，在“问计于人民”上下功夫。对于影响和制约基层党委建设的瓶颈问题，要听听人民群众的声音，善于群策群力，症结大家找，方法大家拿。在内部网络和新媒体平台上开辟学习实践活动专栏，设立相关栏目，引导普通群众积极参与互动，让大家在“发牢骚”“透透气”中出点子、想办法，提出合理化建议。调研后，要在坚持服务群众、“为百姓解难题”上下功夫。在广泛征求意见的基础上，基层党委要立足于为基层、为群众做实事，着力调动人民群众参与工作的主动性、积极性。

四、加强对领导干部的角色监督

加强党内监督，既是中国共产党的建党理念和政治优势，也是加强对党的领导干部的角色监督的必由之路。习近平总书记指出：“没有监督的权力必然导致腐败，这是一条铁律。”[①]现实中，对党的领导干部的监督是一个极其重要的问题。回顾我们党执政以来的经验教训，思考一些党的领导干部发生问题的原因，不难看出监督对权力正确行使的重要性。曾经一段时间，党内存在的一个突出的问题，就是不愿监督、不敢监督、抵制监督等现象不同程度地存在。权力没有监督就会滥用，绝对

① 中共中央宣传部编《习近平新时代中国特色社会主义思想学习问答》，学习出版社、人民出版社，2021，第218页。

的权力导致绝对的腐败，这是不以人的意志为转移的铁律。如果对党的领导干部的各项角色监督得不到有效落实，其角色意识必然发生扭曲，最终导致错误的角色行为，甚至角色实践完全失败。

（一）党内监督的意义

党内监督是指党内监督主体依据党章和党的纪律规定在党组织内部将检查、督促、评价、揭露、举报、处理等方式作用于党的领导干部，以保证其领导行为在任何情况下都不违背党的纪律的一种维持党的纯洁性以确保党的组织架构客观有序运行的活动。中国共产党把加强和健全党内监督、严肃党的纪律视为加强党的建设的重要内容，提出党内监督的实质是党从人民利益出发，按照从严治党的要求进行自我约束和自我完善。

2003 年 12 月 31 日，中共中央印发了《中国共产党党内监督条例（试行）》（以下简称《条例》），这是中国共产党建党以来制定的第一部党内监督法规，也是世界政党史上第一部关于政党内部监督的文件。该条例把党内监督与党外监督、自上而下与自下而上的监督有机地结合起来，勾勒出一个强有力的党内监督体系，设计了丨大监督制度，规定了六大监督主体的监督职责或责任权利。根据《条例》规定，党内监督的重点对象是党的各部门的领导机关和领导干部，特别是领导班子主要负责人，其实就是各级党委书记。

党的十八大以来，在习近平总书记全面从严治党重要论述精神的指引下，我们党探索构建了一套行之有效的权力监督制度。“重点加强对高级干部、主要领导干部的监督，完善领导班子内部监督制度，破解对一把手和同级监督难题。强化政治监督，深化政治巡视，切实发挥监督‘利剑’和巡视‘千里眼’作用。把党委（党组）全面监督、纪委监委专责监督、党的工作部门职能监督、党的基层组织日常监督、党员民主监督等结合起来、融为一体。”①

① 中共中央宣传部编《习近平新时代中国特色社会主义思想学习问答》，学习出版社、人民出版社，2021，第 220 页。

对基层党委书记的角色监督，可以来自上级、来自下级，也可以来自党内、来自党外群众，但最重要的还是来自党委自身的党内监督。党委自身的监督，关键是坚持和落实民主集中制，坚持党内议事制度。任何一名党的领导干部，不论职务多高，都要以普通党员的身份参与党的生活，定期向所在党组织汇报思想，接受组织的管理和监督，都要把自己放在组织之中，不允许有任何游离于党组织管理之外的特殊党员。在监督内容上，要贯彻预防教育为主的方针，不但要重视对党的领导干部的生活监督、作风监督，更要重视对其的思想监督和组织监督。在当前复杂的党情、国情、世情下，尤其要加强政治监督，督促基层党委书记带头增强“四个意识”、坚定“四个自信”、做到“两个维护”。在监督渠道上，既要重视党内监督，又要加强群众监督。要建立健全各项规章制度，使党内监督经常化、制度化。要充分发挥纪律检查委员会的职能作用，支持纪委工作，保证党委领导的正确性、严肃性和有效性。现实中，以上各种措施如得不到有效落实，基层党委书记的角色实践就容易出现问题。

角色监督的根本着眼点要放在对基层党委书记权力的制约上。例如，建立相应的干部回避制度、任期制度、轮岗制度、权力分解制度、个人重大事项报告制度等；还要建立外部制约机制，对用权过程进行监督，制定明确的用权程序，加大用权过程的开放度、透明度和群众参与程度，特别是要实行办事制度、办事结果公开，让普通党员、群众广泛参与监督，这样才能做到“清水观鱼，无私无弊”。一般来讲，要加强对党的领导干部的角色监督制度建设，重点是要把党内监督、人大监督、政府监察机关监督、司法监督、政协的民主监督、民主党派监督以及包括新闻舆论监督在内的社会监督结合起来，形成良性互动的合力。

（二）如何做好党内监督工作

加强和改进新时代下党的建设工作，切实做好党内监督工作，加强对党的领导干部的角色监督，应着眼于以下几个方面。

1. 注重监督制度作用的发挥

重视并不断加强党的制度建设，是中国共产党的历史经验和优良传统。着重从制度建设和体制机制层面来研究和探索对党的领导干部的监督问题，是我们党党内监督的鲜明特色。搞好党内监督，从根本上说要走制度建设和制度管理的道路，即以制度制约权力，把权力关进制度的笼子里。党的十八大以来，我们党坚持依法治国与制度治党、依规治党统筹推进、一体建设，全方位扎紧约束权力的制度笼子，坚持用制度治党、管权、治吏。制度不在多，而在精，在于务实管用，在于作用的发挥，应始终坚持以制度设定权力、规范权力、制约权力和监督权力。

2. 重视个人事项报告

搞好党内监督，要建立在对属于监督范围内的领导干部角色承担者有清楚了解的基础上。因此，需要加强对基层党委书记个人事项报告的监督，以提高对其角色监督的力度。习近平总书记强调："作为干部特别是领导干部，在涉及重大问题、重要事项时按规定向组织请示报告，这是必须遵循的规矩，也是检验一名干部合不合格的试金石。"① 这要求党内监督要加大对领导干部个人事项报告的抽查力度，因为不请示报告"可能就是要出问题的前兆"。②

3. 加强党委内部监督

党委内部监督是指党的委员会以党章、中央的路线方针政策、党规党法和国家的法律法规为准绳，通过党的组织生活、党的纪律、党内舆论等途径，对党委的领导工作、各项建设以及党的领导干部的角色行为进行影响、约束和控制。党委内部监督是党依靠自身的力量解决自身问题、党委进行自我约束和自我完善的一种形式。党委成员处于相同或相近的领导层级，处于大体相似的工作环境下，经常在一起工作，他们之间的监督更为直接有效。党内监督通过揭露、评价、纠偏等方式，

---

① 中共中央纪律检查委员会、中共中央文献研究室编《习近平关于严明党的纪律和规矩论述摘编》，中央文献出版社、中国方正出版社，2016，第41页。

② 中共中央文献研究室编《十八大以来重要文献选编》(上)，中央文献出版社，2014，第768页。

防止作为党内“关键少数”角色的领导干部中出现各种不良现象和行为，促使党的领导干部自觉用党章党规规范自身角色行为，有效增强对其进行角色监督的效果。

（三）落实已有监督制度，探索新的监督方式

1. 落实请示报告制度

在对基层党委书记的角色监督中必须严肃请示报告纪律，这既是为安全稳定考虑，也是为基层党委书记本人角色实践的成功着想。基层党委书记本身既要充分意识到请示报告制度的重要性，坚决贯彻请示报告制度，也要监督好下级党组织贯彻好请示报告制度。贯彻请示报告制度，基层党委书记应做好以下几点。

（1）超出本级权限的事项必须请示报告。基层党委书记在意识中要非常清楚本级党委的职责权限，对决定党委和党的纪律委员会人员组成及增免，党的纪律处分，干部的任免、调配、奖惩和职级调整，重大经费开支，重大工程建设，大宗物资采购等重要问题的权限必须明了于胸。凡是超过本级权限的，或者属于本级职权范围但政策规定不够明确的事项，必须及时向上级党委请示报告。

（2）下级党委必须服从和执行上级党委的决定和指示。下级党委如发现上级党委的决定与本单位实际情况不符时，可以请求其改变；在上级党委未改变决定之前或仍然维持原决定时，必须坚决服从和执行，不能公开提出不同意见，但有权越级向更高一级党委报告。

（3）请示报告必须做到及时、求实、负责。不得无故拖延时间或“先斩后奏”，不得弄虚作假、报喜藏忧、谎报军情，更不能上交矛盾、推诿责任、敷衍塞责。

2. 落实党内情况通报制度

截至 2021 年 6 月 5 日，中国共产党已从 1949 年执政时拥有 440 多万党员，发展为拥有近 9 500 多万名党员的大党。发展党内民主，事关党的生存和发展，事关党和国家政治全局，也事关中国的前途命运。推进党内民主，当务之急还需贯彻落实好党内情况通报制度。这不但是扩大党内民主的重要途径，也是加强党内监督、反腐倡廉的重要方式。基层党委书记在角色实践过程中，带头贯彻落实该项制度，

可以使所属党组织和广大党员对党委的决策有所了解，做到党务公开，增强党内民主，调动广大党员积极性，提高本级党委的战斗力。同时，贯彻好党内情况通报制度，增强党内监督的力量，也能推动基层党委书记正确角色意识的形成，增强其角色实践效果。

3. 落实双重组织生活制度

坚持双重组织生活制度，是党的领导干部自觉接受党组织和党员监督的一项重要制度，是基层党委书记接受党内监督的有效形式。党的领导干部除参加本级民主生活会外，还必须按照规定参加所在党支部的组织生活，向党支部或党小组汇报思想、学习和工作情况，接受党组织和党员的监督，认真开展批评和自我批评。坚持双重组织生活制度，对于提高党的领导干部尤其是党委书记这个党内“关键少数”角色执行民主集中制的自觉性，增强其群众观念和党章意识，自觉接受下级党组织和广大党员对其的角色监督，改进其领导作风，增强其角色意识，不断提高角色行为水平，有着十分重要的意义。

落实双重组织生活制度，能使基层党委书记充分认识到双重组织生活的重要性，保持参加双重组织生活的自觉性，并将其深刻地融入其角色意识中。只有这样，基层党委书记才能在角色实践中自觉以普通党员的身份参加下级党支部的组织生活，不把党内地位或领导者身份带入下级党组织生活内，主动向党组织汇报思想、学习和工作情况，带头完成党支部、党小组布置的任务，自觉接受党组织和党员、群众的监督，处理好参与监督与接受监督的关系，充分发扬党内民主，对党员、群众的批评意见，做到诚心欢迎，有则改之，无则加勉，如此方能有效提高其角色实践水平。

4. 落实述职述廉制度

述职述廉制度，是我们党有组织地依靠群众对党的领导干部进行民主监督的一项重要制度。述职述廉，就是各级党的领导班子及其成员在一定范围内，报告学习贯彻马克思主义及其中国化最新理论成果的情况、执行民主集中制情况、履行岗位职责和党风廉政建设责任情况、遵守廉洁从政规定的情况。实行述职述廉制度，关键是要适当扩大参加述职述廉会议的人员范围，纪检机关和组织人事部门要加强对这项工作的督促指导，同时把述职述廉与对领导干部的考核、诫勉谈话结合起来，督促落实整改措施。必须坚持党委统一领导，纪委和人事部门共同组织实施的原则，确保工作健康有序地进行；坚持从严要求，严格按照规定程序进行，防止图形式、走过场；坚持从实际出发，实事求是，客观公正，慎重稳妥；坚持惩前毖后、治病救人，立足从政治上关心爱护干部；坚持组织监督和群众监督相结合，切实增强对领导干部的角色监督的实效。

在述职述廉前，党委班子要广泛征求党员、群众对领导班子成员的意见，并由党委书记如实反馈给相应人员。述职述廉每年组织一次，一般结合党委扩大会议进行，也可结合召开民主生活会进行。述职述廉应包括政治信念情况、理论学习情况、履行职责情况、秉公用权情况、作风品德情况、廉洁自律情况和上一次述职述廉所检查问题的整改情况及其他需要向组织和群众说明的情况等内容。述职述廉工作结束后，党委和机关应针对领导干部个人和班子中存在的问题，认真研究分析，提出改进措施和要求。领导干部述职述廉材料和民主评议、评测情况要报上一级党委，并由本级政治机关存档，作为衡量单位建设和考核班子、干部的重要依据。

5. 发挥巡视制度的作用

巡视制度，是指党中央和省、自治区、直辖市党委，通过建立专门巡视机构，按照巡视有关规定对下级党组织领导班子及其成员进行监督的制度。这项制度始建于 20 世纪 90 年代。2003 年 8 月，经中共中央、国务院批准，中纪委、中组部建立了专门巡视机构和专职巡视队伍开展巡视工作。“习近平总书记就巡视工作先后发表过十几次重要讲话，强调要及时总结党的十八大以来的巡视工作经验……不断完善巡视制度……党的十八大以来，大量在巡视工作中积累的丰富经验转变成了一批巡视制度新成果。”[①] 2015 年 8 月，《中国共产党巡视工作条例》正式印发实施，

① 张祖钧:《新时代习近平党的建设思想的鲜明特色》,《龙岩学院学报》2018 年第 36 卷第 3 期。

提出实现巡视全覆盖、全国一盘棋的总目标。2017年7月，中共中央印发了《关于修改〈中国共产党巡视工作条例〉的决定》，将修改后的《中国共产党巡视工作条例》，把政治巡视要求明确写入条例，明确了一届任期内巡视全覆盖的任务，进一步明确了党中央和国家机关应开展巡视的规定，同时将市县巡察制度写入条例。

6. 加强领导干部角色监督其他力量的建设

在对党委书记的角色监督中还需借鉴已有好的监督制度，来加强对其角色监督力量的建设。

首先，要加强内部党建工作，充分发挥党的代表大会对以党委书记为首的基层党委的集体决策的质询、问责作用及对党委成员的罢免作用。具体运作机制可以参考我国宪法和组织法已经规定的诸多具有监督性质的制度、程序和规则，如宪法中关于监督、质询、询问、罢免、特定问题调查的内容等，关键是要创建相关的具体制度细则，真正运作起来，切实发挥应有的作用。

其次，要注重内部专门监督力量的建设。除了发挥已有的纪委、巡视部门的监督作用外，还要在基层党委书记的任职考核中，加强对其的审计监督，建立健全经济责任审计制度。应逐步探索使审计监督变成一项经常化制度，逐步规范审计公告的形式、内容和程序，并且要结合领导干部选拔任用做好干部经济责任审计工作，实现对领导干部的角色监督。

最后，发挥广大群众的监督作用。保障普通群众对基层党委书记等领导班子成员违法违纪行为的检举权、控告权、申诉权。将党务公开、政务公开作为一项经常性工作，保障广大群众对基层党委决策的知情权和参与权，为普通群众开展监督活动创造必要的条件和环境。同时，要切实加强对检举人、控告人特别是对实名举报人员的保护措施，依法依纪严肃处理打击报复行为。

第六章　领导干部的角色冲突

社会学相关理论认为，社会是由互相联系的不同地位、不同身份的人组成的网络，而角色则是与一定社会地位相适应的行为模式，是社会地位的动态表现。拥有不同身份、地位的人在社会生活网络中承担的角色不同，即使同一个人在不同的时间、场合承担的角色也有差异。领导干部角色也有与其一定的社会地位相联系的行为模式，这种特定的社会地位规定了其活动范围与行为模式。由于社会分工不同，角色承担者各自的利益和实现目标不同，以及其智力、经验、价值观念不同，在领导干部所承担的角色之间或角色内部会发生各种各样的角色冲突，而这种种的冲突经常会转化为角色承担者个体在角色实践过程中的矛盾与冲突，导致其角色失调，严重者甚至会产生角色心理问题。

角色冲突既是角色失调的表现形式之一，也是导致角色失调产生的主要原因。领导干部在角色失调方面存在的问题主要是角色冲突问题，正确解决领导干部的角色冲突问题，必须首先明确角色失调及角色冲突的内涵。

第一节　角色失调与角色冲突

一、角色失调的概念

在角色实践过程中，存在着实然和应然两种状态的差距，这必然会导致出现角色失调，即对角色特质的认知产生矛盾，在扮演角色时出现行为和心理障碍，甚至遭遇角色实践失败的现象。

人们在社会中的角色实践并不是一帆风顺的，对处于“关键少数”角色位置上的党的领导干部来说更是如此。在他们的角色实践过程中，不仅会出现角色模糊，而且常常会产生角色冲突，遇到角色行为和心理障碍，甚至会出现角色实践失败的情况，这些都是在角色实践过程中出现的失调现象，也即角色失调。简而言之，角色失调就是个体在角色实践过程中产生各种行为与心理障碍，导致角色扮演出现问题甚至遭遇失败的现象。

领导干部角色失调是指领导干部的角色承担者在其社会角色实践过程中，对角色所负载的权利和义务、规范和责任及社会角色期望等认知不明确，导致在角色扮演时发生行为及心理障碍，甚至出现角色实践失败的现象。

二、角色失调产生的原因

角色承担者在角色特有的实践环境下，与社会群体或他人发生互动，须对外在主体的行为及其所反映出的角色期望进行解读，形成自我的角色认知与领会，通过角色移情缩短其与角色规范及生活环境之间的距离，并采取相应的行为来扮演角色。与此同时，在角色适应的过程中，角色承担者自身的因素诸如能力素质、理想追求和心理状态等因素也可能造成认知或行为不适，从而导致角色失调。一个人在社会网络架构中要承担多种不同的角色，只有当其行为表现符合社会群体或他人对他的角色期望时，才能得到社会的认可。如果一个人不能满足其所承担的角色的要求，就会产生角色差距，这时就需要及时进行调整，否则长此以往就会出现心理问题。

角色失调现象在领导干部的角色实践过程中不可避免且屡见不鲜，因其角色的复杂性，角色失调的存在不仅阻碍其理想社会角色的顺利实现，还会导致产生严重的社会后果，究其原因主要体现在以下方面。

1. 外在因素分析

一方面，随着时代的变迁和社会的发展，同一社会角色必将会被赋予新的时代内涵。在新的环境里，必然会有角色承担者由于个人的心理素质不强和角色意识不成熟等因素的影响，在价值取向、行为方式和群体关系等方面，与新的社会角色要求之间产生矛盾，导致各种角色失调现象的发生。另一方面，每一个人在社会中都承担着多种社会角色，形成角色丛。在家里承担父母子女、兄弟姐妹等角色；在单位则承担领导、下级、同事、首长、同志等角色；在社会生活中，又可能承担顾客、乘客、游客等社会角色。每一种社会角色都有其特定的角色规范和角色期望，当多种社会角色同时对一个人提出社会角色要求时，角色承担者如果认知、行为和心理不够成熟就会无所适从，不知道该先去满足哪一种社会角色的要求，导致角色紧张和冲突等角色失调现象的产生。

2. 内在因素分析

党的领导干部受党和人民的委托，在领导岗位上行使党和人民赋予的公共权力，为保证党和人民公共利益的实现而进行角色实践。从这个意义上讲，党的领导干部首先是个“社会人”。其角色特质决定了角色承担者负有维护党和人民的利益的角色职责。作为“社会人”，他们通过对单位各项事务的管理为人民群众提供公共产品，调动其参与社会主义现代化建设的积极性，从而保障中华民族伟大复兴的实现。领导干部管理公共事务、提供公共产品、实现公共利益，这些行为都带有公共性，其对象是党和人民群众。作为在单位中拥有公共权力的领导干部，他们必须按照党和人民的公共价值要求行使职能，在行使职能时必须以党和人民的公共意志为导向，将维护党和人民的公共利益作为其角色实践的首要原则，充分体现公共属性。为了保证领导干部能够公正地行使公共权力，为党和人民谋取公共利益，党和人民必然要求领导干部在角色实践中做到大公无私，除此之外没有个人私利，不代表任何利益集团、任何权势团体、任何特权阶层的利益。这也是党和人民群众对党的领导干部的角色期望。领导干部作为“社会人”应该以党和人民的公共意志和公共利益作为自身角色实践永恒的追求目标。在不同的历史时期，不同的时代背景下，这种公共性可能会具有不同的表现形式，但若没有这种公共性，党的领导干部就失去了其存在的合法性基础。

领导干部作为一种社会存在，其角色承担者具有一般人的人性特点，具有“经济人”的属性。马克思认为，人们首先必须吃、穿、住、行，然后才能从事政治、经济、科学、艺术等方面的活动。承担领导干部角色的个体在执行公共意志时很难做到完全的利他，在提供公共产品的时候既会追求公共福利的增加，同时也会考虑和关注角色的扮演能否为其自身成长带来机会和助力。作为角色承担者个人来讲，其承担领导干部角色的目标首先不是领导干部角色特质所要求的社会公共利益最大化，而是包括了职务晋升、需求满足及理想实现等个体利益和自利性动机。这种冲突在现实社会中是一种普遍的存在，党的领导干部的角色承担者是人不是神，因而也不例外。这种冲突并不因为其党的领导干部的身份或社会地位而使其追求自利的人性面有所改变。这决定了党的领导干部不仅是党和人民公共利益的代表，同时也是具有自利性的利益驱动动机的个体。因而，在领导干部实施公共管理活动的过程中难以避免的“经济人”自利行为的存在与其角色特质中所要求的“社会人”的公共属性发生冲突，是其在角色实践中产生角色失调的根源。

三、角色失调的种类

1. 角色冲突

角色冲突指的是由于社会群体或他人的角色期望的不一致导致角色承担者的认知和行为选择产生的冲突。因为角色丛的存在，当角色承担者个体同时面对社会群体或他人两种以上的角色期望时，当其角色行为选择符合其中某一个期望，却又与另一个期望相抵触时，就产生了角色冲突。因此，角色冲突是个体无法兼顾各种角色时所面临的问题。这就需要角色承担者能够在不同的角色情境中适时进行角色转换。但必须认识到，角色冲突是客观存在、难以避免的。

2. 角色不当

角色不当是指角色承担者个体的先天秉赋与能力素质不足以使其胜任角色工作。这表现为角色承担者个体的能力素质与其担任的角色所需的专业素质有明显差距，以致其不能正常承担角色责任、履行角色职责。不学无术之辈占据领导角色位置是角色不当的典型表现之一。它所引起的角色失调会更为激烈，其后果是极为严重的。一个人承担的角色层次低，公共职责范围小，因不称职所带来的损失和危害就小；反之，所带来的损失就大。

3. 角色模糊

角色模糊是指对一个角色的预期不确定或对其缺乏清晰的认知，即当角色承担者个体不明确自己所承担的角色特质和规范时，角色模糊就会产生。一般来说，可通过 4 个方面来判断角色模糊是否产生：第一，对角色目标了解的程度；第二，对角色职责和规范了解的程度；第三，角色实践遇到问题时，是否有明确的、具有可操作性的路径；第四，是否有足够的资源和信息来完成角色使命。严重的角色模糊会给角色承担者造成压力并引发应激行为。这些应激行为通常包括攻击性行为与敌意、沟通、退缩或与角色传递者共同解决问题。有学者认为角色模糊是由角色承担者个体对于其所承担的角色接受到的角色期望信息不足而导致的结果，这些信息包括：①职责范围、角色规范等信息；②角色期望及实践路径；③角色特质与定位；④绩效评估的标准。还有学者认为，角色模糊的产生是因为角色承担者个体对行为结果不明确，缺乏预测能力，以致无法获得清晰的角色期望，或者出现期望不一致的情况。也有学者认为，社会群体或他人本身对角色行为的期望不明确，导致角色承担者产生角色模糊。

4. 角色过载

角色过载是指同一角色承担者在固定时空中承担的角色过多或超出自身能力范

围的情况，即角色期望超过了角色承担者的时间和精力所能承受的限度。国内学者魏芬认为角色过载是组织对员工的要求超过了其在给定时间内能够达到的程度，或者是员工感觉到工作的要求过多时，产生了角色超负荷。如果对角色要求过多，导致角色承担者在一定时间内无法完成，这就是角色的量的方面的过载；如果对角色要求过高，超过个人的能力，这就是角色的质的方面的过载。二者均会导致角色承担者无法完成角色使命。

5. 角色不为

角色不为是指角色承担者由于疏忽大意或不作为，未能承担起角色应负的职责而造成损失的角色失调现象。其表现为角色承担者缺乏敬业精神、玩忽职守或不务正业，给工作和事业带来损失，包括失职与渎职两种现象。角色不为是领导干部角色失调中的特殊现象，是可以根治的。

6. 角色固着

角色固着是指角色承担者不能随着角色情境的变化而变通其角色行为模式，固着于某一种角色情境的现象。社会中每一个个体都会在社会结构网络的具体位置上获得其所承担角色功能的规定。角色承担者的行为选择随其在社会结构关系网络中的具体位置的变化而变化，多重的关系、多重的社会结构网络位置必然产生多重的角色要求。角色固着作为领导干部角色冲突的一个特定类型，是指领导干部的角色承担者无视角色情境的变化，在头脑中有意无意地保有着过往的认知和意识，从而不能摆正自己，与相关社会群体或他人对其的角色期望所产生冲突的现象。

四、角色冲突的概念

要了解角色冲突，需先了解角色压力，这是导致角色冲突产生的直接原因。有研究者认为角色冲突的产生来自角色压力，角色压力广泛存在于社会活动中，对社会组织中员工的工作满意度、组织承诺、离职倾向和职业倦怠等有着显著的影响，因此受到研究者的广泛关注。相关研究表明，角色压力是社会组织活动中普遍存在的现象。也有研究者认为角色压力除了包括角色模糊、角色冲突和角色过载外，还包括角色不一致、角色能力不足和角色能力过高。

对角色冲突的研究可谓仁者见仁、智者见智。早期的角色冲突被定义为一种角色期望或要求不一致的情况，也可以说是角色规范与角色行为的不一致所产生的问题。因此，早期研究者认为角色冲突是角色承担者个体无法兼顾各种角色所面临的问题。

社会学家特纳在其角色理论中指出，角色冲突就是角色承担者扮演一个角色或同时扮演几个不同的社会角色时，由于各个角色的要求不同而无法同时予以满足，因内心矛盾而产生的焦虑和不安，又叫角色紧张。其可分为以下 4 种情况：一是同一类角色的内心冲突，是指社会群体或他人对某个角色的期望与要求不一致时，该角色的承担者产生的内心矛盾；二是当社会角色情境改变时，新旧角色之间存在的矛盾；三是同一个体身兼几个角色时的内心冲突；四是社会角色所规定的人格与个人真实人格之间的矛盾[①]。以上情况的后果就是角色模糊、角色错位、角色失范、角色实践失败，要避免这些情况，关键在于特定角色的承担者要系统学习并准确执行该角色的特质需求和职责规范，当多重角色发生冲突时需要确定主要角色和次要角色。

国内学者林崇德等主编的《心理学大辞典》中对角色冲突的定义是：个人在生活中扮演同一角色，由角色的不同要求而引起角色内的矛盾冲突，或者同时扮演多个角色而引起角色之间的矛盾冲突现象[②]。

本书认为，领导干部的角色冲突是指由于不同的社会群体或他人对领导干部的角色期望不同、领导干部角色承担者自身角色丛中不同角色的规范要求不同以及领导干部自身角色理想与现实环境的差距所引起的领导干部角色实践过程中产生的角

① 时蓉华主编《社会心理学词典》，四川人民出版社，1988，第 72 页。

② 林崇德等主编《心理学大辞典（上）》，上海教育出版社，2003，第 657 页。

色冲突现象。角色冲突是社会冲突的一种表现形式，是具体的、微观形态的社会冲突。我们应该看到，领导干部感受到一定程度的角色冲突，是健康的、正常的，适度的角色冲突带来的压力可以促进领导干部角色行为水平的提高。但是，因为领导干部角色的复杂性，角色冲突往往使其角色承担者不堪其忧，如果他们不能正确处理这些矛盾和冲突，必将会使产生心理压力、导致角色懈怠，甚至产生角色心理健康问题，最终影响角色行为水平的发挥。

现实中党的领导干部虽然责任重大、工作繁忙，但是因为我们党对党的领导干部角色职责的界定非常清晰，如果领导干部的角色承担者能够严格按照党章和其他党规党纪的要求来扮演角色，坚持民主集中制，落实党委集体领导，充分发挥集体的智慧和力量，那么角色过载的问题并不严重。而角色压力在党的领导干部这个复杂角色身上不但存在还比较严重，其主要表现就是领导干部在角色行为和角色意识上的角色冲突问题及由此带来的角色心理问题。本书因研究方向所限，将主要分析领导干部的角色冲突问题。

五、有关角色冲突的研究

有关角色冲突的研究，主要有角色情节理论和社会系统修正模式两种，其梗概如下。

1. 角色情节理论

该理论认为在一个角色情境中，人与人之间在某时段内的互动中，组织、个人和人际关系 3 种因素会影响他们彼此间的互动过程。在此过程中，角色压力一般来自角色发送人，角色发送人可能是角色承担者的上级主管、顾客、合作者或者是其下属。对党的领导干部这个复杂角色来说，其角色发送人则更多，当然最主要的是党和人民。角色发送人会对一个角色提出自己的要求，认为其应该做什么，不应该做什么，这些允许与禁止的内容就是角色期望，众多角色期望在角色情境中的每一个参与者心中形成一个衡量的标准，用来评价角色承担者的行为表现。角色发送人通过多种渠道，企图影响角色承担者的角色认知、意识和行为，使其符合角色情境中相关社会群体或他人对其的角色期望，对角色承担者来说就形成了角色压力。在此互动过程中，角色承担者若有不清楚角色期望、角色模糊或工作能力不足的情形，角色冲突、角色过载等角色压力问题便会产生。角色承担者对角色发送人的期望的接受，除了取决于其自身所承受的压力外，还受到其对自身所承担角色的认知的影响。

2. 社会系统修正模式

社会系统修正模式认为组成社会的每一个个体处在社会系统中所表现出的行为，受到制度层面与个人层面因素的交互影响。在此系统中的行为（B）是角色（R）与人格（P）两者交互作用的结果，亦即 $B=f(R\times P)$。由于个体进入社会组织后，便面临满足所在组织特定要求与表达个人成长需求倾向这两种可能相互冲突的情境，当组织对个人的要求过高、太低或不明确时，往往会造成个体在组织中的适应困难；当个体的人格需求与社会群体或他人的角色期望有所冲突时，角色冲突便会发生。

六、角色冲突的形式

有研究者将角色冲突分成角色赋予者间的角色冲突、角色赋予者本身的角色冲突、多重角色间的冲突、个人角色的冲突 4 类。本书认为角色冲突的表现形式主要有 3 种。一是角色外冲突，是指发生在两个或两个以上的角色承担者之间的角色冲突。如党委正副书记之间、基层党委书记与党委成员之间的冲突等都属于角色外冲突。二是角色间冲突，是指发生在同一个角色承担者所扮演的不同角色之间的冲突。角色间冲突又有两种表现。一种是当个体面对多种角色同时对其提出履行角色职责要求时发生的角色冲突。如上级党委要求某基层党委书记参加应对抗击新冠肺炎疫情突发事件而召开的紧急会议，同时辖区的同级部门又邀请其参加新冠肺炎疫情联防联控工作会议。此时，该基层党委书记所承担的下级角色与部门角色之间就会产生冲突。另一种表现是当两个角色同时对一个人提出两种完全相反的角色行为，并需要其在两种角色行为间作出选择时，也会引起角色间的冲突。如某基层公安局党委书记面临一起恶性刑事案件的处置，作为基层党委书记，他应该秉公执法、除恶务尽，但该党委书记的老领导来电为犯罪嫌疑人说情。如果严格执法，必将损害自己与老领导的感情，如果徇私枉法又不符合自身对警察角色的期许，此时该公安局党委书记的友情角色与执法者角色之间便会产生冲突。三是角色内冲突，是指发生在角色承担者所扮演的同一个角色内部的矛盾，更多地以角色意识冲突的形式表现出来。它包括两种类型。一种类型是对角色有着来自不同方面的角色期望，造成角色承担者无所适从。如基层党委书记作为本单位主官，有义务严格要求下属人员，使其认清个人与组织的关系，自觉服从单位全面发展的需要，又要关心下属的成长需求，做到“以人为本”，促进其全面发展。完成实际工作需要与促进下属成长进步都是社会群体或他人对领导干部的一种期望，它们之间容易产生冲突。另一种类型是角色期望、角色认知与角色行为之间存在着差距，差距的存在必然导致角色冲突。角色冲突的 3 种表现形式一般最后总会表现为角色内冲突，也就是其对角色承担者的影响都突出表现为角色承担者在角色意识方面的冲突。

第二节　领导干部角色冲突的调适

社会心理学研究表明，每个人在社会网络中都要承担多种社会角色，越是深度社会化的个体，承担的角色就越多，承担多种角色说明承担者的能力较强，但也会有消极的一面，当两个或多个角色同时对角色承担者提出要求，或者对角色承担者提出相互矛盾的角色期望时，便会使角色承担者体验到角色冲突。角色冲突虽然有其一定的积极的正面影响，但现实中领导干部的角色冲突如果不能得到有效调适，不仅会使其陷入角色模糊，甚至会影响其角色心理健康，引发工作倦怠并导致工作满意度降低，同时也会对领导干部队伍建设及其所在单位各项工作的开展产生负面影响。

一、领导干部面临的角色冲突

领导干部作为所在单位各项工作的领导者和组织者，担负着比其他人更多的责任和义务，也经常面临更多的角色冲突。能否妥善处理所面临的角色冲突，是衡量其综合素质水平高低的一个重要标准，同时也是领导干部角色承担者行为能力高低的一个重要体现。本书认为，领导干部在角色实践中应主要处理好以下 5 种类型的角色冲突。

1. 自我认同角色与群众认同角色之间的冲突

此种类型的冲突是党的领导干部在角色扮演过程中经常遇到的。自我认同角色与群众认同角色存在冲突是最自然不过的事情。俗话说“众口难调”，“一人难称百人意”。领导干部与普通群众在思维方式、理论水平、立场站位、眼光视野等诸多方面存在的差异，必然会导致其角色承担者自我认同角色与群众认同角色不同程度地存在差异。其表现可能是自我认同角色一时与群众认同角色不符，也可能是自我认同角色在根本上就与群众认同角色存在矛盾与冲突。在处理自我认同角色与群众认同角色的冲突时，领导干部要注意对自我认同角色的定向纠偏，以党纪国法所规定的角色特质来指导自身行为选择，防止出现角色偏差；要尽量以获得群众认同为实践目标，以广大人民群众是否满意、是否高兴、是否喜欢为准。群众认同是人民群众对领导干部的一种角色期望，自然也应当是其角色承担者规范自我认同角色的一条准绳。领导干部的角色承担者不能以自我感觉为准，而要把自我认同的角色意识顺应到群众认同这个“大势”上来，顺人民群众认同这个“大势”而为。在此基础上，有效整合群众认同角色，充分调动广大人民群众的主动性、积极性，最大限度地发挥他们的创造性，绝不能逆“势”而上，故意压抑和打击普通群众的参与热情和创造力，造成工作中不必要的损失。在此过程中，党的领导干部也要加强政治修养，起到自身“关键少数”角色的把关定向作用，不能盲目地、一味地迎合甚至纵容个别群众的不当要求，当其只盯着眼前蝇头小利或仅仅局限于部门狭隘利益时，党的领导干部要充分展现共产党的先进性，展现自身高瞻远瞩的思想境界，表率服从大局的精神，教育和引导群众，使其服从社会主义现代化建设的大局。

2. 领导角色与公仆角色之间的冲突

党的领导干部既是人民的公仆，又是单位各项建设事业的“领头雁”“火车头”。这表明领导干部身兼领导与公仆两种角色身份，在个人角色意识领域这两种角色存在冲突实属正常。领导角色与公仆角色表面上看似乎处在两个不同的层面上，似乎是截然不同、相互矛盾的，其实二者之间有内在本质上的统一性和关联性。领导的过程是率领与引导相结合的过程，率领与引导的对象都是广大党员、群众，率领与引导的过程与目的都含有“为人民服务”之意。所以，从这个意义上讲，领导角色与公仆角色在内在本质上是统一的。为人民服务是共产党人最高的行为准则和根本宗旨，是共产党人立言行事的出发点和落脚点。党的领导干部处理领导角色与公仆角色的冲突要从这个最根本的价值取向出发，认真学习领会习近平总书记“七一”重要讲话精神，始终做到“与人民休戚与共、生死相依，没有任何自己特殊的利益，从来不代表任何利益集团、任何权势团体、任何特权阶层的利益”①。党的领导干部要取信于民，采取各种措施维护人民群众利益；要从中国共产党人精神信仰的高度来贯彻“为人民服务”的宗旨，在广大人民群众面前“俯首甘为孺子牛”，把人民群众的切身利益放在第一位，把“群众利益无小事”作为座右铭，牢记在心，时刻品味。

① 习近平：《在庆祝中国共产党成立100周年大会上的讲话》，人民出版社，2021，第11-12页。

3. 显性角色与隐性角色之间的冲突

在社会活动中，人们常常在不同场合扮演不同的角色，而角色从大的方面可分为显性角色与隐性角色两种。对于党的领导干部来说，显性角色与隐性角色的矛盾与冲突值得关注。处理好二者之间的冲突，是党的领导干部正确进行角色实践，取信、立信于民的关键所在。党的领导干部的显性角色一般是指在公众场合、受广大党员与群众或党纪国法监督的场合中所表现出来的形象。隐性角色一般是指在不为群众所知、党纪国法监督不到的活动领域中所表现出来的形象。出于种种原因，或是本性使然，或是外界影响，任何一个角色承担者都会表现出现显性角色行为与隐性角色行为的差别。要处理好这个冲突，党的领导干部需要在坚定中国共产党人的理想信念上谋出路、求突破。在领导和带领广大党员、群众进行社会主义现代化建设的伟大征程中，党的领导干部要有远大理想和目标，始终牢记中国共产党人的信仰和追求，牢记中国共产党人是没有自己的私利的，无私奉献为人民才是中国共产党人的本色。要始终用共产党人的信仰来约束和规范自己的言行，把自身利益放在最基本的需要层次上，把推动现代化建设事业发展和增进人民群众福祉当成最大的角色目标和追求，使显性角色和隐性角色无论在内在本质上还是在外在形象上都统一起来。

4. 自觉角色与非自觉角色之间的冲突

党的领导干部的自觉角色行为是指领导干部的角色承担者在进行角色实践时，明确意识到了自己正担负着一定的职责和使命，意识到了角色情境中的相关社会群体或他人都是自身所承担角色的行为表现的观众，因而努力用自己的行为表现去感染周围的相关社会群体或他人。党的领导干部的非自觉角色行为是指其在承担角色时，并没有意识到自己正在扮演这一角色，而只是按本身习惯和内在动机需求去行事。自觉角色行为与非自觉角色行为之间存在冲突的最根本原因是人的行为受自身的意识和情绪状态所支配，这种情况有情绪化的特征，并受角色情境的影响和制约。党的领导干部要处理好自觉角色与非自觉角色之间的冲突，关键是要增强自身的角色意识，时刻提醒自己是一个在一定范围内处于领导地位的人，是负有重大责任和崇高使命的人，是担负着党和人民重托的人，自身言行对其他党员、群众会产生重大影响。对自己的言行举止要格外注意，以“如履薄冰”“如临深渊”的心态去对待自己、对待群众、对待所从事的领导管理工作。在涉及党员与群众利益的问题上、在涉及事业发展和团结稳定的问题上，要倍加小心，有献身精神，有敢为人民赴汤蹈火的勇气和豪情，有“我将无我”的大无畏精神，自觉把为党和人民的事业献身与自我价值的实现统一起来。

5. 规范性角色与非规范性角色之间的冲突

领导干部的规范性角色与非规范性角色是从角色要求和预期规范化的程度上来划分的。规范性角色是指有比较严格约束和明确规定的角色，即对此种角色的责任与义务、应当做什么与不应当做什么都有明确规定。非规范性角色是指那些没有严格、明确规定的社会角色。党的领导干部的角色实践必然根据自己对角色的理解和社会群体或他人对角色的期望而进行。作为社会生活中的“关键少数”角色群体，其担负着比普通群众更多的责任和义务，手中握有比普通群众更多的权力，也受到比普通群众更多的监督、规范、约束。虽然存在着约束，但并不意味着党的领导干部没有自己的自主权利与自由空间。领导干部的角色承担者在处理规范性角色与非规范性角色这个问题上，要有强烈的自觉遵守党章党纪的意识。明确在制度规范之中进行活动是自由的，而脱离了制度的约束随意而为就是越轨、出格，甚至会违纪违法。要切实把党纪国法视为触碰不得的“高压线”。在遵守规章制度上要以身作则，丁是丁、卯是卯，做到有党纪国法规定的要严格遵守，没有规定的要凭良心、讲良知、遵守公序良俗，时刻保持党的领导干部所应具有的浩然正气。

二、领导干部面对角色冲突时需处理好的关系

领导干部的角色冲突在实践中更多地表现为其自身角色意识的冲突，而角色意

识的冲突会导致角色行为选择的困难。如何处理好领导干部角色意识上的冲突、协调好诸种角色意识之间的关系，是领导干部角色冲突研究的重点。

1. 处理好全局意识与局部意识的关系

作为一级党的组织体系中的“关键少数”角色的党的领导干部，在角色实践中既要有统观全局、顾全大局的意识，又要有立足本级单位实际、灵活开展工作的意识，当二者发生冲突时，要能够恰当处理二者的关系，确保自身角色使命的正确履行。党的领导干部既要注重整体谋划，明确方向、思路清晰，又要善抓主要矛盾，选准方向、抓住关键，以局部突破带动全局工作，这是我们党的历代领导人一直以来对党的领导干部的要求。

党的领导干部要对二者的关系有清醒的判断。要始终清醒地意识到：全局工作需统筹照顾各局部工作，但不能忽视局部工作的开展，这要求基层党委书记要努力做到立意高远，从全局出发，做好局部工作；局部工作不能违背党和人民的事业的全局性要求，要创造性地结合实际开展，促进全局工作的发展，这要求基层党委书记要克服团体主义、部门利益至上的错误意识。党的领导干部不能只顾全局利益而忽视局部利益，也不能过于突出局部，而损害全局利益。只有学会从全局上把握本单位各项工作的开展，才能从根本上做到开展工作统筹兼顾、主次分明、协调有序。只有善于深入思考分析，时刻清楚哪些是事关全局的重大问题，哪些是群众反映强烈的热点、难点问题，哪些是制约单位全面建设发展进步的关键问题，哪些是需要全力抓住的主要矛盾和重点突破的局部，才能做到提纲挈领、以点带面，才能处理好全局与局部的良性互动关系，促进党和人民的事业发展。

处理好全局意识与局部意识的关系，还要对长远利益与眼前利益的关系有清晰的认识。一是要明确长远利益的价值，在党和人民事业发展的大局上坚定对长远利益的追求，不去做为追求个人政绩而涸泽而渔的事情，将长远利益与眼前利益有机结合，既着眼于长远利益，又照顾到眼前利益，通过眼前利益的获取促进长远利益的实现。二是当眼前利益与长远利益发生冲突时，必须以战略家的眼光和定力说服群众舍弃眼前利益，防止出现因眼前利益的诱惑而损害长远利益的短视行为，以保证党的战略思维的科学性和领导决策的正确性。

2. 处理好服从意识与创新意识的关系

党的领导干部是实现党领导一切在各行各业落实的“关键少数”角色，在其角色意识中，必须时刻有坚持马克思主义及其中国化理论成果的指导、严格贯彻党的路线方针政策和上级党委的决议命令指示的意识。而创新是推动社会变革的积极力量，是一个国家、民族、单位发展进步的推动力，党的领导干部的创新意识决定了其所属单位未来的发展前景。判断一级党委管理建设的奋斗目标和总体思路是否科学的一个基本标准就是其领导干部能否将上级指示精神与本单位实际相结合，领导活动是否能够客观反映群众的创造意愿、体现党委集体的创造性智慧。党的领导干部作为本级党委各项工作开展的带头人，其能否正确处理服从意识与创新意识的关系，成为关键。

对于领导干部来说，能否正确地处理二者之间的关系表现在是否具有灵活机动地搞好上下结合、脚踏实地能动地开展各项工作的意识上。在实践中，党的领导干部要处理好二者之间的关系需做到：对于上级的指示，既不能机械地执行、照搬照套，又不能片面地强调本单位的特殊性，另起炉灶，而是要从意识深处深刻领会中央政策主旨精神，摸清单位实际情况，拿出切实可行的贯彻办法。只有在角色意识中，正确处理服从与创新的关系，才能在实际工作中找到上级指示与单位实际的最佳结合点，选准切入口，从而达到“吃透上面的、摸清下面的、形成自己的、变成大家的”的最佳效果。在新时代，领导干部正确处理二者关系的前提是不断增强“四个意识”，坚定“四个自信”，做到“两个维护”。

3. 处理好服务意识与关怀意识的关系

为人民服务是中国共产党人的根本宗旨，对党的领导干部来讲，服务意识的贯彻体现在其坚持群众路线上，体现在其为人民服务的角色意识中，要求党的领导干部在做好中心工作的同时也要维护好人民群众的利益。这就要求党的领导干部在对业务工作进行领导管理的过程中，以服务人民的意识为先导，以之指导各项工作，以服务人民、维护人民群众的根本利益为衡量业务工作质量的根本标准。党的领导干部的关怀意识则要求其在日常队伍管理中，奉行以人为本的理念，关心下属的全面发展，切实有力地采取措施维护党员、群众的正当权益。这要求党的领导干部在管理队伍时不但要尊重下属的成长发展需求，为其成长提供一个良好的环境，更要关心下属的切身利益，维护其成长进步的正当需要。

当人民群众的生命财产安全受到威胁，需要党的领导干部带领普通党员冲锋在前时，必然是以领导干部、党员的付出来换得人民群众的生命财产安全的。这时，领导干部的服务意识与关怀意识便会发生冲突。作为所属单位的领导者、重大事件处置的指挥者的党的领导干部需要做到：既要毫不含糊地带领普通党员担当起维护人民群众利益的神圣使命，又要注意保护好普通党员的正当利益，在危险面前，不好大喜功，不盲目冲动，慎重决策，不拿普通党员的生命安全当儿戏，不做无谓的牺牲；在执行任务前，要做好对普通党员的思想政治教育工作，使其认清职责、牢记使命、不忘本色，为维护人民群众的生命财产安全，做到不怕困难、冲锋在前；在完成任务后，要加强对普通党员心理上的关怀和疏导，及时给予必要的物质保障，从而强化自身角色对普通党员的关怀意识，达到自身领导干部角色在管理工作中服务意识与关怀意识最佳结合的角色行为效果，做到使普通党员无后顾之忧，确保其事前能够放下包袱、轻装上阵，事后能够得到关怀、休息，使身心状况及时恢复至最佳状态。在此过程中，党的领导干部必须清醒地认识到加强对普通党员的教育引导的重要性，要有意识地教育普通党员牢记使命、发扬风格、认清形势、立足现状，对不合理、不现实的需求，要坚决予以批评；对合理、不现实的需求要加强引导，做好思想工作；对不合理、现实的需求，要在制止的同时，使其认识到错误之处；对合理、现实的需求，则要尽全力创造环境予以落实。

4. 处理好决断意识与民主意识的关系

以基层党委书记为例，作为基层党委中的“关键少数”角色，基层党委书记在角色实践中必须具有决断意识，在事业发展的关键时刻、在紧急情况下、在突发事件面前，要敢于决断、敢于拍板、敢于承担责任，带领党委一班人统一思想，形成领导合力，最大限度地发挥党委集体领导的威力。民主意识则要求基层党委书记在各项工作中，尤其是在党委决策过程中，必须坚持民主集中制，严格遵守一切重大问题必须由党委集体讨论决定的这一党委工作的基本原则。民主意识要求基层党委书记必须时刻清醒地认识到自身权力的来源，清醒地对自己进行角色定位，不能因行政管理中的敢于决断、拍板的定式思维，慢慢在党委领导中形成“一言堂”的家长制作风，听不进不同的意见，甚至于对反对、批评自己的不同声音进行打击报复，从而破坏党内民主，致使民主集中制名存实亡，最终导致自己的领导干部角色行为处于无监督的境地，走上角色实践失败之路。

要处理好决断意识与民主意识的关系，基层党委书记在领导决策中敢于决断的同时，还必须时刻强化自身的党内民主意识，善于广泛征求意见、集思广益，经常反思自身角色行为有无违背党委议事制度的原则、有无违背民主集中制，以确保科学决策的形成。此外，还要对党的领导干部的角色冲突有清醒的认识，时刻做好适时适当的角色转换，坚决杜绝在不知不觉中将行政管理中的首长作风带到党委决策过程中。

5. 处理好开拓意识与谨慎意识的关系

任何一个优秀的党委领导集体，无论是搞规划、定措施，还是干工作、抓落实，都会把标准定在高处，把劲头用在实处。而其工作标准的高低，很大程度上取决于本级党委日常工作的主持者——党委书记创新意识的强弱和精神状态的好坏。作为本级党委的“班长”，每名基层党委书记内心都要有自己的事业追求，要有不断开拓进取和建功立业的思想观念。在自身角色意识中，要树立敢闯敢试、勇于争先的观念，克服自甘人后、无所作为的思想；树立创事业、求发展的观念，克服因循守旧、故步自封的思想；树立不懈奋斗、力争一流的观念，克服盲目乐观、小进则满的思想。在新时代全面从严治党的背景下，党的领导干部要自重、自省、自警、自励，要谨言慎行，具有慎独意识。因为党的领导干部担负着决策、用权、使人的重要责任，其所思所想、所作所为关系重大，不能靠拍脑袋决策。因此，以慎于决策、慎于用权、慎于使人为基本内涵的谨慎意识，也是党的领导干部角色意识中不可或缺的。

在实际工作中，如果领导干部不能正确认识开拓意识与谨慎意识的关系，不能恰当地处理二者之间的关系，也会导致角色冲突。党的领导干部应努力做到：既要敢于决策，又要慎于决策；既要敢作敢为、当机立断，又要慎于用权、讲求方法效度，做到不滥用权；既要敢于提拔使用年轻有为、敢想敢干之人，又要慎于用人，对人才做好考察、监督和管理，做到知人善任；既要在单位上下、官兵心中营造一种开拓进取、建功立业的氛围，又不脱离实际、好大喜功，能带领党委一班人脚踏实地地提高工作成效。这对基层党委书记来说，既是一门艺术，又是其必须面对的一种挑战。

三、领导干部角色冲突产生的原因分析

1. 由公共性与自利性的矛盾而引起的角色冲突

在角色冲突产生时，领导干部的判断和选择同时也是其在心中对道德伦理标准的判断和选择。在作出选择时，领导干部面临着两难困境，其根源在于其角色所代表的公共利益与其作为社会个体自身所具有的私人利益两者之间存在冲突。党的领导干部作为社会公共利益的代表，在角色情境中不仅要坚持党和人民的公共利益至上的精神，而且要以是否符合广大人民群众的利益为标准来衡量其具体角色行为是否符合角色期望。但是，领导干部的角色承担者作为个体的社会人，也有私人权利和个人利益的需求。公共利益与私人利益属于两个不同领域并且性质不同，有时维护公共利益可能会损害私人利益，追求私人利益可能会损害公共利益，两者有时甚至可能导致对立冲突。这一切来源于领导干部作为“社会人”所具有的公共性与作

为“经济人”所具有的自利性之间的冲突。

2. 由角色期望与角色评价不一致而引起的角色冲突

对于领导干部角色实践怎样才能更符合角色期望，相关社会群体或他人心中会有各种不同的评价标准。有的认为清廉就是好官，有的认为能干就是好官，有的认为踏实本分就是好官，有的认为在市场经济环境中能为人民谋福利的就是好官。尤其是处在今天这样的百年未有之大变局中，人们的思想价值观念在新媒体传播格局的影响下发生了根本变化，价值评价的标准出现了多元化的趋势，对党的领导干部的角色评价与角色期望也必然会有诸多不同，特别是党和人民群众对其的角色期望和评价标准与个人或小团体对其的角色期望与评价标准之间会发生偏离。如某个单位的领导干部，精明能干，敢作敢为，短时间内使单位各项工作欣欣向荣，群众福利待遇逐渐增加，但他在搞好单位建设的同时，也突破了领导干部角色规范的底线，触犯了党规国法，结果受到了法律制裁，但是在该领导干部被依法依规处置之后，单位各项工作效益下降，而本单位群众的收益也大不如前，大家又怀念该领导在位之时。这种情况下，该领导干部角色承担者应该作出怎样的自身角色行为选择呢？相信其内心也是矛盾的。其实这种情况不仅会发生在领导干部身上，在其他类似角色情境中也时有发生。如“朋友”这一社会角色所承载的是相互帮助、讲道义、守然诺的角色要求，但社会的公序良俗又要求一个人要诚实守信守法，无论是谁做了有损于社会利益的事都应加以阻止或检举。这两种角色期望反映到一个人头脑中，在特定情况下会形成尖锐的对立。从这个角度来看，我们要认识到同一角色承担者身上的诸多角色期望与不同角色评价主体的价值评判立场无法简单地做到整齐划一，这就会导致角色冲突。

3. 由角色变化而引起的新旧角色之间的冲突

社会角色不是一成不变的，它会随着社会情境的需要而变化。随着角色情境的变化，每个角色承担者因扮演角色所履行的社会义务和所享受的社会权利也会有所变化。在角色情境的转换过程中，角色意识的改变相对要慢一些或难以马上到位，往往也会产生矛盾。具体到领导干部，其角色情境的改变大体有3种情况：由非领导干部到领导干部、由低级领导干部到高级领导干部、由领导干部岗位退下来成为普通群众。

一个普通工作人员被提拔到领导岗位以后，社会群体或他人对其的角色期望就不再仅仅是忠于职守、完成任务了，而是升格为在其领导干部角色情境中具备统筹全局、决策担当的能力。遇到该下决心敢于拍板的情况，前瞻后顾、犹豫不决，不敢承担责任，就无法履行领导干部的角色使命，从而形成角色冲突。

领导干部级别的提升也可能会导致角色冲突的出现。随着岗位的变化，领导干部的责任意识也会发生变化。在职位不高时，习惯了唯命是从，以服从上级为己任。一旦身居高位可能会出现两种心态：一是利用更高的角色地位来更好地为人民服务，越来越符合党和人民对其的角色期望；二是以对更高权力的追求来抵消在低权位上受的委屈，甚至产生以权谋私的补偿心态。

当领导干部即将退休变为普通群众时，此时其角色承担者的角色冲突是最激烈的，前些年引起党和人民关注的“59岁现象”就反映了这种情况。出现这种现象的原因是多方面的，但主要原因是想趁手中还有权力为自己捞一把，明知违背党纪国法也在所不顾，忘记了党和人民多年的培养，忘记了自己曾经引以为自豪的理想信念和价值观。这种角色冲突同样存在于一些提职无望的领导干部身上，他们觉得自身能力素质已经无法再承担更大的角色使命，于是便开始关注自身利益得失而作出不理智的违法乱纪行为。

4. 同时扮演的多种角色所承载的角色规范不同导致的角色冲突

一名党的领导干部，在党委内部要履行党委书记的角色职责，在单位经常性管理中要履行行政主官的职责；在妻子面前他是“丈夫”的角色，应承担丈夫的义务；在父母面前是“儿子”的角色，要承担儿子的义务；在儿子面前又是“父亲”的角色，要承担父亲的义务。问题不在于一个人同时扮演几个角色，而是相应的角色规范在同一时空中发生冲突而无法统一时，领导干部角色承担者自然会产生角色冲突。这种冲突不仅表现为“自古忠孝难两全”的善与善之间的冲突，更表现为当领导干部的身边人不能严格要求自己而对其提出不正当的角色期望时，领导干部角色承担者内心深处所产生的善与恶之间的角色冲突。

如果上面所说的角色冲突是道德关系网络中横断层面上的道德两难，那么对“上”负责还是对“下”负责则是纵向层面上的道德两难。基层党委书记有时之所以处于对“上”负责与对“下”服务的两难境地，主要原因是“上”与“下”之间产生了利益矛盾或冲突，上级领导的利益和下级群众的利益产生了不一致甚至悖离。在阶级社会里，统治阶级的利益同广大人民群众的利益是有矛盾的，一些中下层官员，特别是一些有道德良知的官员，常处于“唯上”还是“唯下”的两难境地，要么为民请命而丢掉“乌纱”，要么置民心于不顾，讨上级欢心。在中国共产党领导的社会主义社会，个人、集体、社会、国家和党之间的利益关系理论上是一致的，这是中国特色社会主义制度保证人们可以有能力在善恶之间进行选择的社会物质条件。但这并不意味着，在社会主义社会里就不存在利益冲突，尽管这些冲突只是人民内部矛盾。在党的领导干部的角色实践中，除了自我与他人、自我与社会的利益冲突而导致的角色冲突之外，还存在以下几种可能产生角色冲突的情况：①他人利益与他人利益发生冲突；②他人利益与社会利益发生冲突；③集体利益与集体利益发生冲突；④他人利益与集体利益发生冲突；⑤集体利益与社会利益发生冲突；⑥社会利益与国家利益发生冲突；⑦个人利益与国家利益发生冲突；⑧集体利益与国家利益发生冲突。在上述任何一种情况下，任何一个角色主体都会面临角色规范与角色期望的两难选择，使一般意义上的角色行为选择趋向于复杂化，何况处于各种利益交汇点上的领导干部，其产生角色冲突是必然的。

四、领导干部角色冲突的负面影响

按照辩证唯物主义的理解，冲突就是矛盾，而矛盾则是一种对立统一。因此，可以用矛盾“二重性”来概括领导干部角色冲突的性质。这里所谓的“二重性”包括两层含义：其一，领导干部角色冲突的构成具有积极和消极两方面的因素；其二，角色冲突的结果可能给领导干部角色承担者个体及党和人民的社会主义现代化建设事业的发展带来正、负两个方面的影响。心理学研究表明，适度的心理冲突能成为增强人们能动性和创造力的动力，对角色行为起激励作用，但心理冲突过于激烈又会引起有机体过度的情绪紧张，会降低工作效率，甚至引发一系列的身心疾病。鉴于领导干部角色冲突的广泛性以及本书研究的目标，这里着重分析领导干部角色冲突的结果给其角色承担者本人以及相关社会群体或他人带来的负面影响，并在此基础上进一步寻求领导干部角色冲突的缓解对策。

角色冲突对领导干部角色承担者个体所造成的不良影响不外乎两方面：一是个体的行为反应；另一种是个体的身心反应。其中，工作倦怠、身心健康受损害是角色冲突对角色承担者个体身心造成的普遍后果。众多研究表明，职业中的角色冲突与工作倦怠存在中等或高程度的相关[①]。在对工作倦怠影响因素的研究中，大多学者也达成共识，认为角色冲突是导致工作倦怠的重要因素。由于研究对象的特殊性，本书将不对领导干部工作倦怠的症状以及角色冲突与工作倦怠的相关程度等问题从心理学实证角度开展研究，但对领导干部角色心理健康问题，本书将在第七章做专门介绍。

工作倦怠也常被译为“职业倦怠”“工作耗竭”或“职业耗竭”。这一概念最早于 1974 年由弗鲁顿·伯格（Freuden Berger）提出，用来描述那些服务于助人行业的社会角色因工作时间过长、工作量过大、工作强度过高导致身心所经历的一种疲惫不堪的状态。随后又有大量学者对此进行了研究。领导干部这个角色在中国共产党领导下的当代中国社会中是典型的奉献型角色。其现实工作的特殊性和复杂性，决定了这一特殊群体必将受到比普通人更多的角色冲突方面的困扰。特别是在当前国内外形势越来越复杂的时代背景下，对领导干部的多元化角色期望不断涌现，使

① 王晓春，甘怡群：《国外关于工作倦怠研究的现状述评》，《心理科学进展》2003 第 5 期。

得党的领导干部的角色冲突问题更为凸显。角色冲突给领导干部角色承担者带来的直接后果是力不从心、左右为难，如果不能妥善应对、适时转换，就会使得角色承担者心力交瘁，从而引发工作倦怠，影响角色实践效果。

根据工作倦怠的三维概念，我们认为领导干部由角色冲突引发的工作倦怠可能表现为由 3 个维度构成的一种心理状态，即情感耗竭、人格解体以及成就感降低。其中，情感耗竭是工作倦怠的核心成分，指领导干部在角色冲突干扰下，情绪、情感处于极度疲劳状态，工作热情丧失。人格解体是情感耗竭长期持续下去的后果，个体会感受到越来越多的负面情绪，并在工作中表现出消极、冷漠的角色行为，被动地应付自身角色职责，并对自身角色行为的意义表示怀疑。成就感降低是指在实践中角色承担者个体的自我效能感的降低以及对自己消极评价的增长。当较低的成就感与前两种工作倦怠的心理状态相混合时，就会大大降低领导干部开展角色实践的驱动力，导致其工作积极性和创造热情下降，工作满意度降低，角色失调便成为必然的结果。

角色冲突还可能导致角色紧张，角色紧张对个体的身心健康是有害的。一般而言，正常社会角色的承担者在角色实践中都会存在角色冲突，但是只要不超过一定的限度，就不会给角色承担者造成心理伤害。但是，如果角色冲突超出了个体可以忍受的程度，又长期持续未能得到及时化解，那么就可能造成压力累积而产生各种心理障碍，甚至引发生理疾病。

领导干部角色责任的广泛性、社会群体或他人对其角色期望的多重性及领导干部自身角色行为的复杂性等因素，导致领导干部岗位成为角色冲突的一种典型情境，虽然现在还没有权威文献对此予以肯定，但研究近些年有关领导干部的公开报道会发现现实确实如此。这是因为，凡是对社会群体或他人高度负责的奉献型角色的角色承担者个体都要经受相当多的内在冲突和不安全感。领导干部的角色冲突使其角色承担者个体心理失衡，成为党政领导体系中思想负担较重、精神压力较大的一个群体，可以确定的是角色冲突所带来的困扰已经对他们的生活、工作和健康构成了越来越严重的威胁。

五、领导干部角色冲突的调适

领导干部的角色冲突不但包含其角色承担者个体对角色期望和角色规范的主观认知和行为反应的结果，更主要的是还受社会背景、组织架构、管理制度等角色情境相关因素的影响。剧烈的角色冲突会使领导干部的角色承担者产生严重的情绪紧张，而紧张情绪不仅会直接导致角色行为偏差，工作效率降低，还会造成同事之间、干群之间的分歧。领导干部的角色冲突越剧烈，其工作满意度就越低。因此，领导干部的角色调适是非常必要的。一般说来，有冲突就应该及时进行调适。“调”是手段，是“自我把握”的意思，包含调整、调节、调和、调剂等意思。“适”是目的，是“实现平衡”的意思，包括适宜、适合、适度、适量、适当、适中等。领导干部角色冲突的调适主要包括社会调适和自我调适两方面。

1. 领导干部角色冲突的社会调适

角色冲突的社会调适主要指调整社会为个人所提供的角色地位，以提出新的符合个人条件的角色期望，或改善条件以创造一个适合个人发展的社会化环境。对基层党委书记角色冲突的社会调适包括行政伦理方面的制约和制度上的约束。

1）行政伦理方面

首先，是加强对领导干部的行政道德伦理教育。除运用马克思主义及其中国化理论成果培养党的领导干部的坚定理想信念以增强其角色意识之外，还要注重通过各种培训、专题教育、岗位训练等方法强化领导干部角色意识中的规范意识，以此实现其在角色实践中的自我实现、社会认可和伦理观念的统一，增强其角色特质内涵中的利他主义倾向对角色承担者行为选择的影响，减少角色承担者个体内心存在的在意自身利益得失的倾向，使其真正确立党的领导干部角色内涵所固有的公共利益至上的理念，对因承担角色而执掌的公共权力以及角色自身的“社会人”角色定位有充分的认识。

其次，是加强行政伦理立法。伦理是非制度性的，往往表现为社会有序运转所需要的公序良俗，通常被内化为人们角色实践所需遵守的行为准则，不像法律法规制度那样具有较强的约束性。因此，可以考虑把行政伦理规范纳入党的领导干部的角色监督体系中，并且强化相关法律法规的权威地位，通过立法定制加强基层党委书记的行政伦理建设。

最后，有必要建立一套促使领导干部角色承担者对其角色进行合理定位的角色伦理规范体系。现实中，个别领导干部角色承担者并没有很好地扮演其角色特质中“社会人”的角色。鉴于此，有必要在新时代全面从严治党背景的基础上，加强对党的领导干部理想信念的培养，不断探索干部培养和管理理念，使领导干部的角色价值内涵与时代精神紧密契合，并且将其外化为更具合理性和规范性的角色行为规范，不断强化领导干部角色承担者角色意识中“社会人”特质的合理定位。

2）制度方面

一是要不断完善党内监督机制，对党的领导干部角色承担者手中的权力进行有效的监督。坚决落实已有的各项党内监督制度，要进一步实行党务公开、政务公开，在事关单位发展全局及党员群众切身利益问题上定时发布党委决策情况通报，防止信息不对称，扩大普通党员的知情权、参与权与监督权。要通过信息公开与党内监督防止个别党的领导干部角色承担者利用手中的公共权力作出寻租行为；通过民主集中制发挥集体领导优势，加强党委成员对基层党委书记的监督，做到以权制权，约束基层党委书记角色承担者个体自利性的扩张，使其充分履行社会责任，保障领导干部服务公共利益的角色特质的实现。

二是要完善党的领导干部的基本福利保障机制。领导干部角色承担者的个体“经济人”特性是人的共性，必须要采取切实措施满足其生存和发展的需求，解决其承担角色使命的后顾之忧。完善保障机制不能仅仅满足于保障好领导干部角色承担者的衣食住行需求，关键是要关注其因角色冲突带来的长期累积而得不到缓解的压力，也即关注其角色心理健康。不但要适度满足其正当的利益需求，而且要对其不合理的自利性需求进行伦理、制度上的控制，更要关注领导干部的身心健康问题，切实落实领导干部的休假、休养制度。只有身心健康，他们才能充分发挥自身的角色创造力，更好地开展角色实践。

2. 领导干部角色冲突的自我调适

角色冲突的自我调适主要指角色承担者个体通过角色学习、技能的培养和训练，认清角色期望的真正含义，掌握角色规范的精确要求，提高角色认知水平，不断增强角色意识，努力提高角色认同、角色技能和协调处理各种不和谐角色期望的能力，使其生理功能和心理功能都处于最佳状态，做到精神和身体对社会人文环境和自然生态环境的完美适应，进而自如且高效地完成角色义务和职责，这是一种角色心理适应过程。

领导干部对角色冲突的自我调适主要有 5 种方法：认知重建法、积极应对法、角色分离法、情绪调节法和人际关系适应法。其中，前两者是对角色内冲突的自我调试方法，后 3 种是对角色间冲突的自我调试方法。

1）认知重建法

角色认知是影响角色承担者个体心理健康水平的重要因素。对于同样的境遇，不同的人有不同的心理体验和情绪反应，这在很大程度上取决于个体对角色情境的认知差异。因此，领导干部变消极认知为积极认知，对角色认知进行重建是一种非常重要的调节策略。认知重建法包括依据对自身能力素质水平和对角色情境压力源的认识而作出心理调整，如学会避免某些自挫性的绝对化认知执念，例如基层党委书记的角色承担者自认为“我的每一个提议都必须得到全体党委成员的一致通过”；经常在内心意识深处用积极心理学方法进行自我鼓励，如告诉自己“有问题是正常的，没有问题才是不正常的，问题解决一个就前进一步”，学会制定现实可行的、具有灵活性的目标并以取得的部分成绩激励自己。积极的认知是在看到困难境遇给自身角色实践带来不利影响的同时，更能看到其有利方面，这种看待问题的方式容易使角色承担者个体增强信心、情绪饱满。特殊情境下，有的领导干部角色承担者遇到千头万绪的问题时容易想不开，使情绪低落。其实，变换一种看问题的角度，会有完全不同的感受。对基层党委书记来说，应不断强化自身角色意识，理解上级党组织、本级党委成员、下级单位、普通党员和人民群众等对自己的角色期望，正确处理工作中发生的角色冲突，合理解决冲突中的各种矛盾，把来自方方面面的压力和矛盾转化为自身勇于开展角色实践的内驱力。

2）积极应对法

党的领导干部应充分认识到自身所承担的重大角色使命，认清自身的职责是不可推脱的，应以主动、积极的姿态去进行角色实践，以比较理智和宽容的心态看待角色实践过程中暂时出现的矛盾和困难。心理健康水平较高的角色承担者个体，其重要特点是具有积极的进取精神，能够辩证地看待角色实践中遇到的一切困难，善于从“危”中看到“机”。他们在工作中尽可能发挥自己的能力和聪明才智，并从角色实践过程中获得满足和激励。只有热爱自己的本职工作，把工作当作实现人生价值的途径而不是负担的领导干部角色承担者个体，才能够保持健康的心理。领导干部的角色特质及全面从严治党背景下角色情境越来越规范的现实，在客观上促使领导干部角色承担者不能仅满足于不求有功但求无过的工作状态，而要比以往有更强的事业心、更高的角色成就动机去不断追求更高的目标。在对自身的要求上，更应树立终身学习的理念，不被已有经验和条框限制，通过不断地学习使自己在价值观念、理论水平、专业知识、工作实践能力等方面都能够适应新时代国内外形势发展对党的领导干部角色的要求，以适应形势的发展和需要。

3）角色分离法

当领导干部面对多种角色的角色期望引起的角色转换冲突时，要善于从各种互为交叉的角色中挣脱出来，把有限的时间和精力用到那些对党和人民现代化建设事业更有价值的角色上。而一个角色的价值则取决于 3 个方面的内容：一是角色对党和人民现代化建设事业的意义；二是不承担某些角色可能产生的积极和消极的结果；三是相关社会群体或他人对个体拒绝承担某些角色的反应。据此作出角色的价值判断后，应确定引起角色冲突的主要矛盾，从而采取恰当的方法，选择重要角色并暂时放弃其他次要角色。如基层党委书记正在指挥辖区突发公共危机的处置，而此时有一个高端论坛邀请其出席并发言，在此情境中，突发公共危机的应对与处置是主要矛盾，参加论坛并发言的事则要推掉。在角色实践中，领导干部要学会恰当地分配情感、精力和时间去承担好各种角色，及时进行角色转换，只有这样才能在不同的时间或空间内表现出适当的角色行为，以便缓解角色冲突或减少发生角色冲突的机会。

4）情绪调节法

情绪调节是个体管理和改变自己或他人情绪的过程。在这个过程中，一定的策略和方法能使情绪在生理活动、主观体验、表情行为等方面达到良好的、适应的、可管理的状态，从而提高活动效率。也许这些策略和方法是琐碎的，但却是有效调适压力并保持良好情绪的有效方法。如：在结果无法改变的情况下采用阿 Q 式的精神自我安慰法；通过体育锻炼、听音乐等活动排解不良情绪的合理宣泄法；转换思维方式，选择对自己有利的角度去思考问题的认知调适法等。这些方法能宣泄情绪，或转移注意，或产生积极暗示，或调整错误认知。经常运用这些技巧和方法能增强角色承担者自身对情绪的调控能力。久而久之，这些方法就会内化为个体的一种反应机制。此外，党的领导干部还要善于培养自己的角色情感，熟悉中国共产党党史，明确党委制及党委书记角色的由来及其重要性，加深对党和社会主义现代化建设事业及自己在其中所承担角色的高度认同和深厚感情。这种感情是一种真诚高尚的认同感、使命感、神圣感、责任感和道德感，它对党的领导干部角色心理的形成起着定向导航的作用。可以断言，一个不安心本职工作、不热爱社会主义现代化事业、不对党的领导抱有极大信心的人，决不会有强烈的党的领导干部的角色意识和情感，决不会有优良的角色行为表现，在选拔党领导干部时要坚决将这种人排除在外。

5）人际关系适应法

搞好党内团结、确保具有良好的人际关系是党的领导干部顺利进行角色实践的保证，只有将自己和谐地融于角色环境之中，保持自身与环境及相关社会群体或他人的和谐，才能保有健康的心态。这一点对党的领导干部这个威严有余、可爱不足的党内“关键少数”权威角色来说尤其重要。但是，保持良好的人际关系要坚持党性原则，坚持党的纪律作风，做到刚柔相济、情理兼容。所谓“刚”，就是要坚持党的领导工作的原则性和战斗性。对那些一时犯有错误的同志，违背党的原则的事情，损害党和人民根本利益的言行，要敢于开展严肃的批评。所谓“柔”，是指党的领导干部要培养自己的韧性，不尖酸刻薄，不吹毛求疵，即使是开展批评，也要入情入理，态度上要和颜悦色，情感上要真心关怀，饱含着深厚的战友情、同志爱。只有做到刚中有柔，柔中有刚，党的领导干部才能营造良好的角色情境氛围，不断增强自身的角色适应能力。

第七章　领导干部角色心理健康

随着社会各方面的不断发展，领导干部的角色心理健康问题也越来越引起党和社会各界的重视和关注。从 2004 年北京市率先在干部选拔中引入心理健康测试为开端，短短十几年时间，心理健康指标已经成为对领导干部和重要岗位负责人进行考核评价的不可或缺的项目。健全的人格与和谐的心理是领导干部全面发展的标志。心理健康水平直接关系到党的领导干部执政能力的发挥、角色职责的履行、角色效能的提高。担负重要使命的基层党委书记，其角色的复杂性更是大大超出普通领导岗位。因此，对党的领导干部角色心理健康的研究是不可或缺的。

"健康"是一个不断发展的、具有时代气息的概念。"人事有代谢，往来成古今"。随着人们生活节奏的加快、工作压力的加大，疾病谱系也越来越复杂，各种新病、怪病、时代病、富贵病纷纷袭来，困扰着现代的人们。人们在与疾病不断抗争的过程中，逐渐认识到，健康不仅仅是身体无病无痛，更与良好的精神状态有着密切的联系，心理健康与身体健康相比显得更为重要。健康的概念，已经从过去的生理健康的单一概念发展为如今的生理健康、心理健康、社会适应良好、道德品质完善的四维概念。而党的领导干部的角色心理健康研究则更侧重于从其角色实践的角度来研究与领导干部角色相关的心理健康问题，更侧重于心理健康在领导干部角色承担者身上的体现和要求。

第一节　角色心理健康的内涵

一、心理健康的定义

《辞海》对“健康”的定义是：人体器官系统发育良好、功能正常、体质健壮、精力充沛并具有良好劳动效能的状态。这样的理解显然不够全面、完整，已经不能解释当下社会有关健康的诸多问题。世界卫生组织对“健康”的内涵界定如下：健康乃是一种在身体上、心理上和社会适应方面的完好状态，而不仅仅是没有疾病和虚弱的状态。该定义已经从生理健康、心理健康和社会适应良好 3 个方面界定“健康”的基本内涵，认为健康是个体生理和心理上的一种良好状态，能充分发挥心理对肌体和社会环境因素的调节功能，保持与社会环境相适应的良好的效能状态，使个体与社会环境处于一种动态平衡状态中。著名医学家傅连璋认为，健康的含义应包含以下几个方面：①身体各部位发育正常，功能健康，没有疾病；②体质坚强，对疾病有高度的抵抗力，并能刻苦耐劳，担负各种艰巨繁重的任务，能经受住各种恶劣环境的考验；③精力充沛，能经常保持清醒的头脑，精神集中，对工作、学习都能保持较高的效率；④意志坚定，情绪正常，精神愉快。该定义基本代表了当下时代对健康的四维定义标准。

角色心理健康主要关注与角色特质相关，能保障角色实践活动正常进行，确保角色扮演效能有效发挥的角色承担者心理、社会适应及相关道德品质等方面的健康问题。角色心理健康除了具备健康的一般标准外，更注重角色特质本身对健康的要求和影响，突出了心理健康对角色实践效果的保障和促进作用。

角色心理健康的研究内容与角色息息相关。领导干部角色心理健康的研究，必然与领导干部这个“关键少数”角色密切相关，并时刻凸显领导干部角色实践的环境特色。本章将从角色特质、角色环境、角色要求入手，分析现实中存在的诸多影响党的领导干部角色心理健康的不良心理因素，如角色认同问题、焦虑心态、抑郁问题等，分析归纳领导干部心理健康存在的问题，并有针对性地提出确保其心理健康的措施。

二、心理健康的作用

心理健康是从事领导管理工作的必要条件。俗话说，身体是革命的本钱。没有好身体，即使有再高的斗志，也只能对病自叹“不才明主弃、多病故人疏”。而时代发展到今天，不仅身体健康是革命的本钱，角色实践或人生成功的关键还与心理健康息息相关。因此，领导干部保持心理健康对其角色效能的发挥具有极其重要的作用。

众所周知，病恹恹的人是无法适应繁重的领导管理工作的。所以，许多领导者和政治家都热衷于体育运动，有的国家领导人如美国前总统肯尼迪的智囊团甚至通过刻意地影像宣传来营造其健康有力的形象，以此来增强其领导权威与对社会公众的影响力。现如今，很多领导干部都很注重身体保养，但对于心理健康则并不是很在意，当然这也与领导干部角色承担者对自身权威角色的认知固化有关，认为自己是强者角色，不能表露出长期面对压力情境所产生的情绪问题，担心影响自身的权威。殊不知相对于生理健康，心理健康对领导干部的角色实践则更为重要。因为领导者角色与常人相比要承担更多的心理压力，面对众多的突发事件、平衡各方面的利益冲突、团结各种力量甚至要面对各种流言蜚语和恶意攻击，在如此庞大的压力面前，没有健康的心理状态以保持内心与外界的动态平衡，是很难坚持下去的。

有研究显示，当今世界引起各种疾病的原因中，绝大多数与心理因素有关。近年来，甚至有心理专家、医学家认为，几乎所有的身体问题都与心理问题相关。至于像常见的高血压、冠心病、胃和十二指肠溃疡及皮肤病等当今社会多发的疾病，也都与心理问题相关，很多都是心理问题导致的身心反应。良好的心理卫生、健康积极的心态，是领导干部角色实践成功的保证。每一名党的领导干部角色承担者在注重生理健康的同时，都应该注重心理卫生知识的学习，注重自身角色心理的呵护，学会心理调适和解压，使自己真正成为一名身心健康者，只有这样才能更好地承担好党的领导干部这一“关键少数”角色。

因此，角色心理健康与生理健康相比更为重要，心理健康与否决定了领导干部角色实践的成败。具体到基层党委书记，其是一个极其复杂的角色，因为其角色特质，作为本级党委班子中的“关键少数”角色，处于复杂的角色丛中，承担着诸多的角色期望。既要搞好内部管理，确保安全稳定无事故，还要承担大量的外部任务，完成党和人民赋予的角色使命；既要处理好与相关部门的关系，为本单位工作的开展打开天地，又要坚持全心全意为人民服务。在社会环境日益复杂、人民群众要求日益多样化、党的建设任务日益繁重的今天，基层党委书记在层出不穷的困难面前、在纷繁复杂的工作面前、在各种各样的角色监督面前，更要保有良好的心理调适能力，确保自身角色心理健康，才能有效完成自身角色使命。

三、领导干部角色心理健康的品质要求

领导干部要保持自身角色心理健康，首先要明确角色心理健康对其角色实践的品质要求，明确心理健康的内涵，知晓角色心理健康的标准。

1. 认清角色，净化心境

角色定位不准是造成领导干部心理压力的一个重要原因，基层党委书记也不例外。要正确进行角色定位，避免角色失调，认清角色规范，端正角色意识，基层党委书记应该加强角色认知，清楚地了解基层党委书记的角色特质、明确党和人民赋予自己的职责、自身岗位的权限，做到不越权、不缺位；同时，善于自省，克服特权思想，一分为二地认识自身能力水平，实事求是地评估自身价值，对事业、目标

的追求，不要超过人格水平所限。否则，很容易导致因达不到角色预设目标而产生焦虑和抑郁，进而导致心理失衡；但也不能对自己要求太低，无所事事，无所作为，不求有功但求无过，导致角色不为而辜负党和人民的角色期望。因此，基层党委书记认清自身角色特质，对人生、事业目标进行可行性分析，及时调整，准确定位，是保持其角色心理健康的要求之一。

要净化心境，领导干部还应懂得清心自律。曾发出“天下兴亡，匹夫有责”呐喊的明末著名思想家顾炎武在其《亭林文集》中这样说道：“圣人之道如之何？曰：博学于文。曰：行己有耻。自一身以至于天下国家，皆学之事也；自子臣弟友以至出入、往来、辞受、取与之间，皆有耻之事也。”[①] 这段话是说，求学与做人都要有高尚的准则和远大的目标。“行己有耻”的道德准则不会因时代变迁而黯然失色，这正是现代人过于追求“精致的利己主义”所缺乏的优秀品质，基层党委书记作为党在基层各部门中的“关键少数”角色，应带头践行之。孟子曾说过：“人不可以无耻，无耻之耻无耻矣。”又说：“耻之于人大矣，为机变之巧者，无所用耻焉。”[②] 这就是说，人如果没有羞耻之心，那就没有什么可以约束他了。可见，正确的角色定位、良好的角色认知是建立在一定的道德基础之上的，良好的道德认知可以帮助人们形成正确的价值观。

2. 牢记宗旨，摆正心态

良好的心态是心理和谐、保持角色心理健康的前提和基础。党的领导干部应学会以平常心对待事业发展、对待自己的得失，以乐观的心态迎接工作、拥抱生活。在角色实践中，要做到胸怀宽广，眼界开阔，立志为党和国家做大事、为人民群众做好事，而不是立志于做大官，坦然面对个人的进退去留问题；正确对待自己、同志和组织，不在职务高低上和进步快的同志比，不在金钱多少上与收入高的同志比，不在工作担子上与压力小的同志比，避免产生角色心理落差。始终牢记中国共

① 参见《亭林文集》卷三《与友人论学书》。

② 见《耻之于人大矣》，出自《孟子》的《尽心章句上》。强调的是羞耻之心对人至关重要。

产党为人民服务的宗旨本色，明确党和人民赋予自身的角色使命，常保对党的领导干部角色的使命感、认同感，经常想想组织对自己的培养、教育和帮助，常怀知恩报国之心，抛开私心杂念，忠实履行党的领导干部的角色职责，牢记执政为民思想，多一点奉献，少一些索取。只有这样，才能正确对待顺境和逆境，做到身处顺境而谦虚谨慎，身处逆境能坚忍不拔；正确对待荣辱得失，淡化名利，保持一颗宠辱不惊的平常心，及时释放不良心理压力。同时，要始终明确注重作风建设是中国共产党自成立以来一直坚持和发扬的优良传统。新时代党的领导干部要放下架子、俯下身子，明确自身角色使命，深入基层，加强调研，切忌“贪欲以为解，捷径以为巧”，喜好面子工程，抓眼前利益，重当前效果，片面追求政绩而导致心理失衡。

3. 广泛交流，陶冶心灵

善于通过交流来加强自身角色影响力，通过多向交流来加强与角色情境相关的社会他人的沟通协调，调动周围人的积极性，不仅是领导干部的必备素质，也是其保持心理和谐稳定的重要方式。“不患人之不己知，患不知人也”。作为党的领导干部，基层党委书记要始终坚守多以智者为师、多交能者为友的宽广胸怀和谦虚姿态，特别是要多交党性坚强、富有正义感、坚持讲原则的良师益友。好的朋友是一面镜子，与其交流不仅可以互相帮助启发，提高工作水平，还能督促自己提升精神境界，净化心灵空间，及时发现和改正缺点不足，促进角色心理和谐。这样也能在角色压力过重或情绪紧张需要缓解时，及时找到志同道合的良师益友倾诉，把愤怒、委屈、压抑等消极情绪及时予以宣泄。基层党委书记不但要广泛交流，排解自身不良情绪，还要关注其他班子成员和下属的所思所感，设法缓解其工作和思想压力，确保本级党的领导集体有良性健康的决策状态基础。此外，基层党委书记应积极培养对工作的兴趣和正当健康的业余爱好，防止工作生活单调而导致心理状态上的郁郁寡欢，克服厌烦和急躁情绪，充实生活，陶冶情操，缓解压力，促进心理健康。

4. 志存高远，澄明心境

《易经》有云：“君子终日乾乾，夕惕若，厉无咎。”这是说一个领导者当志存高远，有宽广的胸怀和远大的理想抱负，并能用恒心和毅力坚持下去，日行夜思，困心横虑，卧薪尝胆，方能事业有成。基层党委书记作为本级党委中的“关键少数”角色，“志不可不高，志不高，则同流合污，无足有为矣；心不可太大，心太大，则舍近图远，难期有成矣。”[①]这就是说基层党委书记的角色承担者要保持自己身心和谐，一方面当志存高远，用崇高的革命斗志和坚定的政治立场引领党委一班人，为党和人民的事业而奋斗终生，避免格调庸俗化而在患得患失中导致角色心态失衡；另一方面，又要能够克制欲望，避免好高骛远，能够用实事求是的作风，脚踏实地，从实际做起，用坚定的毅力来指引自身角色实践，带领党委一班人，对党和人民赋予的角色使命，“行之有恒，则日见其大”。要做到这些，基层党委书记还要有宽广的胸怀，培养自身“海纳百川，有容乃大”的气度，以“严于律己，宽以待人”的标准，来努力做到“厚德载物”，以包容和化解角色实践中遇到的各种压力和不快。

第二节　领导干部角色心理健康的培养

内心和谐是行为和谐的前提，行为和谐反作用于内心状态，二者互相影响。领导干部要保持角色心理健康，既要从内心思想、道德品行、认知心态上下功夫，也要从外在的行为表现、关系处理、生活安排、事业追求、理想奉献中做起。中国儒家传世经典《大学》中说道：“古之欲明明德于天下者，先治其国。欲治其国者，先齐其家。欲齐其家者，先修其身。欲修其身者，先正其心。欲正其心者，先诚其意。欲诚其意者，先致其知。致知在格物。物格而后知至，知至而后意诚，意诚而

① 出自清代王永彬撰写的人生随笔《围炉夜话》。

后心正，心正而后身修，身修而后家齐，家齐而后国治，国治而后天下平。”[①] 这段话就是对领导干部身心和谐一致关系的最佳注解，也为其保持角色心理健康提供了借鉴。总之，要提高领导干部的角色心理健康水平，需要多措并举，注重系统效应。

一、坚持马克思主义思想政治教育的指导

马克思主义认为，人的心理是连接社会存在和社会思想体系的中间环节，是人的思想的直接源泉。许多调查研究发现，一个有思想问题的人，必然存在这样或那样的心理问题。这说明，人的思想意识水平会在很大程度上决定一个人的心理健康水平。维护领导干部的角色心理健康，不断提高其心理健康水平以保证其有较高的角色扮演水平，首先是在党的领导干部的培养教育工作中，坚持马克思主义价值观的指导，绝不放松革命传统和理想信念教育。其次是要坚持以保持党的领导干部的先进性为目标，做好理想信念和心理疏导工作的结合，增强基层党委书记对不良社会现象侵蚀的免疫力，使其掌握同各种心理致病因素做斗争的主动权。

二、加强对领导干部心理健康的重视

党的领导干部是我们党在各部门中的“关键少数”角色，人们往往对其寄予了太多的角色期望，却忽视了其角色承担者作为一个人也有七情六欲，也有喜怒悲哀，相关社会群体或他人往往只关注领导干部的角色实践效果，却很少关心其角色心理健康问题。另外，党的领导干部角色承担者对这个“关键少数”角色的认知也有角色固化的问题，可能存在片面认为自身所承担的是一个社会情境中的权威角色，作为强者不能够在相关社会群体或他人面前表现出软弱，不需要别人的关怀，

① 曾参:《大学》，云南人民出版社，2010，第8页。

即使有内在情绪的需要也被自身不当的角色认知理性所压抑。对此，上次组织应从关心爱护干部成长的角度对其进行了解，不能一味地层层加码布置任务或一刀切地去进行监督问责。从一定意义上来讲，领导干部心理健康保健是保持其内心和谐稳定的关键。领导干部角色承担者的一切角色扮演行为和决策能力、领导能力、管理能力，都是以其心理健康为基础、为依托、为前提的。没有基层党委书记的心理健康，基层党委内部很难和谐，党在该基层党委的事业发展也很难有所进展，甚至会发生倒退。要知道，干部队伍整体心理健康的水平，制约、影响着干部队伍整体的执政方式，影响着党的执政效率及执政水平的发展进步。没有领导干部队伍的心理健康水平的提高，不可能有领导干部工作实绩的实质性提高，更不可能有党政军民学等各行各业领导机构的快速、高效、健康的运转。

基层党委书记的上级组织要在思想认识上加深对其心理健康保健的重视，建立健全基层党委书记等“关键少数”角色心理健康保健工作机制，并将其提升到党建工作内容的高度，将基层党委书记等领导干部的心理健康问题及心理素质的提高作为党的领导干部思想政治教育工作的常规内容。建立健全以党的领导干部为主要工作对象的心理健康保健专业机构，在领导干部中普及心理健康保健知识，面向重要的压力岗位或有心理问题苗头的领导干部及时提供心理咨询、心理疏导和心理保健服务，把心理素质教育作为干部轮训的重要内容，并避免将之与干部的提拔任用挂钩，消除领导干部角色承担者心中对心理问题的恐惧排斥心理，使心理健康工作不断扩展到符合实际发展需要的地步，确保心理保健内容更加丰富，心理服务形式更加灵活有效，帮助以党委书记为首的领导干部认清自身角色，掌握心理健康的标准和途径。

三、树立正确的权力观

中国共产党作为马克思主义政党，执政之后，继续坚持全心全意为人民服务的宗旨是十分重要的问题。中华人民共和国成立前夕，中国共产党对此就给予了高度的重视。毛泽东同志曾经向全党提出了“两个务必”的要求。中华人民共和国成立之后，党中央要求全党，特别是党的领导干部要时刻记住“我们的权力是谁给的”这一关键问题，自觉地同脱离人民群众的官僚主义现象做斗争，保持党的纯洁性。

对领导干部来说，树立正确的权力观，能使其正确对待利益和地位问题，可以在面对个人利益得失时显得更加从容而避免出现心理失衡的问题；树立正确的权力观，能够帮助其解决始终保持与人民群众的血肉联系问题，人民群众的拥护又会反馈给领导干部巨大的正面心理强化作用；树立正确的权力观，又能让领导干部放下包袱轻装上阵，更好地陶冶自己的情操，提高道德修养水准，把个人的名誉、地位、利益想得透、看得淡，将自己摆到合适的位置上。

如果自己的地位不是为党和人民的利益服务干出来的，而是靠“跑”“要”“买”来的，不仅违背了中国共产党人的政治道德，而且迟早要受到党纪国法的制裁。要把自己的精力用在为人民谋利益上，坦然接受党和人民的选择，坦然对待个人的升降去留，只要在其位，就要尽心尽力去谋其政，不辜负党和人民的角色期望。

四、心态上自觉舒缓

领导干部在面对众多压力时，要学会对压力进行有效的管理和应对。心理学研究发现，压力可以通过生物反馈技术、放松减压方法等心理技术方法予以管理，而管理压力的关键是拥有良好的心态。达观的人生态度，往往伴随着乐观的心理境界。所谓“天薄我福，吾厚吾德以迎之；天劳我形，吾逸吾心以补之；天厄我遇，吾亨吾道以通之。”[①] 讲的就是如何以积极的心态来应对各种人生挑战。遇到困难，怨天尤人是不可取的，尤其是像基层党委书记这样的党内“关键少数”角色。当年

① 出自明代洪应明所著《菜根谭》。

苏轼所吟唱的“有情风万里卷潮来，无情送潮归”，“君看今古悠悠，浮幻人间世，但人生要适意耳”，“万事从来风过耳，何用不著心里”，均具有一种对于生命问题不苦求解答的优游造化的姿态，这也是党的领导干部在纷繁复杂的压力面前不妨一试的一种“超然乎尘垢之外”的“逸怀浩气”。

遇到突发事件、急难险重的任务或各种不公平的待遇，领导干部要从思想意识中学会自觉舒缓，泰然处之，争取以积极情绪代替消极情绪，化解其对身心的不良影响，以缓解心理压力，消除工作、生活中的角色冲突给自己身心带来的不利影响。要知道，工作从来就不是一帆风顺的，学会倾诉，适时消除郁积在心头的苦闷，是排解不良情绪的常用方法。在心理失衡时，找到合适的人进行适当的倾诉，可以使受挫的心灵得到安抚与慰藉。适时来点幽默和自我解嘲，不仅能使自己心情舒畅，还能解开周围人心头的郁结，起到缓解焦虑情绪的积极作用，这也不失为一种好的调节手段。有时候，适度的遗忘也是必要的，过于沉湎于过往的失意只会让自己变得更加脆弱，从而可悲地再一次让自己受到伤害。其实，遗忘更是一种振作，一种面对无法回避的困难时的成熟和超脱，忘记曾经的种种不幸与痛苦，充分发现人生积极向上的一面，让心灵得到更好的沐浴。

此外，根据个人的兴趣，找到适合自己的活动方式，在忙碌的工作之余，让自己适度放松，学会休闲，也能拥有健康的身心。基层党委书记作为领导干部，可以通过书籍来“思接千载，神游八极”，与书为伍，这一方面可以让自己跟上时代发展的步伐，另一方面又可以使自己变得更加睿智、大度和富有才情，富有对生活的热爱，珍惜当下；或者将自己的苦痛、牢骚、感慨和心声，诉诸笔端，记录成文，这样不但可以缓解压力，调节情绪，还能找到使心理天平重新平衡的途径。

五、行动上自觉减压

冲突论的代表人物科瑟尔（Lewis A. Coser）在《社会冲突的功能》一书中提

出了社会安全阀的概念。他认为，现代社会中一切有助于缓和统治者与被统治者及各阶层间紧张关系、消除人们平时紧张情绪的共同性的娱乐活动等，都是为了缓解紧张心理。对基层党委书记等领导干部的心理压力的疏导，也是如此。就常规压力而言，超负荷的，该减则减；满负荷的，能进则进，需退则退；低负荷的，不仅不能够“减压”，还应该“加压”。对于负面因素导致的非常规压力，应更多地通过道德的引导、法律的规范、良好的社会环境的塑造来缓解。

积存在心中的烦闷和忧郁就像势能一样，会越积越多，最终会成为压倒骆驼的最后一根稻草，一旦触发就会对个体身心酿成大难。倾诉是一道释放不良情绪的安全阀，也是摆脱恶劣心境的必要手段。倾诉的对象很多，既可以是足以信赖的亲人，也可以是言无不尽的知己。党的领导干部要自觉减压，应采取积极的态度，将心理暗示和情绪控制的方法应用到自身角色实践中，以应对角色冲突带来的各种压力。自觉调整自己，以冷静的态度面对各种压力事件；主动寻求来自同志、朋友、配偶、父母等的各种有效的社会支持，将自己的喜怒哀乐，尤其是怒和哀，有效地予以倾诉宣泄掉，这不仅是感情的发泄，更是一种心理上的主动调节。在党的领导干部的管理机制中，应坚持和完善对领导干部的谈心谈话制度，加强上下级之间的沟通，关注基层党委书记的角色扮演情况，解决他们的实际困难，保护他们工作的创造性，维护其良好的精神状态，了解其所思所想所盼，听取其合理的建议和意见，做好对其深入细致的思想政治工作。此外，还要加大对基层党委书记等领导干部身体健康的关注力度，坚持和完善干部定期体检制度、定期休假制度，关心干部家庭和生活困难，尽可能帮助其解决后顾之忧。

六、生活上淡泊致远

儒家有言：“君子之道，贵在守已，不恶人妄为。”这是说为人处世，最高贵的是恪守本分，不能像恶人一样恣意妄为。倘若没有宽容和大度，必然心胸狭窄，容不得人，见不得他人比自己好、比自己强，就会无端嫉妒、憎恨甚至攻击他人，必然不可能做到顾全大局、客观公正。领导干部要维护自身角色心理健康，无论是在思维定式、理想信念、心理素质、自我意识、心态压力方面，还是在培养完善和谐的人格魅力方面，都应当以积极的领导人格魅力为基础，树立良好的领导形象和领导威信。

从心理状况标准来看，积极的人格魅力包括：实事求是，客观全面地认知现实；热爱党的事业，关心群众疾苦，对弱势群体给予真切的关心、爱护和同情；坦率、真诚、守信，有自知之明；注重集体决策效益，建立良好、健康、深厚的人际关系；认真、专注、高水平、精力集中地胜任自己的工作；塑造并体现真实的自我形象，善于独处和自立；不断创新思维，做到见解全面、独到、鲜明；发扬党内民主，决策讲求民主、科学；正视现实，不做非分无望之想，不给自己太多思想包袱。而现实中存在的个别腐败和作风不正问题，如职务上的跑官要官、买官卖官，权势问题上的尔虞我诈、结党营私，待人接物上的看人说话、两面三刀，名誉问题上的弄虚作假、欺世盗名，品质问题上的道貌岸然、表里不一，对待挫折时的失魂落魄、悲观颓废，面对利益时的四处伸手、疯狂敛财，私欲问题上的肆无忌惮、攻击陷害等行为，大都是由心理上的不健康所致。

应该说，我们大部分党的领导干部都无愧于自身的角色使命，无愧于党和人民的角色期望，不愧是从诸多人才中脱颖而出的出类拔萃之人，能够始终注意保持清醒的头脑和正确的心理状态、思维定式，对于那些生不带来、死不带去的权、财、色、名等能够正确对待，有效地抵制了来自方方面面的角色压力和“糖衣炮弹”的袭击，全力维护着自己作为中国共产党人的人格和角色形象，维护着党的事业和人民的根本利益。但确实有一小部分人存在自私自利、以权谋私的思维定式，为了非法占有本不属于自己的利益，为了谋取不正当的权力，以手中所掌握的权力以及由此形成的影响力为基础，以出卖党的事业和人民的根本利益为代价，以用虚假外表掩盖卑劣实质为手段，贪得无厌、为所欲为，这些腐败行为与淡泊致远的心境是背道而驰的，一旦有风吹草动，必然草木皆兵，惴惴不安，导致心理问题的产生。

参考文献

[1] 习近平. 习近平谈治国理政 [M]. 北京：外文出版社，2014.

[2] 习近平. 论中国共产党历史 [M]. 北京：中央文献出版社，2021.

[3] 习近平. 认真学习党章，严格遵守党章 [N]. 人民日报，2012-11-20（1）.

[4] 习近平. 做焦裕禄式的县委书记 [M]. 北京：中央文献出版社，2015.

[5] 习近平. 领导干部要树立正确的世界观权力观事业观 [J]. 中国党政干部论坛，2010（9）: 3-6.

[6] 习近平. 深化改革、巩固成果、积极拓展、不断把反腐败斗争引向深入 [N]. 人民日报，2015-1-14（1）.

[7] 中共中央文献研究室，中央党的群众路线教育实践活动领导小组办公室. 习近平关于党的群众路线教育实践活动论述摘编 [M]. 北京：中央文献出版社，党建读物出版社，2014.

[8] 马克思恩格斯全集 [M]. 北京：人民出版社，1972.

[9] 毛泽东选集 [M]. 北京：人民出版社，1991.

[10] 邓小平文选 [M]. 北京：人民出版社，1993.

[11] 江泽民. 论党的建设 [M]. 北京：中央文献出版社，2001.

[12] 胡锦涛. 坚定不移沿着中国特色社会主义道路前进，为全面建成小康社会而奋斗——在中国共产党第十八次全国代表大会上的报告 [N]. 人民日报，2012-11-18（1）.

[13] 陈宝生. 新形势下做好领导工作的强大思想武器 [N]. 光明日报，2014-09-01（1）.

[14] 中共中央文献研究室. 关于建国以来党的若干历史问题的决议注释本（修订）[M]. 北京：人民出版社，1985.

[15] 习近平. 建设一支宏大高素质干部队伍，确保党始终成为坚强领导核心 [N]. 人民日报，2013-6-30（1）.

[16] 谌玉梅. 习近平谈如何开展批评与自我批评 [J]. 山东干部函授大学学报（理论学习），2016（4）: 7-9.

[17] 奚从清. 关于建立角色社会学的几个问题 [J]. 中共长春市委党校学报，2004（3）: 56-60.

[18] 奚从清，俞国良. 角色理论研究 [M]. 杭州：杭州大学出版社，1991.

[19] 乐国安. 社会心理学 [M]. 北京：中国人民大学出版社，2009.

[20] 郑杭生. 社会学概论 [M]. 北京：中国人民大学出版社，1999.

[21] 卫旭定. 党委书记的素养与领导艺术 [M]. 北京：军事科学出版社，2001.

[22] 丁士峰. 领导管理学 [M]. 北京：国防大学出版社，2006.

[23] 张德俊. 试论共产党员的自我认知与角色意识 [J]. 淮南职业技术学院学报，2005（2）: 46-47.

[24] 许吉. 浅谈副职领导者的角色意识 [J]. 延边党校学报，2000（1）: 27-28.

[25] 郑云生. 试析思想政治工作者的角色心理问题 [J]. 云南公安高等专科学校学报，1999（1）: 5-9.

[26] 赵承凤. 党委领导艺术 80 题 [M]. 北京：军事科学出版社，2005.

[27] 孟宪平. 领导者心理问题特别调查与解读 [M]. 北京：中共中央党校出版社，2009.

[28] 许家明. 党委决策问题研究 [M]. 北京：国防大学出版社，2008.